Anglais

World Wise Words

Le vocabulaire pour réussir les examens

Florent Gusdorf

ellipses

Du même auteur chez le même éditeur

Words Today, Les mots d'aujourd'hui, 2009, 383 p.
Tout le vocabulaire du TOEFL, TOEIC, 2009, 448 p.
Pratique de l'anglais médical. Lexique à l'usage des professionnels de la santé, 2008, 208 p.
Anglofun • Great Britain • Apprentissage ludique de la culture et de la civilisation britanniques, 2008, 272 p. (en collaboration avec John Wisdom)
Hot off the Press – Traduire sans trahir, 2006, 128 p. (en collaboration avec Alan Manning)
La version anglaise aux concours – Corrigés commentés des versions aux concours des grandes écoles commerciales, 2002, 224 p.
La version anglaise aux concours – Corrigés commentés des versions aux concours des grandes écoles scientifiques, 2002, 288 p.
Guide anglais-français du Cybermonde, 1998, 288 p.
Traduire la presse 2 – Entraînement au thème anglais, 1996, 160 p. (en collaboration avec Alan Manning)
L'A.B.C.D. du QCM d'anglais : Cahiers d'entraînement, 1995, 318 p. (en collaboration avec Stephen Lewis)

dans la collection « Words »

e-words. Le vocabulaire des nouvelles technologies, 2008, 480 p.
Trans Words – Plus de thèmes anglais – 5000 phrases de thème corrigées, 2004, 608 p.
More Words – Plus de vocabulaire anglais – 1500 exercices corrigés et commentés, 2003, 608 p.
Words Université, 1999, 264 p.
Words Internet – Cyberespace – Info-tech, 1999, 192 p.
Words Lycée, 1993, 216 p.
Words Business, 1992, 304 p.
Words Politics, 1992, 272 p.
Words Techniques, 1992, 384 p.
Words Communications, 1992, 240 p.
Words Classes préparatoires HEC, 1991, 416 p.
Words – Médiascopie du vocabulaire anglais, 1991, 704 p.

dans la collection « Bloc-notes »

TOEFL/TOEIC Express • Auto-évaluation • Grammaire, 2009, 2008 p.
TOEFL/TOEIC Express • Auto-évaluation • Vocabulaire, 2008, 208 p.
English Academy • Les 50 fautes d'usage les plus fréquentes en anglais, 2008, 128 p.
Key Words English. Vocabulaire de la vie de tous les jours, 2007, 128 p.
Complete to compete. Réviser son vocabulaire anglais – Thèmes de société, 2007, 128 p.

ISBN 978-2-7298-5559-8

32, rue Bargue 75740 Paris cedex 15

www.editions-ellipses.fr

AVERTISSEMENT

- Plus que cinq minutes avant l'examen d'anglais ?
- Une mise au point rapide avant un exposé ?
- Un devoir écrit à rendre le lendemain ?
- Manque de temps pour rassembler toutes les idées pour un débat ?

Chaque jour apporte son lot de défis à relever en classe d'anglais. Que ce soit le préparationnaire, l'étudiant ou l'ingénieur, les grands problèmes d'aujourd'hui qu'il doit traiter nécessitent une mobilisation rapide des connaissances et des arguments pour les organiser et les exprimer.

WORLD WISE WORDS a été conçu dans ce but. Il rassemble le **vocabulaire essentiel** sur la page de gauche et, en regard, une rubrique baptisée **ADDED VALUE** qui apporte les arguments pour étayer et développer sa pensée. Ces arguments, mis en contexte, sont présentés par rubriques distinctes et sous forme d'expressions. Ils permettent ainsi à l'étudiant d'apporter des idées et de nourrir le débat.

WORLD WISE WORDS regroupe 92 chapitres, traités chacun sur deux pages. L'ouvrage est organisé autour des **grands défis du 21e siècle**, ces problèmes que l'étudiant ne manquera pas de rencontrer et qu'il devra traiter en profondeur à l'aide du vocabulaire approprié. Ce sont des problèmes de société, mais qui concernent également la technologie, l'environnement, la santé, la justice, l'école, l'entreprise, l'économie, la science, c'est-à-dire tout ce qui constitue le socle du monde moderne.

WORLD WISE WORDS est une **boîte à outils**, dans laquelle l'on puisera les mots pour dire et les arguments pour bâtir, afin de pouvoir mener une réflexion aussi complète et riche que possible.

TABLE OF CONTENTS

1-LIFE IN THE *BANLIEUES*

a suburb / a *banlieue* (F)	un faubourg, une banlieue
suburbia / the suburbs	la banlieue, les faubourgs
a boomburg / an edge city	une banlieue en expansion
a bedroom suburb	une ville dortoir
the outer suburbs	la grande banlieue
to live in the suburbs	vivre en banlieue
the urban sprawl / Los Angelization	la périurbanisation
the suburban sprawl	les banlieues tentaculaires
a sprawling city	une ville tentaculaire
to urbanise / to become urbanised	s'urbaniser
urbanization	l'urbanisation
(the) inner city districts	les quartiers défavorisés du centre ville
a ghetto [pl. ghettos]	un ghetto
a red light district / a no-go area / a rough district / a raw district	un quartier chaud
a working class district	un quartier ouvrier
a slum area / district	un quartier insalubre / de taudis
a housing development	un grand ensemble
a housing project (US) / estate	une résidence / un ensemble HLM
a housing / residential development	une construction résidentielle
a housing subdivision	un lotissement
council housing	les logements sociaux
a council flat	un logement HLM (appartement)
a housing estate / a high rise estate	un grand ensemble
a tower block	une tour d'habitation
a wasteland / a waste ground	un terrain vague
a tenant / an owner	un locataire / propriétaire
a landlady / a landlord	une / un propriétaire bailleur
affordable housing	un logement abordable
downtrodden / dilapidated / blighted / run down / seedy / dodgy / shabby	minable, délabré, déshérité, miteux
a green belt	une ceinture verte
green spaces / areas	les espaces verts
public amenities	les équipements collectifs
an adventure playground	une aire de jeux
town / city planning	l'urbanisme
site / land development	l'aménagement foncier
an urban renewal program	un programme de rénovation urbaine
to eliminate slum areas	supprimer les ghettos
to be under renovation	être en cours de rénovation
to be resettled / to rehouse	être relogé / reloger

welfare dependency (ni) : l'assujettissement à l'aide sociale **a short-sighted housing policy** : une politique du logement étriquée **a tight property market** : un marché immobilier étroit **a greedy property developer** : un promoteur cupide **to become dehumanized** : se déshumaniser

urban violence (ni) : la violence urbaine **civil unrest** : l'agitation sociale **sensitive urban areas** : des zones urbaines sensibles **a troubled suburb** : une banlieue chaude **an unsafe place to live (in)** : un endroit peu sûr pour vivre **a high crime rate** : un fort taux de criminalité **drug trafficking** : le trafic de drogues **gang warfare (ni)** : la guerre des gangs **to be the prey of gang warfare (ni)** : être la proie de la guerre des gangs **to riot / a rioter** : faire une émeute / un émeutier **to trigger suburbs riots** : déclencher des émeutes dans les banlieues **rioting youths** : de jeunes émeutiers **marginalization of residents of foreign origin** : la marginalisation des habitants d'origine étrangère **to feel torn between the culture of one's parents and the culture one has grown up in** : être partagé entre la culture de ses parents et celle dans laquelle on a grandi

to clash with the police : se heurter aux forces de l'ordre **to set cars / dustbins, trashbins ablaze / on fire, aflame** : brûler les voitures / les poubelles **to vandalize (schools / shops)** : saccager (des écoles / magasins) **to smash up** : tout casser **a street battle** : une bataille de rue **a scene of mayhem** : une scène de chaos

anonymous : anonyme **overcrowded** : surpeuplé **derelict** : à l'abandon **gutted** : vandalisé, dévasté **polluted** : pollué **dirty** : sale **rundown** : décrépit **dilapidated** : délabré **squalid** : sordide **insecure** : peu sûr **ruthless** : impitoyable **crime-ridden** : à forte criminalité **drug infested** : envahi par la drogue **poverty-stricken** : pauvre **bleak / dismal / grim surroundings** : un environnement lugubre, sinistre

to commute / a commuter : aller au travail / un banlieusard **a commuter belt** : une petite ceinture **to spend time commuting** : passer du temps dans les transports **a commuter train / station** : un train / une gare de banlieue **a (long / tiring) commute** : un (long / fatiguant) trajet **the rural-urban fringe / the outskirts / the urban hinterland** : la périphérie **to be rejected to the outskirts** : être rejeté à la périphérie

to rehabilitate old districts : rénover les vieux quartiers **rehabilitation / revamping** : la rénovation **to upgrade a district** : réhabiliter un quartier **to spruce up / to jazz up a district** : embellir un quartier **to refurbish a district** : réhabiliter un quartier **a redevelopment scheme** : un projet de réhabilitation **gentrification** : l'embourgeoisement des quartiers **to gentrify** : transformer en quartier bourgeois **to rebuild / rebuilding** : reconstruire / la reconstruction **to evict tenants** : expulser les locataires **an eviction order** : un mandat d'expulsion

2-THE SCOURGE OF DRUG ADDICTION

drug addiction / consumption / substance abuse / drug abuse	la toxicomanie
drug trafficking / smuggling	le trafic de drogue
the drug habit	l'accoutumance à la drogue
a drug market	un marché de la drogue
drug money	l'argent de la drogue
to experiment / to dabble with, in drugs	tâter de la drogue
to abuse drugs	abuser de la drogue
to take drugs / to use drugs / to be on drugs	se droguer
habit-forming / addictive	qui crée une accoutumance
to be addicted (to) / to be hooked (on)	s'adonner à / être accroc à
addictiveness	la dépendance
a soft / hard drug	une drogue douce / dure
marijuana / weed / pot / grass	la marijuana, l'herbe
a joint / a reefer / a stick	un joint, un pétard (fam.)
a downer / uppers	un tranquillisant / des amphétamines
coke / cocaine	la came, la coke / la cocaïne
to be hooked (on)	se camer (à)
to sniff / to huff / to inhale / to snort	inhaler / sniffer / priser / renifler
to mainline	se piquer
a shoot / a fix	une injection, un shoot
to shoot up / to get, to do, to take a fix	se shooter (fam.)
a needle / a fix	une aiguille / une piquouse
an overdose / to o.d. / to die of an o.d.	une surdose / décéder par overdose
a drug addict / a drug user / a junkie	un drogué
a habitual / recreational user	un consommateur régulier / occasionnel
a drug dealer / pusher / peddler	un revendeur de drogue
stoned / drugged / high / tripping / spaced / junked up / zonked (a)	défoncé
to detoxify	(se) désintoxiquer
detoxification	la désintoxication
to kick a habit / to kick it / to beat a habit / an addiction	se désintoxiquer
a drug rehab centre	un centre de désintoxication
a drug rehab program	une cure de désintoxication
to be in detox	suivre une cure de désintoxication
to get off / to come off	cesser de prendre
to be weaned off	être sevré (de)
withdrawal symptoms	les symptômes de l'état de manque
to have withdrawal pangs / to go cold turkey	être en état de manque
to stay off drugs	s'abstenir de se droguer
to relapse / a relapse	rechuter / une rechute

narco dollars : les narcodollars **the proceeds from drugs / drug proceeds :** les revenus tirés de la drogue **a wholesale / retail price :** un prix de gros / de détail **street value :** la valeur marchande **to launder money :** blanchir des fonds **money laundering :** le blanchiment de l'argent **dirty / tainted money :** l'argent sale **a drug lord / baron / don :** un seigneur / un baron de la drogue **a drug kingpin :** un gros bonnet de la drogue **a cartel :** un cartel

the war on drugs : la lutte contre le trafic de drogue **to wage war on drugs :** lutter contre le trafic de drogue **to declare an all-out war on drugs :** déclarer une guerre totale à la drogue **the Drug Enforcement Agency (DEA) :** l'Office de répression des trafics illicites **an anti narcotics police unit :** une unité chargée de la répression du trafic des stupéfiants **to smuggle drugs into / out of a country :** introduire / faire sortir de la drogue clandestinement **a drug shipment :** une cargaison de drogue **to search a house / a car :** perquisitionner une maison / un véhicule **a search warrant :** un mandat de perquisition **a drug-sniffing dog :** un chien renifleur **to stash away :** planquer **to seize / a seizure :** saisir / une saisie **to yield drug :** produire de la drogue **poppy / coca cultivation :** la culture du pavot / de coca **to grow poppy :** faire pousser du pavot **a poppy farmer / grower :** un fermier cultivant du pavot **to defoliate / a defoliant :** défolier / un défoliant **crop eradication :** la destruction des cultures **to root out / to eradicate :** extirper

harmful effects : les effets nocifs **the evils of drug :** les conséquences funestes de la drogue **an evil / a plague / a scourge :** un fléau, une calamité **a blight :** une plaie **a drug-plagued neighborhood :** un quartier ravagé par la drogue **a drug-ridden society :** une société ravagée par la drogue **to wreak havoc on sb's life :** causer des ravages dans la vie de qn **a public health concern :** un problème de santé publique **a health hazard :** un risque pour la santé **an unsterilized needle :** une aiguille non stérilisée **to sap the energy :** saper l'énergie **to kill the appetite :** ôter l'appétit **to lose weight :** perdre du poids

to use marijuana for medical purposes : consommer de la marijuana pour raisons médicales **to condone the use of marijuana :** fermer les yeux sur l'utilisation de la marijuana **to relieve suffering :** soulager les souffrances **to decriminalize medical marijuana :** dépénaliser la marijuana à des fins médicales

drug violence / drug-related violence : la violence due à la drogue **a drug-connected offence :** un délit lié à la drogue **a drug-related crime :** un crime lié à la drogue **a society problem :** un problème de société **to threaten the fabric of society :** menacer le tissu social **to support a habit :** financer ses besoins **to decriminalize / decriminalization :** dépénaliser / la dépénalisation

a drug-education program : un programme d'éducation sur la drogue **to screen (sb) :** faire subir des tests de dépistage (à qn) **a drug-screening test :** un test de dépistage de la drogue **random drug-testing :** des tests de dépistage effectués au hasard **to test positive :** subir un contrôle positif

3-THE POPULATION TIME BOMB

demography (ni) / world figures	la démographie
a demographer	un démographe
the world population	la population mondiale
population distribution	la répartition de la population
population density	la densité de population
population growth	la croissance démographique
the population growth rate	le taux de croissance démographique
the Malthusian growth model	le modèle de croissance malthusien
a population time bomb	une bombe démographique
a time bomb	une bombe à retardement
population explosion	l'explosion démographique
a population increase	un accroissement démographique
population regulation	la régulation de la population
the birth rate	le taux de natalité
the death rate / the mortality rate	le taux de mortalité
the infant mortality rate	le taux de mortalité infantile
the fertility / replacement rate	le taux de fertilité / de remplacement
life expectancy / lifespan	l'espérance de vie
an age pyramid	une pyramide des âges
an age group	une classe d'âge
the retirement age	l'âge de la retraite
an ag(e)ing population	une population vieillissante
a baby boom	une explosion démographique
a baby bust	un effondrement démographique
the baby boomers	les enfants du baby boom
the baby busters	les enfants des classes creuses
heavily / sparsely populated	fortement / faiblement peuplé
carrying capacity	la capacité d'absorption
overpopulation	le surpeuplement, la surpopulation
to soar / to skyrocket / to spiral	monter en flèche
to double / to triple	doubler / tripler
to plummet	s'effondrer
to shrink [shrank / shrunk]	diminuer
to grow [grew / grown] relentlessly	augmenter inexorablement
population decline / depopulation	le déclin démographique
the current demographic trend	la tendance démographique actuelle
a sex imbalance	un déséquilibre entre les sexes
a census	un recensement
to make predictions	faire des prédictions
population projections	des projections démographiques
medical advances	les progrès de la médecine
to feed [fed] people	nourrir les gens

an overcrowded planet : une planète surpeuplée **to grow by 4 billion people (since) :** augmenter de 4 milliards de personnes (depuis) **to curb / to control population growth :** maîtriser la croissance démographique **to check / to bring under control population flows :** maîtriser les flux démographiques **to sustain a population :** nourrir une population **to exceed a carrying capacity :** dépasser la capacité d'absorption **a rise / an increase in world population :** une augmentation de la population mondiale **to rise dramatically :** augmenter de façon spectaculaire **a swelling population :** une population en expansion **birth control :** la régulation des naissances **the less developed countries :** les pays les moins développés

to exacerbate the consequences of global warming : aggraver les conséquences du réchauffement de la planète **water shortages :** des pénuries d'eau **mass migrations :** des migrations massives **to starve to death :** mourir de faim **to experience / to undergo famines :** connaître / subir des famines **to avoid mass famine :** éviter une famine massive **a food shortage :** une pénurie alimentaire **loss of agricultural land (to) :** la perte des terres agricoles (au profit de) **growing consumer demand :** une demande croissante de la part des consommateurs **a food riot :** une émeute de la faim **food reserves :** les réserves alimentaires **to produce more food :** produire davantage de nourriture **population growth will outpace agricultural growth (unless) :** la croissance démographique excédera la croissance agricole (à moins que) **a scarcity of resources :** une pénurie de ressources **to outstrip / to outrun resources :** excéder les ressources **to outstrip the world's food supply :** excéder les fournitures alimentaires mondiales

to implement population control measures : mettre en œuvre des mesures de régulation démographique **a family planning program :** un programme de planisme familial **to implement population control policies :** mettre en œuvre des politiques de maîtrise démographique **contraceptive services :** les services de contraception **to boost agricultural productivity :** encourager / augmenter la productivité agricole **a one-child policy :** une politique de l'enfant unique **a natalist policy :** une politique nataliste **zero population growth :** la croissance démographique zéro **to be childfree :** être sans enfant par choix **childless :** sans enfant **to be better off without children :** être en meilleure posture sans enfants **to slow population growth :** ralentir la croissance démographique

a population census / survey : un recensement **to conduct / to carry out / to take a census :** procéder à un recensement **to count people :** recenser la population **to be enumerated :** se faire recenser **redistricting / apportionment :** le découpage électoral **a constituency / a district :** une circonscription électorale

4-SUICIDE

suicide (ni) / a suicide	le suicide / un suicide, un(e) suicidé(e)
teenage suicide	le suicide des jeunes
a mass suicide	un suicide collectif
the suicide rate	le taux de suicide
a suicide note	une note expliquant son geste
a suicide pact	un pacte suicidaire
to be suicide prone	avoir des tendances suicidaires
a suicidal tendency	une tendance suicidaire
suicidal ideation	des idées de suicide
suicidal thoughts	des pensées suicidaires
to act on	réagir à
to attempt to kill oneself	tenter de se supprimer
an attempted suicide / a suicide attempt	une tentative de suicide
a failed attempt	une tentative ratée
to be driven to suicide	être conduit au suicide
to contemplate suicide	envisager de se suicider
to commit suicide / to die by suicide	se suicider
to end / to take one's life	mettre fin à ses jours
to kill oneself / to do oneself in	se donner la mort / se supprimer
asphyxiation	l'asphyxie
carbon monoxide poisoning	l'asphyxie à l'oxyde de carbone
to hang oneself / hanging	se pendre / la pendaison
to throw oneself off (a bridge)	se jeter (d'un pont)
to jump (from)	sauter de / du haut (de)
to leap to one's death (from)	se tuer en sautant (de)
to step in front of a train	se jeter sous un train
to cut / to slash one's wrists	se trancher les veines
self immolation	l'auto immolation
gun suicide	le suicide par arme à feu
to shoot [shot] oneself	se tirer une balle
to pop / to swallow pills / an overdose (of)	avaler des cachets / une surdose (de)
a risk factor	un facteur de risque
to resort (to) / a last resort	recourir (à) / un dernier recours
to yield to / to give way to despair	céder au désespoir
an impulse / impulsive (a)	une impulsion / impulsif
rash (a) / on the spur of the moment	irréfléchi
the warning signs of suicide	les signes avant-coureurs de suicide
suicide prevention	la prévention des suicides
a suicide hot line / a counseling center	S.O.S. détresse / un service d'écoute
to counsel / a counsellor	conseiller / un conseiller

Health problems

to be plagued by health problems : être en proie à des problèmes de santé **depression :** la dépression **to be depressed :** être déprimé **to break down :** craquer **bipolar disorder :** le trouble bipolaire **a borderline personality :** une personnalité limite **schizophrenia :** la schizophrénie **failing health :** la santé déclinante **a terminal disease :** une maladie incurable **catastrophic illness :** une grave maladie **to end pain :** mettre fin à ses souffrances **to be in agony :** connaître d'horribles souffrances **alcoholism / alcoholic (a) :** l'alcoolisme / alcoolique **substance abuse :** la toxicomanie **family history of suicide :** des antécédents familiaux **to refuse to become a burden (on) :** refuser de devenir un poids / une charge (pour)

Loneliness

social isolation : l'isolement social **to lose [lost] one's job :** perdre son emploi **loss of a job :** la perte d'un emploi **to be abandoned (by) :** être abandonné (par) **to be friendless :** être sans ami **unrequited love :** l'amour non partagé **to break up (with) :** rompre (avec) **a break up :** une rupture **to walk out (on sb) / to dump :** quitter (qn) / plaquer **grief :** le chagrin **to mourn the death (of sb) :** pleurer la mort (de qn) **to be exposed to a traumatic loss :** subir une perte traumatisante **to be disconsolate / inconsolable :** être inconsolable

Financial loss

financial loss : les pertes financières **to be straddled / saddled with debts / to be debt ridden :** être couvert de dettes **to be heavily / deeply in debt :** être lourdement endetté **to face bankruptcy :** faire face à la faillite **to go bankrupt :** faire faillite **to avoid prosecution / disgrace :** éviter les poursuites judiciaires / la disgrâce

Family tensions

lack of parental interest : le manque d'intérêt des parents **one's parents' divorce :** le divorce de ses parents **to draw [drew / drawn] attention (to) :** attirer l'attention (sur) **a cry for help :** un appel à l'aide

Academic underachievement

competition for grades / for college admissions (US) : la concurrence pour obtenir les meilleures notes / pour être admis à l'université **to fail to live up to one's own or someone else's standards :** ne pas être à la hauteur de ses attentes ou de celles d'autrui **a drop in school performance :** une baisse des résultats scolaires **an academic setback :** un échec / un revers dans ses études

Defiance and protest

self-immolation : l'auto-immolation **to burn oneself to death :** s'immoler par le feu **to go on a hunger strike :** faire la grève de la faim **to protest (against a political regime) :** protester (contre un régime politique)

5-URBAN DECAY

a city	une grande agglomération
a megacity / a megalopolis	une mégalopole
an urban area / an urb	une zone urbaine
city people / townspeople	les citadins
to live in a city / a town	habiter (dans) une ville
a city dweller / an urbanite (US)	un habitant d'une grande ville
a resident	un habitant (immeuble)
a block	un pâté (d'immeuble)
a neighborhood / a district	un quartier
a borough / a district	un arrondissement
the city center / downtown (US)	le centre ville
downtown (n/a)	(en / le) centre-ville
a shopping precinct	un quartier commerçant
a pedestrian precinct / area	une zone piétonne
a shopping mall	un centre commercial
a central business district (CBD)	un quartier des affaires
suburbia / the suburbs	la banlieue, les faubourgs
to commute / a commuter	aller au travail / un banlieusard
a public transportation system	un système de transports publics
to take the subway / the tube / the underground	prendre le métro
to ride a bus	se déplacer en bus
urban (a)	urbain
suburban (a)	suburbain, de banlieue
small-town (a)	provincial
town / city planning	l'urbanisme
an urban designer	un architecte de la ville
a town planner	un urbaniste
national planning and development	l'aménagement du territoire
the layout of a city	le plan d'une ville
the cityscape	le paysage urbain
land use	l'occupation des sols
building land	le terrain constructible
a conservation area / a classified site	un site classé
a historic site	un site historique
a housing subdivision	un lotissement
a housing estate	un grand ensemble
urban ills	les maux de la ville
urban blight	la dégradation urbaine
urban decay	la dégradation des villes
urban violence (ni)	la violence urbaine

population explosion : l'explosion démographique ▪ **to become overcrowded** : devenir surpeuplé ▪ **the hustle and bustle of city life** : la trépidante vie citadine ▪ **disenchantment with city life** : le désamour de la vie citadine ▪ **to become inhospitable** : devenir peu accueillant

to live in a cramped flat : vivre à l'étroit dans un appartement ▪ **to live in cramped conditions** : vivre à l'étroit ▪ **skyrocketing property prices** : la hausse vertigineuse des prix de l'immobilier ▪ **the lack of affordable housing** : le manque de logements abordables ▪ **to cope with a housing shortage** : faire face à une pénurie de logements

to be stuck in congested streets : être coincé dans des rues encombrées ▪ **rush hour traffic** : la circulation aux heures de pointe ▪ **to put up with deafening noise** : supporter le bruit assourdissant ▪ **the rumble of trucks / lorries / the subway** : le bruit sourd des poids lourds / du métro ▪ **the squeal of brakes** : le crissement des freins ▪ **the screech of tires** : le grincement des pneus ▪ **the wailing of sirens** : le hurlement des sirènes ▪ **to be mugged / a mugging** : être agressé / une agression

to fall into disrepair / to go to rack and ruin : tomber en ruines ▪ **abandoned buildings** : des bâtiments abandonnés ▪ **boarded up houses** : des maisons condamnées ▪ **to depress real estate property values** : faire baisser la valeur des biens immobiliers ▪ **to create a ghetto** : créer un ghetto ▪ **to sell at a loss / at below market prices** : vendre à perte / au-dessous des prix du marché ▪ **devalued property** : des biens dévalorisés

rural exodus / rural depopulation : l'exode rural ▪ **white flight (US)** : l'exode des blancs ▪ **to leave town** : quitter la ville ▪ **to escape the hustle and bustle of city life** : échapper au tourbillon de la ville ▪ **to flee [fled] a city** : fuir une ville ▪ **to resist the call of the wild** : résister à l'appel de la nature ▪ **to long for / to yearn for simple living** : aspirer à une vie simple ▪ **to choose to move out of town** : choisir de quitter la ville ▪ **outmigration of urban dwellers** : l'exode des citadins

to live in the countryside : vivre à la campagne ▪ **to live in the provinces** : vivre en province ▪ **to live on a farm** : vivre à la ferme ▪ **to reject consumerism** : rejeter le consumérisme ▪ **the rat race** : la course à l'argent ▪ **a hectic / stressful pace of life** : un rythme de vie frénétique / stressant ▪ **to be town-weary** : être las de la ville

life in the country : la vie à la campagne ▪ **quiet** : calme ▪ **bracing (air)** : (air) vivifiant ▪ **secluded** : isolé ▪ **quaint** : désuet ▪ **unpolluted** : sain ▪ **wholesome** : sain ▪ **affordable** : abordable ▪ **safe** : sûr ▪ **to grow one's own vegetables** : faire pousser ses légumes ▪ **to outweigh the benefits to living in the city** : l'emporter sur les avantages de vivre en ville

6-AN AGEING SOCIETY

an ageing population	une population vieillissante
life expectancy / the life span	l'espérance de vie / la durée de vie
the old people / the elderly	les personnes âgées
an old man / woman	un homme âgé / une femme âgée
the senior citizens / the seniors / the grey	le troisième âge
middle-aged (a) / elderly (a)	d'âge mûr / d'un certain âge
ageing / aging (a)	vieillissant
to get old / to grow old / to age (US)	vieillir
wrinkled / wrinkly / lined (a)	ridé
hoary (a)	blanchi
frailty (ni) / frail (a)	la fragilité / frêle
vulnerable (a)	vulnérable
to shrivel / to wither	se ratatiner / se faner, dépérir
to fail / to flag / to weaken	s'affaiblir
to be on the wane	être sur le déclin
senility / senile (a)	la sénilité / sénile
to be disabled / crippled	être invalide / impotent
disability [pl. disabilities]	l'invalidité / l'impotence
dependent (a)	dépendant
to ramble / to drool	radoter
to go gaga	devenir sénile
to dote / dotage	être gâteux / le gâtisme
doddering / doting / doddery (a)	gâteux, sénile
wizened	ratatiné, desséché
incontinence / incontinent (a)	l'incontinence / incontinent
impaired intellect / memory / vision	les troubles de la pensée / de la mémoire / de la vue
failing / waning health	la santé déclinante
crankiness / cranky (a)	le caractère revêche / grincheux, revêche, acariâtre
a hearing aid / a denture, a dental plate	un appareil auditif / un dentier
geriatric care / elder care	les soins aux vieillards
to be bed-ridden	être grabataire
to be in a wheelchair	être en fauteuil roulant
a zimmer / a walker	un déambulateur
a walking stick	une canne
a nursing / a retirement home (US) / a home for the elderly / an old people's home / care home (UK)	une maison du / pour le 3e âge / une maison de retraite
an assisted living facility (ALF) (US)	une résidence pour personnes âgées

to attain / to get to / to reach / to live to (the age of 100) : atteindre (l'âge de 100 ans) **to live to the age of** : vivre jusqu'à l'âge de **to feel one's age** : se sentir vieillir **to dread old age** : redouter de vieillir **to get on in years** : prendre de l'âge **to be well stricken in years** : avoir un âge avancé **to grow younger** : rajeunir **to be past one's prime / to be over the hill / to be as old as the hills (fam.)** : ne plus être de la première jeunesse **to live to a ripe old age** : atteindre un âge très avancé **to have one foot in the grave** : avoir un pied dans la tombe **to lapse into second childhood** : retomber en enfance **to be alive and kicking** : être plein de vitalité

the diseases of aging : les maladies liées à la vieillesse **to be stricken with Alzheimer's / Alzheimer disease (AD)** : être atteint de la maladie d'Alzheimer

to be unable to live by oneself : être incapable de vivre seul **to continue to live in one's home** : continuer à vivre chez soi **to end up in a nursing home** : se retrouver en maison de retraite **to live in a nursing home** : vivre dans une maison de retraite **to be prone to disease** : être sujet à la maladie **to care for / to look after an ailing parent** : s'occuper d'un parent malade **to hire a live-in helper** : engager une aide à domicile **a home health aide** : un(e) auxiliaire de santé **to arrange for services (like)** : s'occuper des services (tels que) **physical therapy** : la kinésithérapie **to be institutionalized** : être mis en maison de retraite **home care / home-based services** : les soins / services à domicile **elder abuse** : la maltraitance des vieillards **a drain on social security / budgets** : une saignée de la sécurité sociale **to deplete one's life savings** : dépenser toutes ses économies

to improve fitness and well-being : améliorer la forme et le bien-être **daily exercising / regular physical activity** : une activité physique quotidienne / régulière **to stay mentally engaged** : rester actif intellectuellement **to cultivate new interests** : poursuivre de nouveaux intérêts **to stay active / to remain youthful** : rester actif / jeune **to keep fit** : rester en forme **the fountain of eternal youth** : la fontaine de jouvence **to slow the aging process** : ralentir le processus de vieillissement **the twilight years** : les dernières années **anti-ageing medicine** : les traitements médicaux contre le vieillissement **vitamins** : les vitamines **minerals** : les minéraux **antioxidants** : les antioxydants **health food** : les aliments diététiques **to eat right** : se nourrir convenablement

improvements in average life expectancy : les progrès dans l'allongement de la durée de vie moyenne **to address the needs of the seniors** : répondre aux besoins des personnes âgées **to live way past the retirement age** : vivre bien au-delà de l'âge de la retraite **the need for long term services / support** : le besoin de services / de soutien à long terme **to require special care / 24-hour / constant nursing care** : exiger des soins spéciaux / permanents **to be declared mentally / physically incompetent** : être déclaré mentalement / physiquement incompétent **loss of mobility and independence** : la perte de mobilité et d'indépendance **to cost several thousand dollars a month** : coûter plusieurs milliers de dollars par mois

⌖ 7-THE GAY COMMUNITY

sexual orientation	l'orientation / l'attirance sexuelle
same-sex attraction	l'attirance homosexuelle
a homosexual tendency	une tendance homosexuelle
L.G.B.T. (lesbian, gay, bisexual and transgender)	lesbiennes, gays, bisexuels et transsexuels
the L.G.B.T. community	la communauté homosexuelle
a homosexual (n) / homosexual (a)	un homosexuel / homosexuel
a lesbian / lesbian (a)	une lesbienne
heterosexual (a) / bisexual (a)	hétérosexuel / (sexuellement) ambivalent
to be gay / queer ÷ straight	être homosexuel ÷ hétérosexuel
a gay lifestyle	un style de vie homosexuel
a transvestite	un travesti
cross dressing	l'habillement croisé, le cross-dressing
overt homosexuality	l'homosexualité déclarée
a closet homosexual	un homosexuel non déclaré
to come out of the closet / to out (to)	révéler son homosexualité (à)
to be outed	être dénoncé comme homosexuel
the gay community	la communauté homosexuelle
a gay section / district	un quartier homosexuel
homosexual activism	le militantisme homosexuel
the gay liberation movement	le mouvement de libération homosexuel
a gay-rights movement / group	un mouvement / une association pour l'égalité des droits homosexuels
homophobia (ni)	l'homophobie
homophobe (n) / homophobic (a)	homophobe
gay marriage / gender-neutral marriage	le mariage entre homosexuels
a same sex union / marriage (SSM)	une union homosexuelle / lesbienne
a gay partnership	une union homosexuelle
a gay family	une famille homosexuelle
a (male) lover	un amant (mâle)
a civil union / a civil solidary pact / a civil union licence / a civil partnership (UK) / a domestic partnership (US)	un PACS
a live-in relationship	un compagnon, une compagne
gay co-parenting	l'homoparentalité
to be sissified in one's dress	être féminin dans sa façon de s'habiller
to be a sissy, effeminate / sassiness	être efféminé / le caractère efféminé
to engage in homosexual sex / gay sex	se livrer à des activités homosexuelles
to practice safe sex	avoir des rapports protégés

a sexual / gender identity : une identité sexuelle **gender identity disorder (GID)** : les troubles liés à l'identité sexuelle **to struggle with one's identity** : être aux prises avec son identité **gay youth (pl.)** : les jeunes homosexuels **to be burdened with shame and self-loathing** : être accablé par la honte et le dégoût de soi **to be worried about being perceived as gay** : être angoissé(e) à l'idée d'être perçu(e) comme homosexuel(le) **to be at a significantly higher risk for depression / substance abuse / suicide than one's heterosexual peers** : courir un plus grand risque de dépression / toxicomanie / suicide que ses égaux hétérosexuels **to be thrown out by one's parents** : être mis à la porte par ses parents **to run a national 24-hour crisis and suicide hot line for gay** : gérer une ligne téléphonique d'urgence permanente pour les homosexuels **to break through the isolation** : briser l'isolement **to confide (in a close friend / one's parents)** : se confier (à un ami proche / ses parents) **family acceptance** : l'acceptation par la famille

gay bashing / lesbian bashing / queer bashing : la chasse aux homosexuels **to suffer harassment** : être victime de harcèlement **gay / queer / lesbian bashing / lavender baiting** : la chasse aux homosexuel(le)s **to be ostracized** : être ostracisé **to be discriminated against** : être victime de discrimination **to be persecuted** : être persécuté **anti-gay bullying** : la maltraitance des homosexuels **to be bullied** : être brutalisé **to taunt / a taunt** : railler, narguer / une raillerie **to harass / harassment** : harceler / le harcèlement **hate speech** : le discours raciste **a hate / bias crime** : un crime raciste **a gay stereotype** : un stéréotype homosexuel **to gain acceptance** : se faire accepter **the age of consent** : l'âge du consentement **to decriminalize sexual acts** : dépénaliser les actes sexuels

marriage law : la législation sur le mariage **a marriage defense / protection act** : une loi sur la défense du mariage **a same-sex couple** : un couple homosexuel **discrimination based on sexual orientation** : la discrimination fondée sur l'orientation sexuelle **equal rights protection (for)** : la garantie de l'égalité des droits (pour) **a ban on same-sex marriage** : une interdiction du mariage homosexuel

to be contrary to God's will : être contraire à la volonté de Dieu **a sin (against) / a sinner** : un péché (contre) / un pêcheur **to weaken marriage** : affaiblir le mariage **to erode family values** : saper les valeurs familiales **to deprive children of a parent** : priver les enfants d'un parent

8-ELLIS ISLAND

an immigrant	un immigrant, un immigré
a migrant	un émigré
to migrate (from / to / into)	émigrer (de / à / dans)
immigration / emigration (ni)	l'immigration / l'émigration
mass immigration	l'immigration de masse
a wave of immigration	une vague d'immigration
to flood / a flow of immigrants	inonder / un flux d'immigrés
migration (to / from)	la migration (vers / issue de)
a homeland / a native country	une patrie
a first / second generation immigrant	un immigré de première / deuxième génération
an alien	un ressortissant étranger
a national	un ressortissant
a native	un autochtone, un indigène
a sending / donor country	un pays d'émigration
a recipient country	un pays de migration
a hyphenated American	un Américain issu de deux cultures
to come (from) / to hail (from)	être originaire (de)
to flee (from) / to escape / to break away / to get away (from)	fuir, échapper (à)
to flee [fled] from persecution	fuir la persécution
a political refugee	un réfugié politique
to seek [sought] (political) asylum	demander l'asile (politique)
an asylum seeker / an asylee	un demandeur d'asile
to be displaced / a pogrom	être déplacé / un pogrom
roots / to uproot	les racines / déraciner
to put down new roots	refaire une nouvelle vie
to uproot oneself	se déraciner
to strike [struck] new roots / to sink [sank / sunk] roots	s'implanter
to cut oneself off from / to break (with)	se couper de
to go in search (of)	partir en quête (de)
an exodus / a magnet	un exode / un aimant
to draw [drew / drawn] / to attract / to appeal (to) / to lure / to pull (to)	attirer (vers, à)
the lure of well-paid jobs	l'attrait d'emplois bien rémunérés
to blend [blended] (in) / to merge (into)	se fondre (dans)
to integrate (into society)	s'intégrer (dans la société)
to assimilate / assimilation	assimiler / l'assimilation

to enter a country : entrer dans un pays **to seek to escape from poverty :** chercher à fuir la misère **to seek [sought] refuge from a war :** chercher à fuir une guerre **to escape civil war / oppression :** fuir la guerre civile / l'oppression **to apply for political asylum :** faire une demande d'asile politique **a natural disaster :** une catastrophe naturelle **retirement migration to lower-cost countries with better climates :** l'immigration des retraités vers les pays à bas coût et jouissant d'un meilleur climat **ethnic cleansing :** le nettoyage ethnique **genocide :** le génocide **to escape dictatorship :** fuir la dictature **family reunification :** la réunification familiale **transnational marriage :** le mariage avec un étranger / une étrangère **to leave [left] everything behind (family, friends, support network, culture) :** tout abandonner derrière soi (famille, amis, réseau de soutien, culture) **to pull up stakes / to move :** déménager

immigrant labor : la main d'œuvre immigrée **an economic migrant :** un migrant économique **a migrant worker :** un travailleur émigré / saisonnier **a guest worker :** un travailleur immigré **a cheap labor force :** une main d'œuvre bon marché **to bring in (from another country) :** faire venir (de l'étranger) **to be sought after :** être prisé **to fill a job / to occupy a job :** occuper un emploi **to shun / to spurn a job :** bouder / mépriser un emploi **a shortage (of) :** une pénurie (de) **a skills shortage :** une pénurie de main d'œuvre qualifiée **to rely on outsiders :** compter sur les étrangers **to alleviate a labor shortage :** pallier une pénurie d'emplois **a brain drain :** une fuite des cerveaux **to rely on... for... :** compter sur... pour... **to obtain a work permit :** obtenir un permis de travail **to contribute to the economy :** participer à l'économie **to stand to gain (from) :** avoir tout à gagner (à)

a menial job : un emploi subalterne **dirty :** sale **unrewarding, thankless :** ingrat **arduous :** pénible **bottom-rung :** subalterne **low skilled :** peu qualifié **low-paying :** faiblement rémunéré **low-paid :** mal rétribué **ill paid :** mal payé **irksome :** fastidieux, ingrat **to take advantage of / to exploit :** exploiter **moonlighting / unreported work :** le travail au noir **to work under the table :** travailler au noir **to be paid off the books :** être payé au noir

to help build a country : contribuer à la construction d'un pays **to bring [brought] new vitality (to) :** apporter une énergie nouvelle (à) **to bring along skills (to) :** apporter des talents (à) **to bring in job experience (to) :** apporter une expérience professionnelle (à)

to absorb / absorption (into) : accueillir, absorber / l'absorption (dans) **to take in / intake :** absorber / l'absorption **social integration :** l'intégration sociale **to adjust (to) :** s'intégrer (dans) **a mosaic :** une mosaïque **a melting-pot :** un creuset **e pluribus unum :** « one from many » **an ethnic minority :** une minorité ethnique **to adopt the basic values of a society :** adopter les valeurs de base d'une société

to remit / a remittance : envoyer de l'argent / un envoi de fonds **upward mobility :** l'ascension professionnelle **a class barrier :** une barrière de classe **the social scale :** l'échelle sociale **to be upwardly mobile :** avancer dans sa carrière **to pull oneself up by the bootstraps :** s'élever à la force du poignet **to climb the ladder :** grimper l'échelle **to leave one's print / mark :** laisser son empreinte

9-ILLEGAL IMMIGRATION

to be welcome ÷ unwelcome	être bien / mal accueilli
to invade / to overrun / an invasion	envahir / une invasion
to admit ÷ to turn away	admettre / refuser
to smuggle / to sneak people (into / in)	faire entrer clandestinement (dans / en)
a smuggling ring / network	un réseau de passeurs
a people smuggler / a coyote	un passeur
human trafficking	le trafic d'êtres humains
alien smuggling	le trafic d'immigrants
to pay a fee	verser un droit
an illegal (alien) / an illegal entrant / an undocumented, paperless worker	un (travailleur) clandestin / sans papiers
to be escorted back to the frontier	être reconduit à la frontière
to be turned back	être refoulé
to curb / to contain / to stem (a flow)	limiter / contenir / endiguer (un flux)
to seal the border	fermer la frontière
to erect a barrier	ériger une barrière
to fence off borders	rendre les frontières infranchissables
to tighten border controls	renforcer les contrôles aux frontières
to keep immigrants out	empêcher les immigrés d'entrer
to streamline the asylum process	revoir les procédures d'asile
a quota system	un système de quotas
national preference	la préférence nationale
xenophobia / xenophobic (a)	la xénophobie / xénophobe
a scapegoat (for) / the fall guy	un bouc émissaire (de)
to use as a scapegoat	brandir comme bouc émissaire
to steal [stole / stolen] a job (away from)	prendre un emploi (à)
to deliver a visa	délivrer un visa
to overstay one's visa	séjourner au-delà de l'autorisation
the Immigration and Naturalization Services (INS) (US)	les Services d'immigration et de naturalisation
the Border Patrol	la Police de l'air et des frontières (PAF)
to tighten visa requirements	renforcer les conditions d'obtention de visa
wait times	les temps d'attente
to place / to relax restrictions (on)	mettre / assouplir des restrictions (à)
to put a ceiling (on)	fixer un plafond (à)
a restrictive policy	une politique restrictive
to screen out / to vet [vetted]	sélectionner
to expel, to evict / an expulsion, an eviction	expulser / une expulsion
to deport / deportation (ni)	déporter / la déportation
to repatriate / repatriation (ni)	rapatrier / le rapatriement

a benefit (for / to) : un avantage (pour) **a boon (to) :** une bénédiction, une aubaine (pour) **a bane :** un fléau **to benefit (from) :** tirer avantage (de) **to burden (sth) (with) :** grever, être un poids (pour) **a burden (on) :** surcharger / un poids (pour) **to place a burden (on) / a drain (on) :** être à la charge (de) **to live off the state :** vivre aux crochets de l'État

to restrict / restriction : restreindre / la restriction **to restrict freedom of movement :** limiter la liberté de mouvement **to adopt a strict policy :** adopter une politique stricte **to violate immigration laws :** violer les lois de l'immigration **to threaten / a threat (to) :** menacer / une menace (pour) **forced expulsion :** l'expulsion de force **to get rid of unwelcome aliens :** se débarrasser des étrangers indésirables **to be escorted back to the frontier :** être reconduit à la frontière **to send [sent] back / to turn away :** renvoyer **to ship back / to fly back :** renvoyer par bateau / par charter **to send packing :** expédier sans ménagement **to face extradition :** être extradé **hard-hearted policies :** des politiques insensibles **a harsh policy :** une politique stricte **to go underground :** disparaître **a detention center :** un centre de rétention **airport security :** la sécurité dans les aéroports **anti-immigration rhetoric :** les discours anti-immigrés **to crack down on illegal immigration :** réprimer l'immigration clandestine **a forged / fake passport :** un faux passeport

a citizen / citizenship : un citoyen / la citoyenneté **birthright citizenship (jus soli) :** le droit du sol **the right of blood :** le droit du sang **to apply for citizenship :** demander la nationalité **to hold citizenship :** avoir la nationalité **to acquire / to attain US citizenship :** acquérir / prendre la nationalité américaine **to retain one's nationality :** conserver sa nationalité **to grant / to deny citizenship :** accorder / refuser la citoyenneté **to grant legal status (to) :** accorder un statut légal (à), régulariser **to apply for a green card :** faire une demande de carte verte **to come out of the shadows :** sortir de l'ombre **a residency permit :** un permis de séjour **to be eligible for naturalisation :** être en droit d'acquérir la naturalisation **to apply for naturalisation :** demander la naturalisation **to get naturalised :** se faire naturaliser

to legalize illegal immigrants : légaliser les sans-papiers **an amnesty bill :** un projet de loi d'amnistie **immigration reform :** la réforme de l'immigration **to be stateless :** être apatride **statelessness :** le fait d'être apatride **to be entitled to a nationality :** avoir droit à une nationalité **to fight off deportation :** se battre pour éviter la déportation **to gain legal status :** se faire régulariser

10-DISCRIMINATION LIVES ON

an ethnic minority [pl. minorities]	une minorité ethnique
an ethnic group	une ethnie, un groupe ethnique
a minority group	une minorité
the color bar / the color line / race / racial discrimination	la discrimination raciale
a racist bias / prejudice	un préjugé racial
to be prejudiced (against)	avoir des préjugés (envers)
to be biased ÷ unbiased	avoir ÷ ne pas avoir de préjugés
a racist slur / insult	une insulte raciale
a racist / racial attack	une agression raciste
to enter mainstream society	s'intégrer
race relations / riots	les relations / émeutes raciales
racial divisions / hatred	les divisions / la haine raciale(s)
a multiracial society	une société multiraciale
a multicultural society	une société multiculturelle
a racial issue / problem	un problème racial
to advocate racism	prôner le racisme
to fight (against) / to combat racism	combattre le racisme
overt ÷ subtle racism / a racist	le racisme affiché / voilé / un raciste
deep-seated / deep-rooted racism	le racisme profond
the color of skin	la couleur de la peau
to discriminate (against)	pratiquer la discrimination (envers)
segregation / desegregation	la ségrégation / déségrégation
to practise segregation	pratiquer la ségrégation
racially discriminatory laws	des lois racistes
the fight against racism	la lutte contre le racisme
a bigot / bigoted / bigotry	un sectaire / intolérant / le sectarisme
xenophobia (ni) / xenophobic (a)	la xénophobie / xénophobe
to live under apartheid	vivre sous un régime d'apartheid
anti-Semitism (ni) / anti-Semitic (a)	l'antisémitisme / anti-sémite
to desecrate (a grave / a cemetery)	profaner (une tombe / un cimetière)
desecration	la profanation
ethnic cleansing	le nettoyage ethnique
a hate group	un groupuscule / groupe raciste
hate speech (ni)	le discours raciste
a scapegoat	un bouc émissaire
to assimilate / assimilation (ni)	assimiler / l'assimilation
to integrate (society) / integration (into)	intégrer (la société) / l'intégration (dans)
equality of opportunity	l'égalité des chances
equality ÷ inequality (ni)	l'égalité ÷ l'inégalité
to enjoy equal rights	jouir de l'égalité des droits

Black America : l'Amérique noire **the Afro-Americans / the African-Americans** : les Noirs américains **the Blacks** : les Noirs **affirmative action (US) / positive discrimination (UK)** : la discrimination positive **Jim Crow laws / Black Codes (US)** : les lois ségrégationnistes

racial balance : l'équilibre racial **racial tension** : les tensions raciales **a racial conflict** : un conflit racial **racial profiling / redlining** : le profilage racial **racial harassment** : le harcèlement racial

racist remarks : des remarques racistes **racist theories** : des théories racistes **racist taunts** : des provocations racistes **rampant racism** : le racisme endémique **blatant racism** : le racisme flagrant **latent racism** : le racisme rampant / voilé **institutional racism / structural racism / systemic racism** : le racisme institutionnel / structurel / systémique

widespread discrimination : une large discrimination **explicit / overt / blatant discrimination** : la discrimination éhontée / flagrante **covert / indirect discrimination** : la discrimination voilée **to amount to / to constitute discrimination** : équivaloir à de la discrimination **to practise discrimination** : pratiquer la discrimination **to experience discrimination** : connaître la discrimination **to face / to suffer (from)** : affronter / souffrir (de) **to endure discrimination / to be discriminated against** : être l'objet de discrimination **to ban / to end discrimination** : mettre un terme à la discrimination **a victim of discrimination** : une victime de la discrimination

to uphold [upheld] racist theories : défendre des théories racistes **to be subject to racial profiling (by)** : être soumis au profilage (par) **to carry out an identity control** : effectuer un contrôle d'identité **to live in inner city neighborhoods** : habiter des quartiers défavorisés **residential segregation** : la ségrégation dans l'habitat **white flight (US)** : l'exode des blancs (vers les banlieues) **an ethnic enclave / neighborhood** : un quartier ethnique **to deny loans to minority consumers** : refuser des prêts aux consommateurs de couleur **to be based on criteria of race** : être fondé sur des critères de race **under- / mis-representation of minorities (in the mass media)** : la sous représentation des minorités (dans les médias) **race-based barriers to gainful employment / professional advancement** : les barrières raciales à un emploi rémunérateur / à la promotion **discrimination in employment** : la discrimination dans l'emploi **to be hired / to be turned down on racial grounds** : être recruté / refusé sur des critères de race **an anonymous resume** : un CV anonyme **to score poorly in white-biased standard testing** : obtenir de piètres résultats dans des tests conçus pour les Blancs **to be imprisoned disproportionately when compared with whites** : être emprisonné de façon disproportionnée par rapport aux Blancs **to fill the racial gap** : combler le fossé entre les races

11-TEENAGE

the young(er) generation	la jeune génération
the young	les jeunes
a youngster / a youth (nd)	un jeune
young (a) / youth (ni) / youthful (a)	jeune / la jeunesse / jeune (d'aspect)
adolescence / the teens (n. pl)	l'adolescence
a teenager / an adolescent	un adolescent
teenage (a) / teen (a)	adolescent
to grow [grew / grown] up	grandir
a young adult / adulthood (ni)	un jeune adulte / l'âge adulte
the grown ups	les adultes
growing pains	les troubles liés à la croissance
the awkward age	l'âge ingrat
the age of reason	l'âge de raison
a transitional stage	une étape de transition
a volatile stage	une étape difficile
a physical change	un changement physique
a minor	un mineur
to be under age	être mineur
to turn 18 / to come of age	atteindre ses 18 ans / sa majorité
the age of majority	l'âge de la majorité
to have a date	avoir un rendez-vous / un petit ami
to date sb	rencarder, sortir avec qn
to be seeing sb	sortir avec qn
to have sexual relations	avoir des relations sexuelles
to be sexually active	être actif sexuellement
to have unprotected sex	faire l'amour sans protection
to experiment with drugs	toucher à la drogue
binge drinking	les beuveries
idleness (ni) / idle (a)	l'oisiveté / oisif
boredom (ni) / bored (a)	l'ennui / qui s'ennuie
maturity / mature (a)	la maturité / mûr
immaturity / immature (a)	l'immaturité / immature
self-conscious	mal à l'aise, timide, gauche
gawkiness / gawky (a)	la godicherie / godiche
narcissism (ni) / narcissistic (a)	le narcissisme / narcissique
graceless	sans grâce
rebellion / rebellious (a)	la rébellion / rebelle
childishness / childish (a)	la puérilité / puéril
infantile	infantile (péj.)
to be eligible to vote	être en âge de voter

during one's youth : pendant sa jeunesse **in one's youth** : dans sa jeunesse **since one's youth** : depuis sa jeunesse **throughout one's youth** : pendant toute sa jeunesse **(not to be) in the first flush of youth** : (ne plus être) de la première jeunesse **the youth of today** : les jeunes d'aujourd'hui **eternal youth** : la jeunesse éternelle **a youth club** : un club de jeunes **a youth hostel** : une auberge de jeunesse **misspent youth** : la jeunesse dissipée

the teen scene : le monde des ados **teen fashion** : la mode des ados **teen fads** : les tendances des ados **teen virginity** : la virginité chez les adolescents **to be in one's teens** : être adolescent **to reach one's teens** : atteindre l'adolescence **pre-teen (a)** : préadolescent

to spread one's wings : prendre son envol **to fly [flew / flown] / to leave [left] the nest** : quitter le nid **to sow one's wild oats** : jeter sa gourme, faire les quatre cents coups **boys will be boys** : il faut que jeunesse se passe **callow youth** : la folle jeunesse **to run wild** : faire n'importe quoi

spirited : fougueux **demure** : réservé **self-dramatizing** : qui se fait un monde de tout **to be independent-minded** : avoir l'esprit d'indépendance

to be in tune with one's times : être branché **a devil-may-care attitude** : une attitude j'men foutiste **to show no concern about the future** : ne pas se soucier de l'avenir **a display of independence** : une manifestation d'indépendance **to have a mind of one's own / to be outspoken** : avoir son franc parler **to have a hazy sense of one's identity** : avoir un sentiment confus de son identité **to reject adult direction** : rejeter les conseils des adultes **to be left to one's own devices** : être livré à soi-même

a growth spurt : une poussée de croissance **to change into an adult's body** : se transformer en corps d'adulte **to produce / to develop acne** : provoquer / faire de l'acné **to treat one's acne** : soigner son acné **hormones** : les hormones **fuzzy-cheeked (a)** : à la barbe naissante **pimples / zits / spots** : des boutons **a spotty adolescent** : un adolescent boutonneux **a black spot / blackhead** : un point noir **the adam's apple** : la pomme d'Adam **a mood swing** : un changement d'humeur **to be in search of (one's) identity** : être à la recherche de son identité **to be subject to peer pressure** : être soumis à la pression du groupe **to settle down** : se calmer

to titivate (oneself) / to doll up / to dress up : se pomponner **to primp** : se bichonner **tasseled / gussled up** : pomponné **to sport the latest clothes** : être habillé du dernier cri **to have a good / poor body image** : avoir une bonne / négative image de son corps **to capture the attention of girls** : attirer l'attention des filles **to conform to adult norms** : se plier aux normes des adultes

12-CHILDREN OF DIVORCE

to get divorced / to get a divorce	divorcer
to divorce sb	divorcer de qn
a divorce (from)	un divorce (de)
to ask for divorce	demander le divorce
to file for divorce	déposer une demande de divorce
to go through a divorce	traverser un divorce
to grant a divorce (to)	accorder le divorce (a)
a divorce lawyer	un avocat spécialisé dans les divorces
divorce laws	la législation sur le divorce
divorce pending	en instance de divorce
divorce proceedings	la procédure de divorce
to sue for divorce	entamer une procédure de divorce
to separate / to split [split] up	se séparer
to break up / a break-up	se briser / une rupture
to be separated (from)	être séparé (de)
an amicable separation / divorce	une séparation / un divorce à l'amiable
to become estranged	se brouiller
the estranged couple	des époux séparés / désunis
her estranged husband	son mari (dont elle est séparée)
an ex husband / ex wife / an ex	un ex-mari / une ex-épouse
to walk out on sb	quitter qn
grounds for divorce	les motifs de divorce
to desert / desertion	abandonner / l'abandon de famille
to support / to provide for one's family	subvenir aux besoins de sa famille
custody	la garde des enfants
a custody fight	se disputer la garde
to be given / to be denied custody	recevoir / se voir refuser la garde
visitation / access rights	les droits de visite
to abduct / an abduction	enlever / un enlèvement
to remarry / remarriage	se remarier / le remariage
a step family (mother / father)	une belle-famille (mère / père)
a stepson / a step daughter	un beau fils / une belle fille
a blended family	une famille recomposée
alimony / maintenance	la pension alimentaire
a single parent	un parent isolé
child support / maintenance	la pension pour les enfants
to pay alimony	verser une pension alimentaire
to be well provided for	être à l'abri du besoin
a deadbeat (parent / dad / mom)	un parent qui ne paie pas la pension
to fail to pay child support	ne pas verser la pension
a child support agency (CSA)	une DASS

divorce for fault : un divorce aux torts exclusifs **a no-fault divorce** : un divorce aux torts partagés **divorce by mutual agreement** : le divorce par consentement mutuel **a trial separation** : une séparation à l'essai **a consensual separation** : une séparation par consentement mutuel **a judicial separation** : une séparation de corps **a broken marriage** : un mariage brisé **to become strained / to break apart** : se tendre (relations) **to put an end to one's marriage** : mettre un terme à son mariage **to end in divorce** : se terminer par un divorce **dissolution of marriage** : le divorce **to salvage a marriage** : sauver une union **infidelity** : l'infidélité

to be the unwitting witness to marital discord : être le témoin involontaire de la mésentente conjugale **a marriage breakdown** : une dissolution de mariage **a marriage which is on the rocks / teetering** : un mariage qui est chancelant **the difficulty for parents to reach / to negotiate a settlement** : la difficulté des parents pour parvenir à un accord / négocier un règlement **to enforce payment** : obliger à payer

the toll of divorce on children : le tribut du divorce sur les enfants **the effect the divorce will have on children** : les conséquences d'un divorce sur les enfants **to have destructive effects (on)** : avoir des effets ravageurs (sur) **to cause pain** : faire mal **to suffer emotional and psychological damage** : souffrir émotionnellement et psychologiquement **to get caught up in one's parents' divorce battles / crossfire** : être au cœur des conflits parentaux **to be devastated / relieved by the divorce** : être dévasté / soulagé par le divorce **to be frightened / confused by the threat to one's security** : être effrayé / troublé par la menace sur son bien-être **pressure on a child to choose sides** : la pression exercée sur un enfant pour choisir son camp **to feel torn (between two parents / two households)** : être partagé / déchiré (entre deux parents / foyers)

alternate child care : la garde alternée **joint custody** : la garde conjointe **to award custody (to)** : attribuer la garde (à) **the (non) custodial parent** : le parent qui a / qui n'a pas la garde **a custody fight** : un conflit pour la garde

to upset a sense of stability : bouleverser un sentiment de stabilité **to be disillusioned** : perdre ses illusions **to feel sadness and loss** : se sentir triste / perdu **to be aggressive / uncooperative / withdrawn** : être agressif / peu coopératif / renfermé **to have trouble forming meaningful relationships** : avoir du mal à former des relations sérieuses **to be burdened with the (physical and economic) responsibilities of helping support a single parent** : se voir confier la responsabilité (physique / économique) de contribuer à subvenir aux besoins d'un parent isolé **to look after the best interests of the children** : veiller aux intérêts des enfants **to stand in the midst of the complex adult emotional tangle** : être au milieu de l'enchevêtrement émotionnel des adultes **barriers to being involved in a child's interests and activities** : les obstacles à l'implication dans les intérêts et les activités de l'enfant **to believe one is at fault** : se sentir responsable

13-TROUBLED YOUTH

youth violence	la violence chez les jeunes
at-risk youth	des jeunes à risque
high-risk youth	des jeunes en grand danger
troubled youth	la jeunesse inquiète
antisocial behavior / anti-social acts	les incivilités
verbal aggression	les agressions verbales
to rebel (against)	se rebeller (contre)
a young rebel / rebellious (a)	un jeune rebelle / rebelle
to reject sb's values	rejeter les valeurs de qn
to be wild	faire les quatre cents coups
to offend	blesser, froisser
a delinquent teenager	un jeune délinquant
petty crime	la petite délinquance
a juvenile detention center	un centre pour mineurs délinquants
a gang culture	une culture de bande
to try / to experiment with drugs	toucher à la drogue
booze culture	la culture de la boisson
binge drinking	les saouleries
football hooliganism	les violences sur les stades
depression / suicide	la dépression / le suicide
to feel suicidal	avoir des envies de suicide
to clash (with)	se disputer (avec)
to argue all the time	passer son temps à se disputer
to fight [fought] (with / against)	se battre, lutter (avec / contre)
to turn (against)	s'élever (contre)
to kick (against)	se rebeller (contre)
to answer back	être impertinent
to be grounded	être privé de sortie
to tell [told] off / to upbraid	gronder, engueuler
to let rip at sb / to give sb a ticking off	passer un savon à qn
to stomp / to storm out of the house	ficher le camp de la maison
to be absent from school	manquer l'école
school failure	l'échec scolaire
to be enrolled in special education	être scolarisé dans un établissement spécialisé
to run away (from home)	faire une fugue
a runaway	un fugueur
a runaway shelter	un centre pour fugueurs
a curfew	un couvre-feu
to offer mentoring	proposer du mentorat
counseling	une aide psychologique

to look out for the tell-tale signs : repérer les signaux **to become secretive :** devenir cachottier **to have sudden outbursts of anger :** faire des crises de colère **to miss curfew :** rentrer à pas d'heure **to lie about one's whereabouts :** mentir sur ses sorties **to have mood swings :** avoir des changements d'humeur **to be out of control :** être ingérable **to struggle with low-esteem :** être aux prises avec un problème d'image **to be on a self-destructive path :** se détruire à petit feu **to be a skilled manipulator :** être un adroit manipulateur **to manipulate a situation :** manipuler une situation **to go through the growing pains of becoming an adult :** traverser une crise d'adolescence **to have a couldn't-give-a-damn attitude :** avoir une attitude j'men foutiste **to refuse to comply with rules and requests :** refuser d'obéir aux règles et aux demandes

non existent authority figures : l'absence de symboles de l'autorité **to stand up to authority :** résister à l'autorité **to scoff at older people :** mépriser les personnes plus âgées **to disobey / to disrespect one's elders :** désobéir aux / manquer de respect envers les aînés **to turn away from one's family / teachers as role models :** se détourner de sa famille / de ses enseignants comme un modèle à suivre

the breakdown in families : les foyers désunis **a single-parent family :** une famille monoparentale **a lone parent :** un parent isolé **an absent father :** un père absent **a mother on welfare :** une mère au chômage **parental abuse / neglect :** la violence / la négligence parentale **a lack of supervision :** le manque de surveillance **to live in derelict housing projects :** habiter des cités délabrées **to have no future :** ne pas avoir d'avenir **to cut classes :** sécher les cours **to drop out of school :** arrêter les études **risky behavior :** des conduites à risque **to engage in risky behavior :** adopter des conduites à risque **teen pregnancy :** la grossesse des adolescentes **to be likely to develop a violent behavior :** être susceptible de devenir violent **access to firearms :** l'accès aux armes à feu

to try a new approach to violence : tenter une nouvelle approche du problème de la violence **to haul children off to jail :** jeter les jeunes en prison **a boarding school for troubled youths :** un internat fermé **to send to juvenile boot camp :** envoyer en camp de redressement pour jeunes **a structured environment :** un milieu encadré **to establish a constructive adult relationship with youth :** construire une relation positive entre les jeunes et les adultes **parenting education :** l'apprentissage du métier de parent **to put young people on the road to productive lives :** mettre les jeunes sur de bons rails **to provide the young with jobs / summer jobs :** offrir du travail / des emplois saisonniers aux jeunes **a wilderness therapy program :** un programme de ré-éducation en milieu naturel **to keep the lines of communication open with one's teenage children :** garder le contact avec ses enfants adolescents **to go into family therapy :** entamer une thérapie familiale **to get the parents involved :** impliquer les parents **to develop methods for coping with aggressive feelings :** mettre au point des méthodes pour contrôler ses pulsions **a youth mentoring program :** un système de 'grands frères' / de mentorat **a mentoree / a mentee :** un(e) mentoré(e) **youth sheltering :** la protection de la jeunesse **prevention efforts :** des efforts de prévention **to provide the youth with a sense of stability :** apporter à la jeunesse un sentiment de stabilité

14-SCHOOL VIOLENCE

student misconduct	l'inconduite des élèves
to be in trouble	avoir des difficultés
a school massacre / a school shooting	une tuerie dans une école
to open fire (on one's classmates)	ouvrir le feu (sur ses camarades)
to go on a shooting spree	être pris de folie meurtrière
to go on a rampage	être pris de folie, péter un plomb
a school shooter	un élève assassin
a rampage killer	un tueur fou
a school-related homicide	un meurtre en rapport avec l'école
possession of weapons	la détention d'armes
to pull out a knife / switchblade (on sb)	exhiber un couteau (à cran d'arrêt)
to bully / bullying	brutaliser / les brutalités
hazing	le bizutage
to pick (on sb), to harass (sb) / harassment	harceler (qn) / le harcèlement
to be assaulted in the classroom	être agressé en classe
to commit an act of violence against a teacher / to give aggro to a principal	agresser un enseignant / un proviseur
to be physically attacked	être agressé physiquement
to be threatened (with)	être menacé (de)
to fear for one's safety	craindre pour sa sécurité
a scuffle	une bagarre
to ban blade weapons	interdire les armes blanches
disruption / insubordination	les troubles / le refus d'obéissance
inappropriate dress	des vêtements non conformes
to disobey (sb) / to step out of line	désobéir
on school grounds / property / premises	dans les locaux scolaires
a school disciplinary committee	un conseil de discipline
a code of conduct	un règlement intérieur
a disciplinary code / disciplinary rules	un règlement disciplinaire
a breach of the code discipline	une infraction au règlement
to take disciplinary action	prendre une mesure disciplinaire
to suspend / suspension	suspendre / la suspension
to expel, to evict / an expulsion, an eviction	expulser / une expulsion
to transfer / a transfer	transférer / un transfert
a zero-tolerance policy (on)	une tolérance zéro (en matière de)
to adopt a zero-tolerance policy	adopter la tolérance zéro
to use a walk-through metal detector	utiliser un portique de sécurité
to hire security guards	embaucher des vigiles
to be sent to a reform school	être envoyé en établissement fermé
to be on probation	être à l'épreuve
peer mediation	la médiation des pairs
counselling	l'aide psychologique

a spate of school violence / killings : une épidémie de violence / massacres dans les établissements scolaires **to experience verbal / physical abuse from pupils** : subir des violences verbales / physiques de la part des élèves **to face aggressive behaviour from parents** : faire face à l'agressivité des parents **to be stressed out** : être stressé

to ignore / to present a warning sign / a red flag : ne pas prêter attention à / présenter un signe avant-coureur **a would-be killer** : un tueur potentiel **to confide one's plans (to)** : confier ses intentions (à) **to mastermind a plan** : échafauder un plan **the home / neighborhood environment** : l'environnement familial / du quartier **a high crime neighborhood** : un quartier criminogène **to contribute to school violence** : contribuer à la violence en milieu scolaire **high rates of crime / drug use** : de forts taux de criminalité / de toxicomanie **parental alcoholism** : l'alcoolisme parental **to have a history of drug abuse** : avoir des antécédents toxicomanes **domestic violence** : la violence conjugale **physical abuse** : les brutalités physiques **child sexual abuse** : les abus sexuels sur les enfants **harsh parental discipline** : une stricte discipline parentale **to have easy access to guns** : se procurer des armes facilement **exposure to TV violence / violent video games** : l'exposition à des émissions TV violentes / des jeux vidéo violents **goth subculture** : le mouvement gothique **the dark wave culture** : le Darkwave / Dark wave **horror movies** : les films d'horreur **a school outcast** : un paria de l'école **hatred of society** : la haine de la société **to be at war against society** : être en guerre contre la société **to hold a grievance (against)** : en vouloir (à) **the use of anti-depressants by teenagers** : l'utilisation d'anti-dépresseurs par les jeunes **a psychopath** : un psychopathe **to unleash one's anger (at)** : déclencher sa colère (envers) **to snap** : craquer **to cause mischief** : faire des histoires, créer des problèmes

lax school authorities : des responsables scolaires laxistes **to bring cases of school violence to the attention of the authorities** : notifier les responsables des cas de violence à l'école **to reinforce police presence near the schools** : renforcer la présence policière à proximité des établissements **to underreport violent incidents occurring in schools** : minimiser le nombre d'incidents violents dans les établissements scolaires **to profile students** : dresser le portrait d'étudiants **to fit a particular profile** : correspondre à un profil particulier

to curb school violence : diminuer la violence en milieu scolaire **to wear a uniform** : porter un uniforme **to instill discipline (in / among)** : imposer la discipline (chez / à) **to conduct random locker / bag checks** : faire des contrôles aléatoires des casiers / des cartables / sacs **gun control laws** : les lois sur la limitation des armes à feu **anger management** : le contrôle de la colère **to attend therapy** : voir un psychologue **improved communication between adults and youths** : une meilleure communication entre les adultes et les jeunes **to pay attention (to)** : faire attention (à) **to keep deadly weapons away from the hands of emotionally volatile teens** : empêcher les jeunes fragiles psychologiquement de se procurer des armes **to make schools safer** : renforcer la sécurité à l'école

15-THE UNEDUCATED AMERICAN

the educational system	le système éducatif
academic performance	la réussite scolaire
an under-achiever / a low achiever	un raté
a failing / struggling student	un élève en échec scolaire
a low-performing school	une école médiocre
a low proficiency student	un élève peu doué
a problem kid	un enfant à problème
a behavioral problem	un problème comportemental
a learning disability	un handicap scolaire
an attention problem	un problème de concentration
hyperactive (a)	hyperactif
to do badly at school	être mauvais élève
to get bad marks (UK) / grades (US)	avoir de mauvaises notes
to fail / to flunk an exam	rater un examen
to fail a class	ne pas valider un cours
to keep up (with)	rester à la hauteur (de)
to have difficulty getting organized	avoir du mal à s'organiser
to skive / to dodge off / to swing the lead (UK)	tirer au flanc
to fall behind	prendre du retard
a clueless youngster	un jeune sans repère
to (play) truant / to skip, to cut classes	sécher les cours
to be unable to stay in school	être incapable de poursuivre des études
to drop out of high school / to quit school	arrêter ses études secondaires
a high school drop-out	un élève qui a arrêté ses études
to fail to earn a college degree	ne pas réussir à décrocher un diplôme universitaire
to be illiterate / illiteracy (ni)	être illettré / l'analphabétisme
remedial instruction (ni) / courses	des cours de soutien
remedial work	du travail supplémentaire
to overcome basic deficiencies	combler des lacunes de base
to take make-up math	prendre des cours de soutien en math
to expel / to exclude (from) / to kick out (of)	exclure (de)
a retention / detention	une retenue
to be retained / detained	être en retenue
to repeat / to retake a year / a repeater	redoubler / un redoublant
a disciplinary committee	un conseil de discipline
to raise the educational level	élever le niveau d'éducation
to bring back selection	réintroduire la sélection
education spending	le budget de l'éducation
to set national education goals	fixer des objectifs pédagogiques nationaux

undisciplined / unruly : indiscipliné **troublesome** : qui cause des ennuis **cheeky** : impudent **disruptive** : turbulent **withdrawn** : renfermé **scrappy / contentious / quarrelsome** : querelleur **argumentative** : ergoteur

a lack of achievement : un manque de réussite **to lack a basic grasp (of) / a basic understanding (in / of)** : manquer des bases (en) **to struggle to keep up** : avoir du mal à suivre **to fall far short of the mark** : être très loin du niveau

a dimwit : un corniaud / une andouille **a dummy (US)** : une andouille / un cornichon **a dunce** : un cancre **a moron** : un crétin **dim-witted / slow-witted** : lent d'esprit, gourde, bêta **disorganized** : désorganisé, brouillon **dull (a) / a dullard, a jerk** : sot, obtus / un sot **scatter-brained** : distrait **a flibbertigibbet** : une tête de linotte, un étourdi **to be slow on the uptake** : être lent à la détente **stressed out** : stressé **stupid** : stupide **thick** : bête, con **feckless** : inepte, sans cervelle **slack / careless** : négligent **absent-minded** : distrait **untidy** : peu soigneux **lazy** : paresseux **idle** : oisif / inactif / fainéant **immature** : immature **talkative** : bavard

rambunctious / rumbustious : bruyant **to clown around** : faire le clown **to misbehave** : mal se conduire **Oppositional Defiant Disorder (ODD)** : le trouble oppositionnel avec provocation **a disciplinary code** : un règlement intérieur **to rag [ragged] / to bait (a teacher)** : chahuter (un enseignant) **to disrupt classes** : déranger les cours, chahuter **to talk back** : répondre (avec insolence) **to crib [cribbed]** : copier, pomper (fam.) **to dismiss / to send down / to turn out** : renvoyer **to kick out** : mettre à la porte **to remove from school** : retirer de l'école **to transfer to another school** : inscrire dans une autre école

lack of parental involvement / supervision : l'absence d'implication / de surveillance parentale **to be involved in the learning process** : être impliqué dans l'éducation **to participate in one's children's schooling** : participer aux études de ses enfants **a parent-teacher association (PTA)** : une association de parents d'élèves **an open school day / night** : une journée / soirée portes ouvertes **absenteeism (ni)** : l'absentéisme **an absentee rate** : un taux d'absentéisme **to be unable to respond to school pressure** : être incapable de faire face à la pression scolaire **to come from a deprived area** : être issu d'un quartier défavorisé **an Education Action Zone (UK)** : une zone d'éducation prioritaire (ZEP) **to have full access to a quality education** : avoir pleinement accès à un enseignement de qualité **a problem school / a troubled school** : une école à problèmes **the achievement gap** : un fossé de la réussite **to be outpaced academically** : être dépassé en matière d'éducation

classroom overcrowding : des classes surchargées **school zoning** : la sectorisation **a high teacher turnover** : un roulement élevé d'enseignants **an incompetent / inexperienced teacher** : un enseignant incompétent / inexpérimenté **to raise teachers' pay** : augmenter le salaire des enseignants **to improve teacher quality** : améliorer la qualité des enseignants **to cut need based grants and scholarships** : faire des coupes dans les bourses **to keep children off the streets** : éviter que les enfants ne traînent dans les rues **to land dead-end / low-wage work** : décrocher des emplois sans avenir / mal payés

16-ACADEMIA

higher education (HE)	l'université
further education (FE)	la formation continue
adult / continuing education	la formation permanente
to go to university / college / school	faire des études supérieures
a college	une faculté
to have a college education	avoir un diplôme universitaire
a graduate school (US)	une université (3e cycle)
to go to graduate school	faire des études de 3e cycle
a department	un département
to apply (to a university) (for a program)	faire acte de candidature (à)
an application file	un dossier de candidature
a letter of recommendation	une lettre de recommandation
a GPA (graduate point average)	une moyenne de notes
a transcript / a quarter	un relevé de notes / un trimestre
to register / to enroll in a university	s'inscrire à l'université
to sign up for a class	s'inscrire à un cours
enrollment (US)	l'inscription, les effectifs
registration (US) / matriculation (UK)	l'inscription
(tuition) fees	les droits d'inscription
to charge tuition	faire payer des droits d'inscription
endowment	la dotation
a fund raising drive	une campagne de collecte de fonds
an alumnus [pl. alumni]	un ancien élève
an alma mater	une université dont on est diplômé
admission (to)	l'admission (à)
the admission process	le processus d'admission
to be admitted (to) / to gain admission (to)	être admis (à)
the college staff (US) / the faculty	le corps enseignant
a (university) academic	un universitaire
an academic dean (US) / a dean of faculty	un doyen de faculté
a professor / a senior lecturer	un professeur / un maître de conférences
a faculty adviser / advisor	un responsable pédagogique
an academic degree / a diploma	un diplôme universitaire
an undergraduate / graduate student	un étudiant en licence / de 3e cycle
to do graduate studies	faire un 3e cycle
to get a Ph.D. (from / in)	obtenir un doctorat (de / en)
a doctorate (on / from)	un doctorat (sur / délivré par)
the finals / a final exam	les examens de fin d'année
a midterm exam	un partiel
a commencement / a graduation ceremony	une cérémonie de remise de diplômes
a class ranking	un classement
a valedictorian / a statutorian	un major / un second (de promotion)

a ranking guide : un classement **an elite institution** : un établissement d'élite **a top-tier school / a top school** : une université prestigieuse **a top-ranked school** : une université d'élite **a higher education institute** : un établissement d'enseignement supérieur **a state, public / private college / university** : une université d'État / privée **elite higher-education colleges / the French *Grandes Ecoles*** : les grandes écoles **the preparatory program** : les classes préparatoires

a community college / junior college : une faculté délivrant des DEUG **a liberal arts college** : une faculté de lettres **an evening college** : des cours du soir **a journalism school** : une école de journalisme **a medical school** : une faculté de médecine **a school of dental medicine** : une faculté dentaire **a school of pharmacy** : une faculté de pharmacie **a law school** : une faculté de droit **a business school / a school of management** : une école de commerce, une université de gestion **a school of government** : un institut de sciences politiques **an engineering school** : une école d'ingénieurs **a polytechnic / an institute of technology** : un IUT **a military academy / institute** : une école militaire

to apply for financial aid : faire une demande d'aide financière **a grant / a scholarship** : une bourse (d'études) **a merit / sport scholarship** : une bourse au mérite / de sports-études **a fellowship** : une bourse de recherche **a fee waiver** : une dispense de droits d'inscription **a (need-based) grant** : une bourse (selon les revenus) **a teaching assistantship (TA)** : un poste de lecteur **a research assistantship (RA)** : une bourse de recherche **a student loan** : un prêt étudiant **merit aid** : l'aide au mérite **need-based / means-tested aid** : l'aide en fonction des revenus **a wait list** : une liste d'attente **to be wait-listed** : être sur liste d'attente

a bachelor's degree : une licence **a B.A. (arts or humanities)** : une licence de lettres **a B.S. / a BSci (UK) (science) / a Bachelor of Science degree** : une licence en science **an M.A. / an M.Sc.** : une maîtrise **an MPA (Master in Public Administration)** : un master d'administration publique **an MBA (Master in Business Administration)** : un MBA **a Ph.D. (Doctor of Philosophy)** : un doctorat **graduate studies** : des études de second / troisième cycle

a coach : un entraîneur **a varsity sports team** : une équipe sportive universitaire **practice** : l'entraînement **an athletic conference** : une ligue / un championnat d'athlétisme **to compete (against)** : jouer / se produire (contre)

the student body / community : les étudiants **a freshman** : un étudiant de première année **a sophomore** : un étudiant de deuxième année **a junior** : un étudiant de troisième année **a senior** : un étudiant de quatrième année **student government / a student council** : le Bureau des élèves **a student representative** : un délégué / représentant étudiant **an elected representative** : un représentant élu

a course catalog(ue) : un catalogue de cours **to major (in)** : se spécialiser (dans) **a major (in)** : une spécialisation (en) **a curriculum** : un programme **to follow / to take / to attend / to go to a course (on)** : suivre / assister à un cours (sur) **to skip / to cut classes** : sécher les cours **to pass / to fail a class** : valider / ne pas valider un cours

17-STUDENT LIFE

a university campus	un campus universitaire
a virtual campus	un campus numérique
a satellite campus	une antenne (d'une université)
a learning environment	une atmosphère studieuse
research facilities	un centre de recherches
a computer lab	une salle informatique
a language training institute	un centre d'apprentissage des langues
a lecture room / theatre / hall	un amphithéâtre
a university library	une bibliothèque universitaire
a librarian	un(e) bibliothécaire
a residence hall	une résidence étudiante
a dining hall / a cafeteria	un réfectoire
student accommodation	les logements étudiants
a dormitory / a dorm	un dortoir (UK), une résidence universitaire (US)
the gym / the fitness center	le club de sport
to live on campus	vivre sur le campus
to live off campus	vivre en dehors du campus
co-ed (a) / coeducational / mixed	mixte
single-sex	h / f
a women's college	une faculté pour femmes
a roommate	un cothurne
a fraternity / a sorority	un club d'étudiant(e)s
the student body / community	les étudiants
the student board	le conseil étudiant
an academic year	une année universitaire
a term, a quarter / the Fall quarter	un trimestre / le trimestre d'automne
a semester (US)	un semestre
a course schedule / degree program	un programme de cours
a curriculum	un programme par année
a core curriculum	un programme fondamental / un tronc commun
a crash / a refresher course	un cours de remise à niveau
a foundation course	un cours fondamental
mandatory / compulsory	obligatoire
an elective	un cours à option
an additional course	un cours supplémentaire
a syllabus	un programme (par cours)
a credit	un crédit
a work placement / an internship	un stage
a gap year / a hiatus (US)	une année de césure

the student office : la scolarité **a career service :** un bureau des carrières **the Office of Academic Affairs :** la Direction des études **the Office of Student Affairs :** les services administratifs **the admin building :** le bâtiment administratif **a director of international affairs :** un directeur des relations extérieures **a Career Development Office / Center :** un bureau des stages / carrières **a careers advisor :** un conseiller d'orientation **the Registrar's Office :** le service de la scolarité **the Housing Office :** le bureau du logement **the Bursar's Office :** le bureau des frais de scolarité **a bursar :** un intendant **the health center** : la clinique, l'infirmerie

student culture : la culture étudiante **a classmate :** un camarade de promotion **the class of 2010 :** la promotion 2010 **to award a degree :** remettre un diplôme **the student days :** l'époque estudiantine **a class reunion :** une réunion de promotion **a student association :** un club d'étudiants **hazing / ragging :** le bizutage **a student prank / jape :** une farce d'étudiant **to pull pranks :** faire des farces **heavy drinking :** des soirées bien arrosées **binge drinking :** des beuveries

to live in on-campus university housing : loger sur le campus dans un bâtiment universitaire **gender-neutral housing :** le logement mixte **a theme house :** une maison à thème **house sharing :** la vie en commun **a student area :** un quartier étudiant **a curfew :** un couvre-feu **to get around a campus (by bike / on foot) :** se déplacer sur un campus (en vélo / à pied) **to work to support oneself :** travailler pour subvenir à ses besoins

Orientation week / O-week / Freshers' Week : la semaine de l'orientation **an orientation leader :** un responsable de l'orientation **the Week of Welcome (WOW) :** la semaine d'intégration **to help orient new students :** aider à orienter les nouveaux étudiants **to welcome new students :** accueillir les nouveaux étudiants **to be accompanied by a wide range of activities :** être accompagné par toute une série d'activités **to get to know each other :** apprendre à se connaître **to go on a campus tour :** faire le tour du campus **to form a bond between the incoming students :** assurer la cohésion entre les étudiants **an initiation / a rite of passage :** une initiation / un rite de passage **to build school spirit and pride :** renforcer l'esprit et la fierté de l'université

student activism : le militantisme étudiant **a student activist :** un militant étudiant **a student leader :** un dirigeant étudiant **a student organization :** une association étudiante **a student strike :** une grève étudiante **a student revolt :** une révolte estudiantine **a student union :** un syndicat étudiant **student rights :** les droits étudiants **a student movement :** un mouvement étudiant **student protest :** la contestation étudiante **a student demonstration :** une manifestation d'étudiants **to stage a demonstration :** organiser une manifestation **to take to the streets :** descendre dans la rue **to rebel against authority :** se rebeller contre l'autorité **to clash with the police :** se heurter aux forces de l'ordre **to close a university :** fermer une université **to crack down (on) :** réprimer **a crackdown :** une répression

a student exchange program : un programme d'échange étudiant **to study abroad / overseas :** étudier à l'étranger **to step out of one's comfort zone :** quitter sa petite vie confortable **to broaden one's mind :** élargir son horizon

18-DOPING IN SPORT

a doping case	un cas de dopage
a doping scandal	un scandale du dopage
a doping violation	un acte de dopage
drug use / drug taking	l'usage de stupéfiants
a drug check	un contrôle anti-dopage
a drug-user	un drogué
a tainted sport	un sport touché par le dopage
an anti-doping agency	une agence anti-dopage
anti-doping rules	la réglementation anti-dopage
to use steroids	prendre des stéroïdes
a banned agent	un agent interdit
a masking agent	un agent masquant
blood doping / transfusion	l'auto-transfusion
to condone the use of drugs	fermer les yeux sur l'usage de drogues
to administer drugs (to sb)	doper (qn)
alleged drug abuse	des allégations de dopage
a drugs test / a dope test	un test de dopage
a random drug check	un contrôle anti-dopage inopiné
to be tested at random	subir un test inopiné
to take a random test	se soumettre à un contrôle inopiné
to carry out / to conduct a test	effectuer un test
to enhance one's performances	améliorer ses performances
to cheat / to get around the rules	tricher / contourner les règles
to disqualify [disqualified]	disqualifier
a ban from competition	une exclusion de la compétition
a ban for doping	une interdiction pour dopage
to be kicked out of a competition	être exclu(e) d'une compétition
to be thrown out of the Olympics	être exclu(e) des Jeux olympiques
to be stripped of a medal / title	être privé(e) d'une médaille / d'un titre
to withdraw [withdrew / withdrawn] (from)	se retirer (de)
to withdraw a team (from a race)	retirer une équipe (d'une course)
to besmirch an ideal	souiller un idéal
a deterrent effect	un effet dissuasif
a disgraced champion	un champion discrédité
to be given the benefit of the doubt	accorder à qn le bénéfice du doute
to protest one's innocence	clamer son innocence
to appeal a decision	faire appel d'une décision
to get away with it	passer au travers des mailles du filet
to have one's name cleared	être réhabilité
a clean / doping-free sport	un sport propre

performance enhancing substances (PES) / drugs : des substances / drogues dopantes **a banned substance / an illegal substance** : un produit interdit **a performance-enhancing drug** : un anabolisant **a body-building substance** : un stéroïde **steroids** : des stéroïdes, hormones **anabolic steroids** : des anabolisants **erythropoietin (EPO)** : l'EPO, l'érythropoétine **a painkiller** : un analgésique **an energy builder** : un tonique **a human growth hormone (HGH)** : une hormone de croissance **testosterone** : la testostérone **nandrolone** : la nandrolone **caffeine** : la caféine **a beta blocker** : un bêta bloquant **to increase the amount of oxygen-carrying red blood cells** : accroître le nombre de cellules rouges qui transportent l'oxygène **an increase in muscle mass** : une augmentation de la masse musculaire

the world of sport : le monde du sport **endurance / extreme sports** : les sports d'endurance / extrêmes **a top-level sport** : un sport de haut niveau **a top athlete** : un athlète de haut niveau **bicycling** : le vélo **a bicycle race** : une course à vélo **doping at the Tour de France** : le dopage dans le Tour de France **a stage of the Tour de France** : une étape du Tour de France **a stage winner** : le vainqueur d'une étape **a rider** : un coureur **the yellow jersey** : le maillot jaune **a cycling team manager** : un directeur d'équipe cycliste **weight-lifting** : l'haltérophilie **track and field** : l'athlétisme **a shot putter** : un lanceur de poids **a sprinter** : un sprinteur **a hurdler** : un coureur de haies **swimming** : la natation **a trainer / a coach** : un entraîneur **bodybuilding** : le culturisme

to detect doping : détecter le dopage **to test positive (for)** : subir un contrôle positif (à) **to fail a drugs / doping test** : tester positif **to be caught red-handed** : être pris la main dans le sac **to be detectable (by)** : être détectable (par) **a testing method** : une méthode de test **to avoid detection** : échapper à tout examen **to give a urine sample** : donner un échantillon de son urine **a blood test** : un test sanguin **a backup test** : une contre expertise **undetectable drugs / substances** : des drogues indétectables **side effects** : les effets secondaires **a foolproof test** : un test infaillible

the doping issue : le problème du dopage **to be unethical** : être contraire à l'éthique **to give competitors an advantage / an edge (over)** : donner aux concurrents un avantage (sur) **to regulate competitions** : réglementer les compétitions **intensive training** : un entraînement intensif **a doping victim** : une victime du dopage **state-endorsed doping** : le dopage officiel / approuvé par les autorités **East Germany** : l'Allemagne de l'Est **to need a complete overhaul** : nécessiter une remise à plat **media coverage** : la couverture médiatique **to raise public awareness of the evils of doping** : sensibiliser davantage l'opinion publique aux méfaits du dopage **to call into question the moral values attached to sport** : mettre en cause les valeurs attachées au sport **the impact of doping on health** : l'impact du dopage sur la santé **to suffer from serious health problems** : souffrir de graves problèmes de santé **the damage done by doping** : les dégâts causés par le dopage **to compete for glory / money** : concourir pour la gloire / l'argent **to sell sports and leisure equipment** : vendre des équipements sportifs et de loisir **to be under pressure to win** : être tenu de gagner **to generate a source of profits** : engendrer des bénéfices **financial interests** : les intérêts financiers **match fixing** : le trucage des matches

19-WHY WE TRAVEL

to travel [travelled, UK, traveled, US]	voyager
to travel (to)	se rendre (à)
travel (ni)	le voyage
a traveller (UK) / a traveler (US)	un voyageur
a seasoned traveler	un voyageur expérimenté
to travel abroad / overseas	voyager à l'étranger
to go abroad	aller à l'étranger
a voyage	un voyage (à travers les mers)
a crossing	une traversée
adventure travel	les voyages d'aventure
business travel / eco-travel	les voyages d'affaires / éco-voyages
a means of transportation	un moyen de transport
to travel by air / road / car / bus / rail, train / sea	voyager par les airs / la route / en voiture / en bus / en train / par bateau
air / rail travel	le voyage aérien / ferroviaire
to start a journey / to set out	se mettre en route
to make a journey / to go on a journey / to make a trip / to take a trip	faire un voyage
to embark on a trip / to go on a trip / to set out on a journey	partir en voyage
to pack up / to travel light	faire ses valises / voyager léger
luggage / baggage	les bagages
to travel round the world	voyager dans le monde entier
to go sightseeing / to see the sights	faire du tourisme
a travel agency / bureau / agent	une agence de voyages
a travel guide / an itinerary	un guide de voyages / un itinéraire
to map out / to plan out	planifier, organiser
to book a seat / to make a reservation	réserver un siège / faire une réservation
a single / a one-way (US) ticket	un billet aller simple
a return / a round-trip (US) ticket	un aller-retour
to go camping	faire du camping
to backpack / a backpacker	voyager sac au dos / un routard
an excursionist / a day tripper	un excursionniste
an adventurer / an explorer	un aventurier / un explorateur
to hitchhike / a hitch-hiker	faire de l'auto-stop / un auto-stoppeur
to give a ride (to sb) (US)	prendre (qn) en stop
a valid passport	un passeport en cours de validité
a border / a frontier	une frontière
customs controls	les contrôles douaniers
to go through / to clear customs	passer la douane

to experience the joys of travel : profiter des joies du voyage **to wander / wanderings** : errer / les errances **wanderlust** : l'envie de voyager **to fulfill a dream / to make a dream come true** : réaliser un rêve

Adventure

the spirit of adventure : l'esprit d'aventure **a taste for adventure** : un goût de l'aventure **to seek [sought] / to look for adventure** : rechercher l'aventure **to have a thirst for adventure** : avoir soif d'aventures **to have a taste for adventure** : avoir le goût de l'aventure **to travel to distant lands** : visiter des pays lointains **to travel across the world** : voyager dans le monde entier

Escaping from it all

a change of scenery : un changement de décor **to get away from it all** : s'évader / s'enfuir **to leave everything behind** : tout abandonner **to escape (from)** : échapper (à) **to answer the call of the wild** : répondre à l'appel de l'inconnu **to lure / to entice (away)** : attirer **unspoilt / pristine scenery** : les paysages vierges **uncrowded (a)** : désert **remote (a)** : éloigné, distant, lointain **a deserted / remote island** : une île déserte / lointaine **to seek out virgin lands** : rechercher les terres vierges **to be footloose and fancy free** : être libre comme l'air **to travel off the beaten track** : voyager hors des sentiers battus **to live one's life on the edge** : vivre dangereusement **a thrill-seeker** : qui recherche les sensations fortes

Discovery and self-discovery

to prove one's mettle : montrer de quoi l'on est capable **to blaze a trail** : ouvrir un chemin **unchartered / unmapped / virgin territory** : les terres inexplorées / vierges **to sleep under the stars / in the open** : dormir à la belle étoile **wilderness camping** : le camping sauvage **to put oneself to the test** : s'éprouver **to push (back) one's limits** : repousser ses limites **to step out of one's comfort zone** : quitter sa petite vie pépère **to go in search of oneself** : partir à la découverte de soi **to re-invent oneself** : se ré-inventer **to undergo personal growth** : s'épanouir sur le plan personnel **a confidence-building experience** : une expérience qui renforce la confiance en soi

Cultural insight

to learn / to teach [taught] about new cultures : découvrir / apprendre sur d'autres cultures **to get an insight (into)** : permettre de comprendre **to learn a culture from the inside** : découvrir une culture de l'intérieur **to be exposed to new ways of doing and seeing things** : être exposé à de nouvelles façons de faire et de voir les choses **a culture shock** : un choc des cultures **to expand one's mind / to broaden the mind** : s'ouvrir l'esprit **to rub [rubbed] ideas with people from other cultures** : échanger des idées avec des gens issus d'autres cultures **to experience a new culture** : connaître une autre culture **to improve one's language skills** : améliorer sa capacité à parler une langue étrangère

20-ON HOLIDAY

a holiday / a vacation (US)	les vacances
holiday time	le temps de vacances
to vacation / to holiday	passer / prendre des vacances
to spend [spent] one's holidays	passer ses vacances
to go (away) on holiday (UK)	partir en vacances
to take a holiday / a vacation (US)	prendre des vacances
to be on vacation / on holiday	être en vacances
a vacationer / a holiday maker	un vacancier, un estivant
a July / an August holiday maker	un juilletiste / un aoûtien
to summer / Summer(time)	passer l'été / l'été
to holiday abroad	passer ses vacances à l'étranger
to take a few days off	prendre quelques jours de vacances
to make / to take a break	faire une pause
a package holiday	des vacances organisées
to take a package holiday	partir par un organisme de vacances organisées
the holiday season	la saison des vacances
the Summer holidays / break	les grandes vacances
summer holiday time	la saison estivale
the Christmas / Easter break	les vacances de Noël / Pâques
paid vacation, holiday / holiday with pay	les congés payés
a bank / legal holiday	un jour chômé
a national holiday	une fête nationale
a holiday camp	un club de vacances
a holiday village	un village de vacances
a vacation home / a second home	une résidence secondaire
a Summer home	une maison de vacances
a vacation spot	un lieu de vacances
a resort / a holiday resort	une station / un lieu de villégiature
a ski resort	une station de ski
a winter resort	une station de sports d'hiver
a seaside resort	une station balnéaire
rented accommodation	la location
to rent a villa	louer une villa
a boarding house / a guest house	une pension de famille
to go camping / caravaning	aller faire du camping
a campsite / a campground	un terrain de camping
to camp rough	faire du camping sauvage
a camper / a motor home	une caravane
to go on a cruise / on a safari	partir en croisière / en safari
the stay-at-homes	ceux qui ne partent pas en vacances

a family holiday : des vacances en famille **a beach holiday :** des vacances au bord de la mer **a spa holiday :** une cure thermale **holidays in the country :** des vacances vertes **winter sports holiday :** des vacances d'hiver **children's holiday camp / Summer camp (US) / a holiday camp :** une colonie de vacances **special interest holiday(s) :** des vacances à thème **activity holiday :** des vacances actives **adventure holidays :** des vacances à thème **a canal boat vacation :** des vacances en péniche **skiing holiday :** des vacances à la neige **caravan holidays :** des vacances en caravane **cycling holidays :** des vacances à bicyclette **sailing holidays :** des vacances à la voile **to go on a walking holiday :** faire de la randonnée

to go on a sightseeing holiday : faire du tourisme **to see the sights :** faire du tourisme **to explore / to discover a country :** explorer / découvrir un pays **to discover a culture from the inside :** découvrir une culture de l'intérieur **to discover the heart of a country / region :** découvrir le cœur d'un pays / d'une région **to learn about a country's history :** apprendre l'histoire d'un pays **to be immersed in a culture :** être immergé dans une culture **to sample the local produce :** goûter aux produits locaux **a remote / exotic place :** un endroit reculé / exotique

to go to the beach : aller à la plage **a beach holiday :** les vacances au bord de la mer **a bathing beach :** une plage balnéaire **the seaside :** le bord de la mer **the seashore :** le bord de la mer, le rivage, la plage **a bathing hut :** une cabine de bain **a pier :** une jetée, un embarcadère, un quai **an unguarded beach :** une plage non surveillée **to go for a swim :** aller se baigner **to go skinny dipping :** prendre un bain de minuit **to go scuba diving :** faire de la plongée sous-marine **to drown :** se noyer **a drowning :** une noyade **to build a sandcastle :** construire un château de sable **to fly [flew / flown] a kite :** faire du cerf volant **to go sailing :** faire de la voile **ebb tide / low tide :** la marée basse **flood tide / high tide :** la marée haute **to lie [lay / lain] on the beach :** être étendu sur la plage **to sunbathe :** prendre un bain de soleil **sunbathing :** les bains de soleil **a sun seeker / worshipper :** un amateur / un adepte de soleil **to bask in the sun / to sun oneself :** prendre le soleil **to soak up the sun :** se dorer au soleil **a swimsuit :** un costume de bain **swimming trunks :** un maillot / un slip de bain **a bath towel :** une serviette de bain

to take time off / out : prendre des congés / interrompre ses activités **to take it easy :** ne pas s'énerver **to relax :** se détendre **relaxation :** la détente **to unwind [unwound] :** se détendre / décompresser **to need some rest and recuperation (R&R) :** avoir besoin de calme et de repos **to take a rest :** se reposer **to get away from it all / to take one's mind off things :** tout oublier **to have a cushy time :** se la couler douce **to have time on one's hands :** avoir du temps devant soi **to have time to spare :** avoir du temps libre **spare time / downtime :** le loisir **to have a good time / to have fun :** bien s'amuser **to go out (with friends) :** sortir (avec des amis) **to eat out :** déjeuner, dîner en ville **to go (out) for a drink :** aller boire un verre **to go for a walk / a drive :** aller se promener à pied / en voiture **to go to the fun fair / the carnival (US) / the circus / the amusement park / fishing :** aller à la fête foraine / au cirque / au parc d'attraction / à la pêche **to take the children to the zoo :** emmener les enfants au zoo

21-I'M A MOVIE BUFF

a film / a movie / a motion picture	un film
a movie theater / a cinema / a movie house (US) / a theater	une salle de cinéma
to go to the cinema (UK) / the movies (US)	aller au cinéma
to attend a movie / to watch a film	regarder un film
a moviegoer / a film buff / a film fan	un cinéphile
a film review	une critique de film
to review / a review	faire la critique / une critique
a film critic	un critique de film (pers.)
the talkies / a silent movie	le cinéma parlant / un film muet
a full-length film / a feature	un long métrage
a short (feature) / a short film / a featurette	un court métrage
a trailer / a theatrical release	une bande annonce / une sortie en salle
a blockbuster	un grand succès
a low budget film / a quickie	un film à petit budget
a hit	un succès
to flop / to bomb	faire un bide (fam.)
a turkey	un bide, un four, un navet
a dud / a clunker (fam.) / a lousy film	un navet
to make a film	faire un film
a studio head / a mogul	un nabab, un producteur
a film maker	un réalisateur
a film producer	un producteur de cinéma
a film director	un metteur en scène
a screenwriter, a scriptwriter / a screenplay	un scénariste / un scénario
to feature (in)	figurer dans, jouer (dans)
to set the action (in)	situer l'action (en)
the floor / a stage / a sound stage / the location	le plateau / un plateau
properties / props	les accessoires
the film crew	l'équipe de tournage
camera movement	le mouvement de la caméra
shooting	le tournage
to shoot [shot] on location	tourner en extérieur
the shots on location	les extérieurs
to shoot in a studio	tourner en studio
studio shooting	le tournage en studio
to shoot a scene	tourner une scène
to edit a film	monter un film
a film festival	un festival cinématographique
a film award	un prix, une récompense

to be on / to show : être à l'affiche **to come out / to open** : sortir **to premiere** : donner la première **to be based on** : être tiré de **to be adapted (from)** : être adapté (de) **an adaptation (from)** : une adaptation (de) **a film version** : une version cinématographique **to feature / to star** : avoir pour vedette **the screening / the showing of a film** : une séance de cinéma

an action film : un film d'action **an adventure film** : un film d'aventures **an animated film / cartoon** : un film d'animation / un dessin animé **a biopic** : un film biographique **a disaster film** : un film catastrophe **a documentary film** : un film documentaire **an epic of the screen** : un film à grand spectacle **a gangster film / a detective film / a mystery** : un film policier **a guns-and-ammo movie** : un film de sang et de feu **a horror film / a gory / a scary movie** : un film d'horreur **a popcorn movie** : un film grand public (de piètre qualité) **a musical** : une comédie musicale **a propaganda film** : un film de propagande **a thriller** : un film à suspense **a violent movie** : un film de violence **a western movie / a horse opera (fam.)** : un western **a (psychological) thriller** : un film à suspense **a science fiction (sci-fi) film** : un film de science fiction **an adult movie** : un film pornographique **a B(-rated) movie** : une série B **censorship** : la censure **to censor** : censurer

camera movements : les mouvements de la caméra **to close up / to focus on** : faire un gros plan sur **to scan** : balayer **to pan** : faire un panoramique **to zoom (in / out)** : faire un zoom (sur) **to dub / dubbing** : doubler / le doublage, la sonorisation **a storyboard** : un scénarimage, une continuité dessinée **screen rights** : les droits d'adaptation **dialogue** : les dialogues **the soundtrack** : la bande sonore **the music score** : la partition **to score** : composer la musique **sync** : la synchronisation **subtitling** : le sous-titrage **to synchronize** : synchroniser **to colorize** : coloriser **special effects** : les effets spéciaux **optical effects / opticals** : les trucages optiques, les effets visuels

a director-cameraman : un opérateur réalisateur **the cinematographer / director of photography** : le directeur de la photographie **a lighting director** : un chef éclairagiste **a cameraman / a camera operator** : un cadreur / un opérateur **a chief cameraman** : un chef opérateur **an assistant cameraman** : un assistant opérateur **a best boy** : un électricien **a continuity girl** : une script-girl **a boom operator** : un perchiste **a gaffer** : un chef électricien **an audio engineer** : un ingénieur du son **an effects man** : un bruiteur **a special effects man** : un truquiste **a make-up artist** : un spécialiste du maquillage **a dresser / a wardrobe mistress** : une habilleuse **a prop man** : un accessoiriste **a movie stills photographer** : un photographe de plateau **a dolly man / a grip / a rigger** : un machiniste de plateau **a costume designer** : un styliste

22-MOVIE ACTORS

a movie actor / actress	un acteur / une actrice de cinéma
a film school / an acting school	une école de cinéma
a film career	une carrière cinématographique
to cast / casting, the cast	distribuer les rôles / la distribution
the film crew	l'équipe de tournage
to direct the actors	diriger les acteurs
to direct a film	réaliser un film
to feature (in a movie)	figurer / jouer (dans un film)
a film debut	les débuts dans le cinéma
to audition / an audition	être auditionné / une audition
to read for parts	passer des auditions
to try out for a role	essayer un rôle
to sign / to be signed to a contract / a fee	signer un contrat / un cachet
a film, screen test / a test shot, film	un bout d'essai
to play in a film / to be in a film	jouer dans un film
to star [starred] in a film	tenir la vedette dans un film
to film well	être photogénique
to impersonate / to portray (a character)	incarner un personnage (à l'écran), jouer (un personnage)
a film part	un rôle au cinéma
to play a part / to play the part (of)	jouer un rôle / tenir le rôle de
a film star / a screen star	une vedette de cinéma
a co-star	une co-vedette
a rising star	une vedette qui monte
a starring role / a lead role / the title role	un / le rôle principal
a leading / main actor / actress	un / une interprète principal(e)
a character actor	un acteur de genre
a star part / a leading part	un premier rôle
a supporting actor / role	un second rôle
a bit part / an under six (UK)	un rôle secondaire
a cameo part / role / appearance	un petit rôle
a juvenile lead	un jeune premier
a bit player	un artiste de complément
an extra / a walker-on (part)	un (rôle de) figurant
to work as an extra / a background actor	faire de la figuration
an understudy / a stand-in	une doublure
to stand in for sb	doubler qn
a sidekick	un acolyte, un pote
a stunt girl / a stuntman	une cascadeuse / un cascadeur
a hero / a villain	un héros / un méchant

fame : la réputation **sb's rise to stardom** : la trajectoire de vedette de qn **to gain / to shoot to fame** : accéder à la notoriété **at the height of sb's fame** : au faîte de la renommée (de qn) **(sb's) rise to fame** : les chemins de la renommée **the road to fame and fortune** : les chemins de la gloire

the star system / stardom : le vedettariat, la célébrité **the road to stardom** : les sentiers de la gloire **to bring / to earn (sb) fame** : valoir à qn sa réputation **to rise [rose / risen] to stardom** : devenir une vedette **to rocket / to shoot (sb) to stardom** : propulser (qn) en tête d'affiche **to be groomed for / to be coached for stardom** : être préparé au vedettariat **to achieve stardom / star status / stardom / to gain star status** : accéder au vedettariat, accéder au rang de star

to be discovered : être découvert(e) **a talent scout** : un dénicheur de talent **a film legend** : une légende du cinéma **to be rich and famous** : être riche et célèbre **a world famous actress** : une actrice réputée dans le monde entier **to command a 6-figure fee** : demander un gros cachet **a celebrity** : une célébrité **a mainstream / global celebrity** : une célébrité mondiale **the celebrity cult** : le culte de la célébrité **public fascination for celebrities** : la fascination du public pour les célébrités **appetite for celebrity gossip** : la soif de potins sur les célébrités **to be / to become a household name** : devenir / être célèbre, être connu partout **the A-list / the Hot List** : la liste des célébrités **a bankable star** : une vedette qui rapporte / au succès garanti **to benefit from / to capitalize on one's celebrity** : tirer parti de / jouer sur sa célébrité

to achieve / to gain notoriety : accéder à la notoriété **to get media attention** : être remarqué par les médias **to generate publicity for oneself** : se faire de la publicité **to seek [sought] out publicity for him- or herself** : rechercher les coups médiatiques **to be in the public eye** : occuper le devant de la scène **to stay in the public eye** : continuer à occuper le devant de la scène **to hog the limelight** : chercher à se faire remarquer **a Hollywood Great** : un grand d'Hollywood **to act like a prima donna** : faire un caprice de star **a screen name** : un nom de scène **to have acting experience** : avoir une expérience de la scène / des studios **to shy away from / to shun the public eye** : fuir les caméras

to have charisma : avoir du charisme **charismatic** : charismatique **glamour** : la séduction, le prestige **a glamour girl** : une beauté **a glamour puss / boy** : un beau mec **glamorous** : séduisant **to glamorize** : rendre séduisant **charm** : le charme **magnetism / attractiveness** : le magnétisme **to inspire** : inspirer **inspiring** : inspirant **grace** : la grâce **exuberance** : l'exubérance **equanimity** : la sérénité **mystique** : l'aura mystique **personal appeal** : l'attrait personnel **allure** : le charme, l'attrait **to allure** : séduire

23-RELIGIOUS BELIEF

to be / to become religious	être / devenir croyant
to be deeply religious	être très croyant
to attend a religious service	aller à l'église
a follower (of)	un adepte (de)
the teachings / tenets (of)	les enseignements / les croyances (de)
faith (ni) (in)	la foi (en)
to profess / to practise one's faith	professer / pratiquer sa foi
a living faith	une foi vivante
faithful (a) / the faithful	fidèle / les fidèles
to pass on	transmettre
to preach / a preacher	prêcher / un prédicateur
to believe (in)	croire (en)
a creed / a belief [pl. beliefs]	une croyance
a dogma / dogmatic (a)	un dogme / dogmatique
piety / pious (a)	la piété / pieux
devotion (to)	la dévotion, le dévouement (à)
devout (a)	fervent, croyant
mysticism (ni) / mystic (a)	le mysticisme / mystique
laity / lay (a) / a layman	la laïcité / laïc / un laïc
disestablishment	la séparation de l'Église et de l'État
an established church	une église établie
a secular state	un État laïc
secularism	la laïcité
Judaism / Jewish (a) / a Jew	le judaïsme / Juif / un Juif
Islamism / Islamic (a)	l'Islamisme / islamique
a Moslem / a Muslim	un musulman
the Koran / the Quran / the Qur'an	le Coran
Mecca / to do a haj	la Mecque / faire un pèlerinage
Ramadan / to fast / a fast	le Ramadan / jeûner / le jeûne
a mosque / a masjid	une mosquée
(a) Christian (a)(n)	(un) chrétien
Christianity	le christianisme
Catholic / Protestant	catholique / protestant
Hinduism / an Hindu	l'hindouisme / un Hindou
Buddhism / Buddhist	le bouddhisme / bouddhiste
the Pope / the Vatican / the Pontiff	le Pape / le Vatican / le Pontife
a sect / a cult	une secte
a believer (in)	un croyant
a disciple	un disciple
a prophet / prophetic	un prophète / prophétique
an apostle	un apôtre
orthodoxy (ni) / orthodox (a)	l'orthodoxie / orthodoxe

to practice one's religion : exercer sa foi **to convert to a religion :** se convertir à une religion **to accept a religion :** accepter une religion **to embrace a religion :** adopter une religion **to turn to a religion :** se tourner vers une religion **to abandon / to reject a religion :** abandonner / rejeter une religion **to preach a religion :** prêcher une religion **to be based (on) :** être fondé (sur) **to spread [spread] :** (se) répandre **theology :** la théologie **a theologian :** un théologien

to worship : adorer, vénérer, rendre un culte à **a worship :** un office, un service **a worshiper :** un croyant **mass :** la messe **to say / to serve mass :** dire / aller à la messe **to go to mass :** aller à la messe **to conduct / to lead a worship :** diriger un office / un culte **to deliver / to give / to preach a sermon :** faire un sermon **to pray (for / to) :** prier (pour) **to say / to offer a prayer :** dire une prière **Communion / Eucharist :** la communion / l'eucharistie **to confess / a confession :** se confesser / une confession **a chalice :** un calice **a (holy water) font :** un bénitier **to light [lit / lighted] a candle :** allumer une bougie / un cierge **an icon :** une icône **incense (ni) :** l'encens **a host :** une hostie **an offering :** une offrande **to commit a deadly / capital / venial sin :** commettre un péché mortel / capital / véniel **a sinner :** un pécheur **to sin :** pécher **to redeem :** racheter **redemption :** le rachat **a pilgrim :** un pèlerin **to go on a pilgrimage :** aller en pèlerinage

disbelief (ni) : l'incrédulité **impiety / impious (a) :** l'impiété / impie **atheism (ni) / an atheist :** l'athéisme / un athée **atheistic (a) :** athée **agnosticism / agnostic (a) :** l'agnosticisme / agnostique **an unbeliever / a non believer :** un non croyant **a free thinker :** un libre penseur **anticlericalism (ni) / anticlerical (a) :** l'anticléricalisme / anticlérical **paganism (ni) / a pagan / a heathen :** le paganisme / un païen **blasphemy (ni) / a blasphemer :** le blasphème / un blasphémateur **blasphemous (a) :** blasphématoire **a dissenter / dissidence :** un dissident / la dissidence

a dress code : un code vestimentaire **the Islamic veil :** le voile islamique **a headscarf [pl. headscarves] :** un foulard **a scarf ban :** une interdiction de porter un foulard **a chador :** un tchador **a burqa / burqua / burka / burkha :** une burqa

to join the clergy : devenir prêtre **to feel the call to the clergy :** avoir une vocation de prêtre **to attend Divinity school :** étudier la théologie **to enter a seminary :** entrer dans un séminaire **to enter the ministry :** entrer dans les ordres **to be ordained / ordination :** être ordonné / l'ordination **to take one's vows :** prononcer ses vœux **to take the veil :** prendre le voile **to serve a church :** servir Dieu **a cassock :** une soutane **a lifelong commitment :** l'engagement de toute une vie **celibacy / chastity (ni) :** le célibat / la chasteté **to abstain (from) / abstinence (ni) :** s'abstenir (de) / l'abstinence

a cult member : le membre d'une secte **brainwashing techniques :** des techniques de lavage de cerveau **mind control :** les manipulations mentales **deprogramming :** la déprogrammation **a mass suicide :** un suicide collectif

24-FANATICISM

extremism (ni) / extremist (a)	l'extrémisme / extrémiste
an extremist	un extrémiste
bigotry / fanaticism (ni)	le fanatisme
a bigot / a fanatic	un fanatique
sectarian, bigoted (a) / sectarianism	sectaire / le sectarisme
idolatry / an idol	l'idolâtrie / une idole
zeal / zealotry / zealous (a)	le zèle / le fanatisme / fanatique
heresy / heretic (a) / a heretic	l'hérésie / hérétique / un hérétique
to combat heresy	combattre l'hérésie
prosecution of heretics	la chasse aux hérétiques
Inquisition / inquisitorial (a) / an inquisitor	l'Inquisition / inquisiteur / un inquisiteur
to carry out an inquisition	mener une inquisition
a dogma / dogmatism / dogmatic (a)	un dogme / le dogmatisme / dogmatique
superstition / superstitious	la superstition / superstitieux
narrow-mindedness / narrow-minded (a)	l'étroitesse d'esprit / étroit d'esprit
intolerance / intolerant (a)	l'intolérance / intolérant
toleration / tolerant (a)	la tolérance / tolérant
chauvinism, jingoism / chauvinistic (a)	le chauvinisme / chauviniste
patriotism / patriotic (a)	le patriotisme / patriotique
a war of religion	une guerre de religion
a religious conflict	un conflit religieux
a religious battlefield	un champ de bataille religieux
to declare a jihad	déclarer la guerre
to wage a holy war (on / against)	mener une guerre sainte (contre)
a crusade / a crusader	une croisade / un croisé
to go on a crusade	partir en croisade
religious fundamentalism	le fondamentalisme religieux
an Islamic state	un État islamique
a religious fanatic	un fanatique religieux
to be killed in God's name	être tué au nom de Dieu
to have little tolerance (for)	montrer peu de tolérance (envers)
to persecute / persecution (ni)	persécuter / la persécution
martyrdom (ni) / a martyr (to)	le martyr / un martyre
to practice one's religion freely	pratiquer librement sa foi
mass hysteria / collective hysteria	l'hystérie collective
hysteric / hysterical (a)	hystérique
to confine to madness	relever de la folie
to resort to torture / executions	avoir recours à la torture / aux exécutions
violence / non-violence	la violence / la non-violence
passive resistance	la résistance passive
a sit-in	une occupation passive (de locaux)
to punish with the death penalty	punir de la peine de mort

a witchhunt (against) : une chasse aux sorcières (à / aux) **a witch** : une sorcière **to bewitch** : ensorceler **a wizard / a sorcerer** : un sorcier **witchcraft / sorcery** : la sorcellerie **to practice witchcraft** : pratiquer la sorcellerie **a witchcraft trial** : un procès en sorcellerie **to be accused of being a witch** : être accusée d'être une sorcière **to confess to being a witch** : avouer être une sorcière **to be possessed** : être possédé **to conduct a trial** : diriger un procès **a summary trial** : un procès expéditif **to be executed for witchcraft** : être exécuté(e) pour sorcellerie **superstition** : la superstition **black magic** : la magie noire **a Satanic ritual party** : une fête rituelle satanique **to perform rituals** : se livrer à des rituels **to cast a spell** : jeter un sort **idolatry / idolatrous** : l'idolâtrie / idolâtre **to burn at the stake** : brûler sur le bûcher **to be excommunicated** : être excommunié **hanging** : la pendaison **lynching** : les lynchages

a Red Scare : une peur du Rouge **McCarthyism** : le MacCarthyisme **red-baiting** : la chasse aux communistes **to inform (on)** : dénoncer **an informant** : un informateur, un indic **to name names** : donner des noms **a black list** : une liste noire **to be black-listed** : être mis sur liste noire **to smear / to besmirch (sb's reputation)** : salir la reputation (de qn) **to be denied employment** : se voir refuser un emploi **to be barred from work** : être interdit d'occuper un emploi **to destroy a career** : détruire une carrière **to spread rumors** : répandre des rumeurs **to be guilty by association** : être coupable par association **to clear one's name** : absoudre

antisemitism : l'antisémitisme **antisemitic** : antisémite **a collaborator / quisling** : un collaborateur **a concentration camp** : un camp de concentration **a death camp** : un camp de la mort **an extermination camp** : un camp d'extermination **eugenics (ni)** : l'eugénisme **the final solution** : la solution finale **a gas chamber** : une chambre à gaz **a genocide** : un génocide **a yellow star** : une étoile jaune **a labor camp** : un camp de travail **a pogrom** : un pogrome **the Third Reich** : le Troisième Reich **war crimes** : les crimes de guerre **a mass murder** : une exécution massive **the Shoah** : la Shoah **to desecrate / desecration (ni)** : profaner / la profanation **a grave** : une tombe **a profaner** : un profanateur **a swastika** : une croix gammée **to scrawl / to draw** : gribouiller / dessiner **(the) Neo-Nazi (movement)** : (le mouvement) néo-nazi **a sacrilege** : un sacrilège **sacrilegious (a)** : sacrilège

religious extremism : l'extrémisme religieux **a theocracy / theocratic** : une théocratie / théocratique **a fatwa** : une fatwa **Shariah / sharia (law)** : la (loi de la) charia **to apply Shariah** : appliquer la charia **to display fanatic tendencies** : étaler des tendances au fanatisme

freedom of religion / religious freedom : la liberté de culte **freedom of worship** : la liberté de conscience **religious toleration** : la tolérance religieuse **religious pluralism** : le pluralisme religieux **to escape / to flee persecution** : échapper à la persécution **religious discrimination** : la discrimination pour raisons religieuses **ethnic cleansing** : le nettoyage ethnique **a state religion** : une religion étatique

25-THE AMERICAN DREAM

to lure / to appeal to / to attract / to entice	attirer
a lure	un miroir aux alouettes
to flee [fled] / to escape (from) (poverty)	fuir / échapper à (la misère)
the pursuit of happiness	la poursuite du bonheur
the Land of opportunity	le pays de Gascogne
the Promised Land / an El Dorado	la Terre promise / un Eldorado
the Golden Gate	la Porte dorée
the Gold Rush	la Ruée vers l'or
the Westward Movement	la Conquête de l'Ouest
the Wild West	le Far West
the Frontier	la Frontière
to tame the frontier	dompter la frontière
trail-blazing	le travail de pionnier
to blaze a trail	faire œuvre de pionnier
to settle the land	coloniser le pays
to put down / to strike down roots	s'implanter, s'installer
a homesteader	un colon pionnier
the brain drain	la fuite des cerveaux
the enterprising spirit / entrepreneurship	l'esprit d'entreprise
entrepreneurial (a)	qui a l'esprit d'entreprise
the pioneer spirit	l'esprit pionnier
the risk-taking spirit	l'esprit du goût du risque
a willingness to take risks	la volonté de prendre des risques
a core belief	une croyance essentielle
to be in search of / in quest of	être à la recherche de / en quête de
a beacon of hope	un phare / un symbole d'espoir
a 'can do' attitude	une attitude volontariste
to start a new life	commencer une nouvelle vie
to start from scratch	partir de zéro
to work one's way up	s'élever socialement
to climb up the ladder	grimper l'échelle
to come up in the world	grimper les échelons
the social / corporate ladder	l'échelle sociale / dans l'entreprise
a rags-to-riches story / a success story	l'histoire d'une réussite
to go from rags to riches	partir de rien et faire fortune
to achieve financial prosperity, reward / to strike [struck] it rich	devenir riche
the myth of the self-made man	le mythe de l'autodidacte
to prosper / thrive [thrived]	prospérer
to take up a challenge	relever un défi
to rise [rose / risen] up to a challenge	se montrer à la hauteur d'un défi
the work ethic	l'éthique du travail

a dream country : un pays de rêve **to dream up (of + ING)** : rêver (de) **to aspire to / to yearn to (+ INF) / to long for (+ ING)** : aspirer à **a yearning / a longing** : une aspiration **the pursuit of a dream** : la poursuite d'un rêve **to live a dream** : vivre un rêve **to have a dream** : faire un rêve **to make a dream come true / to fulfill a dream / to achieve a dream** : réaliser un rêve **to seek [sought] / to chase a dream / to pursue a dream** : chercher à réaliser un rêve **to live a dream** : vivre un rêve

The upside of the American dream. to meet with / to boost success : connaître / encourager le succès **to make a fresh start / a clean break** : prendre un nouveau départ **the promise of prosperity** : la promesse de la prospérité **a beacon of liberty and prosperity** : un phare de liberté et de prospérité **a country of free men** : une terre d'hommes libres **the availability of land** : des terres en abondance **a classless society** : une société sans classes **the opportunity to make individual choices** : la possibilité de faire des choix individuels **the pursuit of material wealth / power** : la poursuite de la richesse matérielle / du pouvoir **a meritocracy / meritocratic (a)** : une méritocratie / méritocratique **to deserve** : mériter **to be based on talent / abilities** : être fondé sur le talent / les capacités **to reward those who show talent and competence** : récompenser ceux qui ont du talent et des compétences **"the tools to him that can handle them" (Carlyle)** : la carrière ouverte aux talents **to invent a new industrial model** : inventer un nouveau modèle industriel **to be at the cutting edge of research** : être aux avants postes de la recherche **to boast the best universities** : se vanter d'avoir les meilleures universités **a Nobel prize (winner / recipient)** : un Prix Nobel

The downside of the American dream. the other / seamy side of the coin : l'envers du décor **the reverse of the dream / the American nightmare** : le cauchemar américain **to be blamed for overinflated expectations** : être critiqué pour l'espoir démesuré suscité **a hollow promise** : une promesse vaine **to erode the dream** : rogner le rêve **to lose faith in the dream** : perdre confiance dans le rêve **to hinder / to hamper the pursuit of the dream** : entraver la poursuite du rêve **to tarnish an ideal** : ternir un idéal **to die out (dream)** : mourir, disparaître **to elude** : échapper à **an elusive dream** : un rêve qui nous échappe **a dream gone awry** : un rêve qui tourne mal **unattainable (a)** : qui ne peut être atteint

to be born into poverty / to grow up on the wrong side of the track : naître / grandir dans la pauvreté **to sustain class differences** : préserver les différences sociales **to be left behind** : être laissé de côté **to be beyond the grasp (of)** : être hors de portée (de) **the consumer society** : la société de consommation **greed (ni) / greedy (a)** : la cupidité, l'avidité / cupide, avide **(crass) materialism (ni) / materialistic (a)** : le matérialisme (grossier) / matérialiste **the capitalistic system** : le système capitaliste **a capitalist economy** : une économie capitaliste **a liberal market economy** : une économie capitaliste **economic liberalism** : le libéralisme économique **laissez-faire capitalism** : le laissez-faire **government intervention** : l'intervention étatique **the need for profits** : la nécessité du profit **state-sponsored killing / the death penalty** : la peine de mort

26-BLACK THURSDAY

the Stock Exchange / a Bourse	la Bourse
the stock market	la Bourse des valeurs
the capital market	le marché financier
the Dow Jones Industrial Average (DJIA)	l'indice Dow Jones
an average / an index	un indice
a ticker	un téléscripteur
the trading pit / the dealing pitch	la corbeille
the trading floor	l'enceinte des transactions
a bearish / bullish market	un marché baissier / haussier
a share / stock value / the price of a share	la valeur d'une action
securities	les valeurs boursières, les titres
a stockholder / a shareholder	un actionnaire
market capitalization	la capitalisation boursière
to float a company	lancer une société en Bourse
a listed / quoted company	une société cotée en Bourse
a listing	une cote
stock trading	les opérations en Bourse
an initial public offering (IPO)	une introduction en Bourse
to go public	introduire en Bourse
to invest in the market	investir sur le marché
a (traditional) investor	un investisseur (traditionnel)
an investment broker	un courtier
an operator	un boursier, un spéculateur
to speculate / a speculator	spéculer / un agioteur
to dabble on the Stock Exchange / in stocks	boursicoter
to play the market	jouer en Bourse / boursicoter
the opening / closing price	le cours d'ouverture / de clôture
the ups and downs of a market	les hauts et les bas d'un marché
to gyrate / to yoyo	fluctuer sensiblement
to bear / to bull a market	jouer à la baisse / à la hausse
to sell at a loss / to undersell	vendre à perte
to realize at a loss / at a profit	réaliser à perte / à profit
a stampede / a panic	une panique
panic selling / sales	des ventes en catastrophe
to bail out / to get out of the market	se retirer du marché
to pull out of the market	déboucler, liquider sa position
to dump stocks	se débarrasser d'actions
to halt trading	interrompre les transactions
to suffer heavy losses	subir de lourdes pertes
the Securities and Exchange Commission (SEC) (US) / the Financial Services Authority (UK)	l'Autorité de régulation des marchés financiers

a buoyant / growth market : un marché soutenu / porteur / ferme **a lively market :** un marché actif **a strong / steady market :** un marché ferme **to bull the market :** chercher à faire monter les cours **to boom :** être en hausse, monter en flèche, être en forte progression **to pick up :** remonter **to rally :** reprendre **to be up (by) :** être en hausse (de) **to harden / to rise [rose / risen] :** se raffermir **a fillip :** une légère fluctuation vers le haut **an uptick :** une petite hausse

a bearish market : un marché à la baisse, en repli **to bear :** spéculer à la baisse, vendre à découvert, faire baisser le marché **a bear :** un baissier, un spéculateur à la baisse **an overheated market :** un marché surchauffé **to show signs of strain :** montrer des signes de tension **to nose dive / to take a nose dive :** faire le plongeon **to plunge / a plunge :** plonger / un plongeon **to crash / to collapse / to tumble down / to plummet :** s'effondrer **to be driven lower :** être orienté à la baisse **a free fall :** une chute libre **a shakeout :** une chute **to spin out of control :** perdre le contrôle **to bottom out :** atteindre son niveau plancher **to sell off :** liquider **to sell short :** vendre à découvert **to pull one's money out :** liquider ses avoirs **junk bonds :** des obligations de pacotille

a financial meltdown : un effondrement financier **deregulation of the financial markets :** la déréglementation des marchés financiers **a credit squeeze / crunch :** un resserrement de crédit **a liquidity squeeze :** une crise des liquidités **a bank run / panic :** une panique bancaire **a cash withdrawal :** un retrait en liquide **to collapse / a collapse :** s'effondrer / un effondrement **a bank failure :** une faillite bancaire **a bailout plan :** un plan de sauvetage **a stimulus package :** un plan de relance **to prop up the markets :** soutenir les marchés **to shore up the credit system :** étayer le système de crédit **to inject fresh money (into) :** injecter de l'argent frais (dans) **to restore confidence in the system :** restaurer la confiance dans le système

an economic bubble : une bulle économique **a stockmarket bubble :** une bulle boursière **a financial instrument :** un instrument financier **to sell at knockdown prices :** vendre à perte **to lose one's shirt :** y laisser sa chemise **to lose one's savings :** perdre ses économies **a rogue trader :** un trader fou **insider trading / dealing :** le délit d'initié **to quell the financial turmoil :** apaiser la tempête financière **to ride out the crisis :** survivre à la crise **to calm / to soothe the market :** calmer le marché **to turn the market round :** redresser le marché **to regain (points) :** regagner (des points) **to rally / to rebound :** remonter / rebondir **to recover one's balance :** retrouver son équilibre **to recoup one's losses :** se refaire (une santé) **to shore up a market :** consolider un marché

a regulator / a watchdog agency : un organisme de contrôle **a rating agency :** une agence de notation financière **a lack of adequate regulation :** un manque de réglementation adéquate

27-ON THE BREADLINE

the poor / a poor person (man / woman)	les pauvres / un(e) pauvre
poverty stricken / poverty ridden (a)	pauvre
the poverty threshold / line	le seuil de pauvreté
to live below the poverty line	vivre au-dessous du seuil de pauvreté
a depressed area / pocket of poverty	une région en difficulté
an impoverished / a run down district	un quartier pauvre
social exclusion	l'exclusion
destitution (ni)	le dénuement, l'indigence, la misère
privation / deprivation / hardship	les privations
to be on welfare	vivre de l'aide sociale, être assisté
a caring society	une société solidaire
the poor / the destitute / needy / the indigent	les sans ressources
to beg (for) / a beggar, a panhandler	mendier / un mendiant
to be poor / beggarly / destitute / impecunious / down and out	être pauvre / sans ressources
the dispossessed / the have-nots	les démunis
the underprivileged / the underclass	les défavorisés
the working poor	les travailleurs pauvres
a derelict	une épave (humaine)
to lead a hand-to-mouth existence	mener une vie d'expédients
to eke out a living	gagner une maigre pitance
to barely get by	s'en sortir à peine
to be in poor circumstances / in need / to be badly off / to be poorly off	être dans la gêne, dans le besoin
to be short of money / hard up for money / to be poverty-stricken / to be strapped for cash	être à court d'argent
to be penniless / broke / busted / moneyless / skint	être sans le sou, fauché
to feel the pinch	sentir la crise
to be on the breadline	fréquenter les restos du cœur
to make both ends meet	joindre les deux bouts
to live a hardscrabble existence	mener une existence misérable
to live from hand to mouth	vivre d'expédients
to be down and out / to be at the end of one's tether	être au bout du rouleau
to go bankrupt, bust / a bankruptcy	faire faillite / une faillite
to tighten one's belt	se serrer la ceinture
the widening of inequalities	le fossé des inégalités
wealth disparities	les disparités de richesses

to live in abject poverty : vivre dans une misère noire • **grinding poverty** : la misère noire • **widespread poverty** : la pauvreté généralisée • **extreme poverty** : l'indigence, le dénuement • **rural / urban poverty** : la pauvreté dans les campagnes / les villes • **entrenched poverty** : la pauvreté chronique

I don't have a bean : j'ai pas un radis • **to be flat broke** : être fauché comme les blés • **to bleed [bled] sb dry** : saigner qn à blanc • **to be down on one's uppers** : manger de la vache enragée, être dans la purée • **not to have two pennies / nickels to rub together** : être sans le sou • **to be on the rocks** : être sans le sou, être dans la dèche • **to be stone-broke / stony broke** : être fauché comme les blés • **to have a hole in one's pockets** : avoir les poches percées

to be strapped : être sur la paille • **to hit the skids** : devenir clochard • **to live off the back of sb** : vivre aux crochets de qn • **to keep the wolf from the door** : tirer le diable par la queue • **to be poor as a church mouse** : être pauvre comme Job • **to live from hand to mouth** : vivre une vie d'expédients • **to scratch out a primitive existence** : vivre dans le dénuement • **to live on the ragged edge of poverty / to live a precarious existence / to live at the subsistence level** : mener une existence précaire • **to scrape an existence, a living / to scratch out a living** : tirer le diable par la queue • **to be in dire straits** : être dans une misère noire • **to make the money go round** : s'arranger pour joindre les deux bouts

the poverty trap : le piège de la pauvreté • **to be caught in the poverty trap** : être pris au piège de la pauvreté • **to sink into poverty** : s'enfoncer dans la misère • **to live in poverty** : vivre dans le besoin • **precariousness / precarious** : la précarité / précaire • **the bare necessities of life** : le strict nécessaire • **to be born on the wrong side of the track** : être né pauvre • **to evict / an eviction** : expulser / une expulsion • **to live on a meager income** : avoir de maigres revenus • **starvation wages** : un salaire de misère • **to be paid next to nothing** : toucher un salaire de misère • **to tighten one's purse strings** : resserrer les cordons de la bourse • **to cut back on one's spending** : réduire les dépenses • **a charity shop / thrift shop / thrift store / hospice shop** : un magasin d'articles d'occasion

welfare dependency : la sujétion à l'aide sociale • **income support / guaranteed minimum income** : le RMI • **to enroll in a training program** : s'inscrire dans un stage de formation • **to provide job training** : offrir une formation • **to get off the welfare rolls** : mettre un terme à sa condition d'assisté • **to get people into the workplace** : mettre les gens au travail • **a workfare program / a community job / a public service job (US)** : un contrat d'insertion • **self-reliance** : l'indépendance • **an active search for work** : la recherche active d'un emploi • **to reward work / to make work pay** : récompenser le travail • **to lift (sb) out of poverty** : sortir (qn) de la pauvreté • **to cut poverty** : réduire la pauvreté • **to eradicate poverty** : éradiquer la misère • **to alleviate poverty** : soulager la misère • **a welfare cheat** : un fraudeur aux allocations • **to live off the government** : vivre sur le dos du contribuable

28-HOMELESSNESS

the homeless / the street people	les sans-abri / les sans-logis
a homeless person / a dosser / a down and out (UK) / a street sleeper	un sans abri
the street children / youth	les enfants des rues
to be thrown out (of one's home)	se faire expulser (de chez soi)
to evict (from) / an eviction	expulser (de) / une expulsion
an eviction order / warrant	un mandat d'expulsion
to receive a legal notice of eviction	recevoir un ordre d'expulsion légal
to carry out an eviction	procéder à une expulsion
a bailiff (UK) / a marshal (US)	un huissier de justice
to foreclose / a foreclosure	saisir / une saisie (d'un bien hypothéqué)
to repossess / a repossession	saisir / une saisie
to seize tenants' goods	saisir les biens des locataires
to default on one's mortgage (payments)	être incapable de payer ses traites
a mortgage defaulter	un débiteur défaillant
to be behind on one's mortgage (payments)	avoir des retards d'impayés
to lose one's home	perdre sa maison
to be forced to the street	être jeté à la rue
to be driven off the land	être expulsé de ses terres
to end up / to find oneself homeless	se retrouver sans abri
to fetch up / to live on the street	se retrouver à la rue / vivre à la rue
to experience homelessness	connaître la rue
vagrancy (ni)	le vagabondage
to sleep rough (on city streets)	dormir à la dure (dans la rue)
to sleep in public places	dormir sur les bancs publics
to doss down for the night	coucher à l'asile de nuit
to sleep on sidewalks	dormir sur les trottoirs
to wander (in search of)	errer (à la recherche de)
to wander about aimlessly	errer sans but
with no fixed abode	sans domicile fixe
to have no fixed abode	être sans domicile fixe
temporary / emergency accommodation	le logement provisoire / d'urgence
a homeless shelter	un asile, un foyer pour sans-abri
a flophouse / a doss home / house	un asile de nuit
a single-room occupancy hotel (an SRO)	un meublé
a soup kitchen / a bread line / a meal center	une soupe populaire
a food bank / a food pantry	une banque alimentaire
begging / panhandling	la mendicité
a beggar / a panhandler	un mendiant
to stay clean	rester propre
to fight [fought] off the cold	lutter contre le froid

a drifter : un instable, un routard **a vagrant, a tramp** : un vagabond **a hobo [pl. hobos]** : un travailleur saisonnier **a down-and-outer / a bum** : un clochard, un zonard **a bag lady** : une clocharde **a soda can collector / a binner / a dumpster diver** : un récupérateur de boîtes en aluminium **dumpster diving, raiding / urban foraging / curb shopping / binning / garbage gleaning / skipping / trashing** : le tri des ordures **a rag and bone man / a junk man / a waste picker / a bin hoker** : un chiffonnier **a runaway child** : un enfant fugueur **a transient** : un migrant (à la recherche d'un emploi) **an itinerant / a migrant worker** : un travailleur saisonnier **a rough / street sleeper** : un SDF **busking** : la manche (en chantant) **a busker** : un musicien ambulant **mole people** : les habitants des souterrains (**a mole** = une taupe)

life out on the streets : la vie de la rue **to lose [lost] one's home** : perdre son logement **to live on skid road** : zoner **a steam gate / an air-vent** : une bouche d'aération **a cardboard city** : des abris en carton **a makeshift dwelling** : un logement de fortune **a makeshift encampment** : un campement de fortune **a strip of cardboard** : un morceau de carton **corrugated iron (ni)** : la tôle ondulée **to pitch one's tent** : planter sa tente **a trailer** : une roulotte **a trailer park** : un camp de caravanes **a backwood shack** : une cabane isolée **a sleeping bag** : un sac de couchage **a fleabag / a flophouse** : un asile de nuit **a hellhole** : un bouge **couch surfing** : le logement provisoire (chez des amis) **unwholesome / unhealthy (a)** : malsain **squalor / filth / grime / dirt (ni)** : la saleté

contributing causes. to cause homelessness : jeter à la rue **substance abuse** : la toxicomanie **mental illness** : la maladie mentale **lack of affordable health care** : l'absence de soins abordables **deinstitutionalisation of the mentally ill** : la fin du placement en hôpital psychiatrique **unemployment** : le chômage **lack of affordable housing** : le manque de logements abordables **natural disasters** : les catastrophes naturelles **domestic violence** : les violences conjugales **to be discharged from prison** : être libéré de prison

to fall [fell / fallen] out of the middle class : être exclu de la classe moyenne **to roam the streets** : errer dans les rues **a street outreach team** : une équipe mobile d'aide (EMA) **to serve hot meals** : servir des repas chauds **to take to drinking** : se mettre à boire **to be subject to abuse / neglect / exploitation** : être soumis aux abus / à la négligence / à l'exploitation **to be disowned (by one's parents)** : être rejeté (par ses parents) **to be orphaned** : devenir orphelin **to take (sb) off the street** : sortir (qn) de la rue **to get back on one's feet** : s'en sortir **to readjust to society** : se réinsérer dans la société **to pass a sleeping ordinance** : prendre un arrêté municipal interdisant le vagabondage

29-A VIOLENCE-RIDDEN SOCIETY

an act / a tradition of violence	un acte / une tradition de violence
to be violence prone (a)	être enclin à la violence
a victim of violence	une victime de la violence
to do violence (to sb)	faire violence (à qn)
to use violence	faire usage de la force
to resort to violence	avoir recours à la violence
the use of violence	le recours à la violence
the spiral of violence	le cycle de la violence
to spiral out of control	devenir incontrôlable
to be inherent to humans	être inhérent à l'homme
to tear the fabric of society	déchirer le tissu social
a social ill	un fléau social
antisocial behaviour / behavior (US)	une attitude antisociale
family breakdown	l'éclatement de la cellule familiale
absentee parents	des parents absents
a single-parent / lone parent / a one-parent family	une famille monoparentale
a permissive society	une société permissive
loose morals	des mœurs relâchés
to be soft / tough on crime	être laxiste / dur envers les criminels
gun violence	la violence provoquée par les armes
a troubled / rough neighborhood	un quartier difficile
a housing estate / a project	une cité
an inner district	un quartier défavorisé
a gang-infested neighborhood	un quartier infesté par les gangs
police brutality	les brutalités policières
domestic / sexual abuse	la violence domestique / les abus sexuels
school violence	la violence à l'école
violence against women	les violences faites aux femmes
marital / youth violence	la violence conjugale / des jeunes
a battered woman / child	une femme / un enfant battu(e)
to beat up (on sb)	passer (qn) à tabac
to abuse, to bully / abuse (ni)	maltraiter / les mauvais traitements
to be ill-treated / ill-treatment (ni)	être maltraité / les mauvais traitements
a violent film / a slasher film / video	un film de violence
a violent video / song	une vidéo / chanson violente
to be packed with violence	être plein de violence
a movie rating	un visa d'exploitation
to glamorize violence	glorifier la violence
race riots	les émeutes raciales
hate crime	les crimes racistes

to commit an act of violence : commettre une agression **to breed [bred] violence** : engendrer la violence **to spill over (into)** : déborder (pour atteindre) **an outbreak of violence / an outburst of violence** : un accès de violence **an upsurge in violence** : une flambée de violence **a wave of violence** : une vague de violence

Adjectives used to describe violence : **anarchic / pointless / senseless violence** : la violence débridée / gratuite / insensée **random / blind / mindless violence** : la violence aveugle **gratuitous violence** : la violence gratuite **ethnic / sectarian / inter-communal violence** : la violence ethnique **domestic violence** : les violences domestiques **school violence** : la violence à l'école

Adjectives used to describe crimes and murders : **heinous** : abominable, ignoble **grisly** : effroyable, horrible **ghoulish** : morbide **gruesome** : effroyable, terrifiant, horrible **cold-blooded** : de sang-froid **horrific** : effroyable **vicious, brutal** : brutal **spine chilling** : à vous glacer le sang. A **capital crime** is a crime for which the penalty is death.

white-collar crime : la délinquance en col blanc **a crime of passion / a passionate crime** : un crime passionnel **organized crime** : le grand banditisme **the mob / the Mafia** : la mafia **corruption / graft / bribery** : la corruption **to bribe** : corrompre **to embezzle (+ from)** : détourner des fonds (de) / escroquer **embezzlement** : le détournement de fonds **to swindle / to fleece / to con** : escroquer **to forge / forgery** : contrefaire / la contrefaçon **to counterfeit** : contrefaire de la monnaie **to rob (with a gun) / to hold up / to stick up** : braquer **shoplifting** : le vol à l'étalage **purse snatching / bag snatching** : le vol à l'arraché **to mug / to set upon (sb) / a mugging** : agresser (qn) / une agression **assault and battery** : voies de fait / coups et blessures **statutory rape** : le détournement de mineurs **to abduct / to snatch / to kidnap** : enlever **a first degree murder** : un assassinat **a second degree murder** : un meurtre **a serial killer** : un tueur récidiviste **to go on a crime spree** : être atteint de folie meurtrière

to turn to crime : tomber dans la criminalité **to arrest sb (for a crime)** : arrêter qn (pour un crime) **to be guilty (of)** : être coupable (de) **to commit** : commettre **to admit (to + ING) / to confess (to + ING)** : avouer **to investigate a crime** : enquêter sur un crime **to solve a crime / a murder / a robbery / a theft** : résoudre un crime / un meurtre / un vol à main armée / un vol **to be tried (for) / to stand trial (for)** : être jugé (pour) **to deter crime** : dissuader les criminels

to aid and abet : être complice de qn **an accomplice (to / in) / an accessory (to a crime)** : un complice (d'un crime) **to be in cahoots (with)** : être de mèche (avec) **to harden children** : rendre les enfants insensibles **lawlessness** : l'absence de lois, le far-west **to be above the law** : être au-dessus des lois **to enforce the law** : appliquer la loi **law enforcement** : l'application de la loi

30-CRIME IN THE USA

crime (ni) /a crime	la criminalité / un crime
crime statistics	les chiffres de la criminalité
the crime rate	le taux de criminalité
a crime wave	une vague de criminalité
an increase / a drop in crime	une augmentation / une baisse de la criminalité
a (hardened) criminal	un criminel (endurci)
an offender / a lawbreaker	un délinquant
a habitual offender	un multi-récidiviste
a youthful offender / juvenile delinquent	un délinquant juvénile
to break [broke / broken] the law	violer la loi
an accomplice (to / in) / an accessory	un complice
an offence (UK) / offense (US) (against)	une infraction / un délit (à l'encontre de)
a first offence / a second offence	un premier délit / une récidive
to commit an offence	commettre un délit
a misdemeanour / misdemeanor (US)	un délit mineur
homicide / manslaughter	l'homicide / l'homicide involontaire
murder / a murderer	le meurtre / un meurtrier
rape / a rapist / gang rape	le viol / un violeur / une tournante
sexual assault	les délits sexuels
a mugging / a mugger	une agression / un agresseur
robbery	le vol à main armée
larceny / theft	le vol qualifié
motor-vehicle theft	le vol de voitures
a robber / a thief [pl. thieves]	un voleur
to steal (sth, sb + from) / to rob (sb of sth)	voler, dérober (qch à qn)
shoplifting	le vol à l'étalage
embezzlement	le détournement de fonds
burglary, a break-in / a burglar	le / un cambriolage / un cambrioleur
to burgle (UK) / to burglarize / to break in	cambrioler
arson	l'incendie volontaire
an arsonist	un pyromane
drug offenses	les délits liés à la drogue
bribery	la subornation, la corruption
to blackmail / blackmail	faire chanter / le chantage
car-jacking	le vol à la portière
organized crime	le grand banditisme
the mob / the underworld	la pègre / le milieu
a mobster	un mafioso / un truand
a hit man	un tueur à gages

to have a brush with the law : avoir maille à partir avec la justice **to be on the wrong side of the law :** être en infraction avec la loi **to run afoul of the law / to have a run-in with the law :** se mettre en infraction avec la loi, violer la loi **to do wrong / wrongdoing :** mal agir / des méfaits **to have scrapes with the law :** avoir maille à partir avec la police **to run with the wrong crowd :** avoir de mauvaises fréquentations **to have a criminal record :** avoir un casier judiciaire **(a) scofflaw :** qui bafoue la loi **to abide by the law :** respecter les lois **law abiding (a) :** soucieux des lois **to be above the law :** être au-dessus des lois **to be in cahoots (with) :** être de mèche (avec) **to connive (at) (with sb in + ING) / connivance (ni) :** être complice de / la connivence **an abettor :** un instigateur **to be party to a crime :** participer à un délit **to crack down on crime :** réprimer la criminalité

a criminal offence : un crime puni par la loi **a felony / a serious crime :** un crime (grave) **juvenile crime / youth crime :** la criminalité juvénile **white-collar crime :** la délinquance en col blanc **property crime :** les infractions contre les biens **a petty crime :** un petit méfait / un larcin **computer crime :** les délits informatiques **a crime of passion :** un crime passionnel **a sexual crime :** un crime sexuel **a war crime :** un crime de guerre **a hate crime :** un crime raciste **a capital crime :** un crime capital

a snatch-and-run offense : un délit de vol à l'arraché **purse snatching / bag snatching :** le vol à l'arraché **assault and battery :** voies de fait / coups et blessures **to abduct / to snatch / to kidnap :** enlever **a hostage :** un otage **to pay a ransom :** verser une rançon **to take, to seize / to hold sb hostage :** prendre / détenir qn en otage **to stab / a stabbing :** poignarder / un coup de couteau **to go on a crime spree :** être atteint de folie meurtrière

the commission of a crime : la perpétration d'un crime / d'une infraction **to engage in crime :** se livrer à des activités criminelles **to turn to crime :** tomber dans la criminalité **to arrest sb (for) :** arrêter qn (pour) **to be charged (with) :** être accusé (de) **to be guilty (of) :** être coupable (de) **to accuse sb of / to charge sb with a crime :** accuser qn d'un crime **to admit to / to confess to (+ ING) :** avouer (+ verbe) **to be suspected (for / of a crime) :** être suspect (d'un crime) **to be / to come under investigation (for) :** faire l'objet d'une enquête (pour) **to be wanted (for / on charges of) :** être recherché (pour) **to plead guilty / not guilty (to) :** plaider coupable / non coupable (de) **to convict sb (of) / to find sb guilty (of) :** déclarer qn coupable (de) **to acquit sb (of) :** acquitter qn (de) **to deny :** nier **to solve a crime / a murder / a robbery / a theft :** résoudre un crime / un meurtre / un vol à main armée / un vol **to be tried for / to stand trial (for) :** être jugé (pour) **to deter crime :** dissuader les criminels **to report a crime :** signaler un crime **to abet in a crime :** aider qn à commettre un crime

31-AMERICA'S GUN CULTURE

to own a gun	posséder une arme
a gun owner	un détenteur d'une arme à feu
gun ownership	la détention d'une arme
to carry / to pack a weapon	porter une arme
gun violence	la violence par arme à feu
a gunman	un homme armé
a gun shop / a gun seller / a firearms store / a gunsmith	un armurier
a gun dealer / dealership / an arms dealer	un marchand d'armes
a gun maker	un fabricant d'armes
a gun show / fair	une foire aux armes
gun control	la limitation des armes
a constitutional right	un droit constitutionnel
a gun lobby	un lobby des armes à feu
gun regulation / gun laws	la réglementation sur les armes à feu
to be easily available / accessible	être facilement disponible
a licence / license (US) / a permit	un port d'arme
to issue a permit	délivrer un port d'arme
a waiting period / a minimum age	un délai / un âge légal
to carry out / to conduct a background check	vérifier les antécédents
to have a record	avoir un casier judiciaire
to have no record / a clean record	ne pas avoir de casier judiciaire
to procure weapons	se procurer des armes
a firearm fatality	une victime par arme à feu
a gun-related death, crime / a gun death	un mort / un crime par arme à feu
to be trigger-happy	avoir la gâchette facile
a child-proof lock	une sécurité enfant
ammunition (ni)	les munitions
a bullet / a slug	une balle (de revolver)
a shell / a cartridge	une cartouche
to load / to reload	charger / recharger
to pull the trigger	appuyer sur la gâchette
to shoot [shot] / a shot	tirer / un coup
to shoot down / to gun down (sb)	descendre (qn)
to open fire (on sb)	ouvrir le feu (sur)
gunfire / shooting (ni)	des coups de feu / une fusillade
a mass shooting	une tuerie
to go on a shooting spree / rampage	être pris de folie meurtrière
to hold a gun (on sb)	braquer une arme (sur qn)
a school shooting / killing / massacre	une tuerie dans une école / fac
gang warfare	la guerre des gangs

a gun : une arme à feu **a pistol** : un pistolet **a handgun** : un revolver **a rifle** : un fusil **a shotgun** : un fusil de chasse **an automatic weapon / an automatic** : une arme automatique **a semi automatic weapon** : un semi-automatique **a machine gun** : une mitrailleuse **a firearm** : une arme à feu **a weapon** : une arme (blanche / à feu) **a bladed weapon** : une arme à lame **a piece / a rod (fam.)** : un pistolet, un revolver **white steel** : des armes blanches **a flick knife (UK)** : un couteau à cran d'arrêt **a sword** : un sabre

a silencer : un silencieux **a butt** : une crosse **a barrel** : un canon **double-barreled** : à deux coups **a clip / a cartridge clip** : un chargeur **a magazine** : un magasin **a cock / a hammer** : un chien **a trigger** : une gâchette

to kill sb in cold blood : tuer qn de sang froid **to slaughter / to massacre** : massacrer **a slaughter / a massacre** : un massacre **to slay [slew / slain]** : tuer **to be wounded** : être blessé **gunshot wounds** : des blessures par arme à feu

an inalienable right : un droit inaliénable **the right to keep and bear arms** : le droit à garder et porter une arme **to be enshrined in the Constitution** : être inscrit dans la Constitution **the Second Amendment (to the Constitution)** : le Deuxième amendement (de la Constitution) **a frontier society** : une société de la frontière **the wilderness** : la nature sauvage **staunch / rugged American individualism** : l'individualisme farouche des Américains **to hunt to eat** : chasser pour manger **to use for self-protection** : utiliser pour se protéger **to defend oneself / self-defense** : se défendre / l'auto-défense **to defend one's home (against)** : défendre son chez-soi (contre) **a deterrent against criminals / crime** : un moyen de dissuasion contre les criminels / la criminalité **the National Rifle Association (NRA)** : l'Association de défense des détenteurs d'armes à feu

a gun-rights activist : un partisan du droit à porter une arme **a gun control proponent** : un partisan du contrôle des armes à feu **to pass gun regulations / legislation** : voter des lois contre les armes à feu **to call for tighter gun control** : réclamer une législation plus stricte sur les armes à feu **to oppose gun controls** : être opposé à toute réglementation sur les armes à feu **to impose gun controls (on)** : imposer une réglementation sur les armes à feu (à) **to be denied the right to purchase a gun** : se voir interdit d'acheter une arme **to be mentally defective** : être déficient mental **to be ruled mentally incapacitated** : être déclaré mentalement irresponsable **to outlaw / to ban guns** : interdire les armes à feu **to be outgunned by criminals** : être moins bien armé que les criminels **to raise the legal age limit for gun ownership** : relever l'âge légal pour posséder une arme **to infringe on a right** : empiéter sur un droit **to exercise a right** : user d'un droit

32-CIVIL UNREST

unrest (over) / agitation / turmoil	l'agitation, les troubles, les remous
protest (ni)	l'agitation, la contestation
a hotbed of protest	un foyer de protestation
a hotbed of discontent	un foyer de mécontentement
a spate of incidents	une série d'incidents
to riot / a riot / a rioter	se révolter / une émeute / un émeutier
a student revolt	une révolte estudiantine
a demonstration / a protest (against)	une manifestation (contre)
a protest rally	un rassemblement de protestation
a protest march	un défilé de protestation
a street demonstration	une manifestation de rue
a protest demonstration	une manifestation de protestation
to call a demonstration	appeler à manifester
to stage / to hold a demonstration	organiser une manifestation
to attend / to take part (in)	participer (à)
to take to the streets	descendre dans la rue
to bring people out on the street	faire descendre les gens dans la rue
to parade / to march (through streets)	défiler (dans les rues)
to address / to speak at a rally	s'adresser à la foule rassemblée
to join a demonstration	se joindre à la manifestation
to put an end to a demonstration	mettre fin à une manifestation
to call off a demonstration	annuler une manifestation
to break [broke / broken] up a demonstration	disperser une manifestation
a demonstrator	un manifestant
to carry posters	brandir des affiches
to bear placards	porter des pancartes
to deploy / to wave banners	agiter des banderoles
to shout, to brandish / to chant slogans	crier / scander des slogans
to heckle / to barrack	chahuter, interrompre bruyamment
to shut down universities	fermer les universités
a rabble-rousing speech	un discours provocateur
a hooligan / a rowdy / a ruffian	un voyou
rampaging youths	des bandes de jeunes voyous
a rioter / a smasher	un casseur
to run amok (US) / amuck	dégénérer
a balaclava	un passe-montagne
a hood / hooded	une capuche / encapuchonné
armed with a crowbar	muni d'une barre de fer
looting / plundering (ni)	le pillage
to loot / a looter	piller / un pillard
to clash with the police	affronter les forces de l'ordre

to stir violence : susciter la violence **to spark / to provoke / to arouse** : soulever, provoquer **to trigger off / to set off / to touch off** : déclencher **to be rocked / shaken (by)** : être ébranlé / secoué (par) **to inflict violence** : infliger, faire subir des actes de violence **to resort to / to turn to violence** : avoir recours à la violence **to encourage / to incite (to)** : encourager / inciter (à) **to breed violence** : engendrer la violence **to contain violence** : contenir la violence **to quell / to crack down (on)** : réprimer, étouffer **to be gripped by violence** : être en proie à la violence **to go on a rampage / to rampage** : se déchaîner

Violence can break out (éclater), **flare (up)** (s'embraser), **escalate** (s'intensifier), **worsen** (s'aggraver), **spread** (s'étendre), **get out of hand** (dégénérer) **an outbreak / an eruption of / an outburst of / a flare-up of violence** : un accès / une flambée de violence **an epidemic of violence** : une épidémie de violence **a spike in the violence** : une recrudescence de la violence **a wave / an upsurge / a spate of violence** : une vague / une montée de (la) violence

a demonstration can be : large scale / massive : monstre **major** : large **mass** : de masse **spontaneous** : spontané **peaceful** : calme **violent** : violent **in support of** : en soutien à **in protest at / against** : pour protester contre

a flood / a storm / a tide / a wave of protest : une vague de protestation **to organize / to stage a protest** : organiser la contestation **to set off protests** : déclencher les manifestations **to call new protests** : appeler à de nouvelles manifestations **to wage a protest (against)** : protester (contre) **to be rocked by protests** : être ébranlé par des manifestations **to brace for more protests** : se préparer à de nouvelles manifestations **to gather steam / to gain momentum** : prendre de l'ampleur **to crush / to quell a protest** : réprimer une manifestation **to bow to protests** : reculer devant les manifestations

to be racked by strikes : subir des grèves **to set up barricades** : ériger des barricades **to overturn** : renverser **to ignite / to torch / to set ablaze, alight** : allumer / incendier **to burn [burned] down** : détruire par le feu **to hurl / to throw firebombs / Molotov cocktails / missiles** : lancer des cocktails Molotov / des projectiles **to rain projectiles (on)** : noyer sous une pluie de projectiles **an explosive device** : un engin incendiaire **a pipe bomb** : une bombe artisanale **a paving stone** : un pavé **a hail of stones** : une pluie de pierres **to smash shop windows** : briser des vitrines **to ransack** : mettre à sac **to take by storm / to mob** : prendre d'assaut **to damage** : endommager **to wreak havoc / to lay waste (to)** : dévaster **to impose a curfew** : imposer un couvre-feu **to declare a state of emergency** : déclarer l'état d'urgence **to conduct house-to-house searches** : fouiller les maisons une par une **to ban public gatherings** : interdire les rassemblements publics **to restore order** : rétablir l'ordre **to clean out a troubled neighborhood** : nettoyer un quartier sensible **to silence the opponents** : faire taire les opposants **to force the prime minister from his post** : contraindre le Premier ministre à la démission

33-THE LONG ARM OF THE LAW

litigation	les litiges(s)
due process of law	la procédure légale régulière
a lawbreaker	qui enfreint la loi
to bring [brought] to justice	amener devant les tribunaux
the judiciary (branch)	le pouvoir judiciaire, la magistrature
a courthouse / a court of law	un palais de justice
a tribunal / a court (of justice / of law)	un tribunal / une Cour (de justice)
to administer / to mete out justice	rendre la justice
a trial, a suit / a lawsuit	un procès / une affaire en justice
to redress a wrong	réparer un tort
the Attorney General (US)	le ministre de la Justice
an attorney general (UK) / a district attorney (DA) (US)	un procureur général
the public prosecutor	le ministère public / le procureur de la République
the prosecution	l'accusation / les plaignants
a lawyer / an attorney-at-law (US)	un homme de loi, un avocat / un juriste
a barrister (England)	un avocat (inscrit au barreau)
a defending counsel / defense counsel / a counsel for the defense / an attorney for the defense / a defence lawyer	un avocat de la défense
a judge / a justice	un juge
a client	un client
to retain a lawyer / to hire a lawyer	prendre un avocat
fees	des honoraires / émoluments
a retainer / retaining fees	des honoraires versés d'avance
legal aid / legal assistance	l'aide judiciaire
a litigant	un plaideur
a plaintiff	un plaignant, un demandeur
a prisoner	un détenu, un prévenu
a defendant / the accused	un prévenu, un plaideur, un intimé, un accusé
a clerk / a bailiff	un greffier / un huissier
to bring / to file / to issue a lawsuit (against)	intenter un procès (contre)
to win / to lose a lawsuit	gagner / perdre un procès
to settle a lawsuit	régler un litige
to settle out of court	trouver un règlement à l'amiable
to work on a case	travailler sur un dossier
the case papers	les pièces du dossier
a brief	le dossier d'un litige

lawful / legal : légal, licite **lawless** : sans loi, anarchique **illegal / unlawful** : illégal **criminal** : criminel, délictueux **banned / prohibited** : interdit (par la loi) **compulsory / mandatory** : obligatoire **guilt** : la culpabilité **guilty** : coupable **a culprit** : un coupable **innocence** : l'innocence **innocent** : innocent **honest / dishonest** : honnête / malhonnête **tough** : dur, sévère **soft on crime** : laxiste **fair / unfair** : juste / injuste **evil / malevolent / wicked** : malfaisant, mauvais **wilful** : délibéré, prémédité **deceitful** : trompeur **cunning** : rusé, malin **crooked** : malhonnête **shady** : louche **suspect / suspicious** : suspect

law and order : l'ordre public **to become law** : devenir loi / la loi **to apply the law** : appliquer la loi **to lay [laid] down the law** : établir la loi **to abide by the law** : respecter la loi **to enforce the law** : appliquer la loi **to violate / to break [broke / broken] the law** : violer, enfreindre la loi **to flout the law** : se moquer de / faire fi de la loi **a breach of law** : un abus de droit **to obey the law** : obéir à la loi **to be above the law** : être au-dessus des lois **to take the law into one's own hands** : faire justice soi-même **to be required by law** : être exigé par la loi **to be against the law** : être contraire à la loi **the law of the land** : la législation en vigueur dans le pays **the law as it stands** : la législation en vigueur **to have the law on one's side** : avoir la loi pour soi **to keep within the law** : rester dans les limites de la légalité **to stick [stuck] to the letter of the law** : respecter la loi scrupuleusement / à la lettre **according to the law** : conformément à la loi **in the eyes of the law** : aux yeux de la loi **to hand sb to the law** : déférer qn à la justice

to get on the wrong side of the law : to be in trouble with the police **to lay down the law** : to tell people what they must do, regardless of their opinions **the long arm of the law** : the ability of the police and courts to force people to obey the rules **to take the law into one's own hands** : to mete out justice as one sees fit without any recourse to a law enforcement agency **his word is law** : what he says has to be respected

an offender : un contrevenant **a criminal** : un criminel **an outlaw** : un hors-la-loi **a delinquent** : un délinquant **a juvenile delinquent** : un délinquant juvénile **an offence** : un délit, une infraction **a crime** : un crime **crime** : la criminalité **petty crime** : la petite délinquance **serious crime** : la grande criminalité

the legal profession : les hommes de loi **a bar association / a barrister association** : un Ordre des avocats **to read for the Bar** : faire son droit **to go to law school** : faire une faculté de droit **a law student** : un étudiant en droit **an Inn of Court (UK)** : un Institut d'études judiciaires (IEJ) **a bar examination** : un examen du Barreau **to be called to / to be admitted to the Bar** : être admis au Barreau **to practise law** : être homme de loi **a private practice** : une clientèle privée **a law practice / firm** : un cabinet d'avocats **to set up in practice (as a lawyer)** : monter un cabinet **chambers** : le cabinet, l'étude (d'avocat)

a criminal lawyer : un avocat d'assises, un avocat au criminel **a trial lawyer** : un avocat plaidant **a corporate lawyer** : un avocat d'affaires **a tax lawyer** : un avocat fiscaliste **a court appointed lawyer** : un avocat commis d'office **King's / Queen's Counsel (KC / QC) (UK)** : un avocat de la Couronne / un avocat général **an examining magistrate** : un magistrat instructeur **to disbar** : interdire d'exercer

34-I'LL SEE YOU IN COURT

to begin proceedings	entamer des poursuites
to sue	ester en justice / engager des poursuites
to go to court / law	recourir à la justice
to prosecute	engager des poursuites
prosecution (for)	les poursuites judiciaires (pour)
to prosecute a case	introduire une action
an action / a case	une procédure contentieuse / gracieuse
a trial, a suit / a lawsuit	un procès / un procès civil
a murder trial (by jury)	un procès capital (avec jury)
a criminal / civil case	une affaire pénale / civile
the parties	les parties
an investigatory phase	l'instruction
a charge / a count / an indictment	une accusation, un acte d'accusation
to try (a case)	juger (une affaire)
to be in the dock	être sur le banc des accusés
to go on trial	passer en justice
to be on trial (for)	être jugé / passer en jugement (pour)
in camera / behind closed doors	à huis clos
to extradite / extradition (ni)	extrader / l'extradition
to flee [fled] from justice	fuir la justice
to be arraigned	être assigné à comparaître
arraignment	la lecture de l'acte d'accusation
a plea	une instance, un recours, un plaidoyer
to plead guilty / non guilty	plaider coupable / non coupable
extenuating / mitigating circumstances	les circonstances atténuantes
to plea bargain	négocier une peine
the jury	les jurés
a juror / a jury member / a jury(wo)man	un juré / une jurée
a search for truth	une recherche de la vérité
admissible / inadmissible evidence	des preuves recevables / non recevables
incriminating evidence	les pièces à conviction
an eye witness	un témoin oculaire
to hear the witnesses	entendre les témoins
to bear witness / to give evidence	témoigner, déposer
to testify (to) / to give testimony	témoigner (de)
to cross-examine	faire subir un contre-interrogatoire
to convict sb (of)	reconnaître qn coupable (de)
a conviction	une condamnation
to be found / declared guilty	être reconnu coupable
to sentence (sb to)	condamner (qn à)
to hand out a sentence	prononcer une peine
a suspended sentence	une peine avec sursis

to file a suit (against) / to bring (in) an action (against) / to bring sb to justice / to have the law on sb : intenter un procès (à) **to take, to initiate, to undertake proceedings (against) / to take legal action (against) :** engager des poursuites (contre) **to put on trial :** passer en jugement **to appear in court :** comparaître en justice **an entry of appearance :** une comparution

to bring before a judge : comparaître devant un juge **to bring sb into court :** amener qn devant la cour **to bring sb before a court :** intenter un procès à qn **to bring sb to trial :** faire passer qn en justice **to come up for trial :** passer au tribunal **to commit sb for trial :** déférer **to stand trial :** passer en jugement / se présenter à l'audience **to be sent for trial (for) :** être traduit en justice (pour)

to be arrested on a charge (of) : être arrêté sous l'inculpation (de) **to bring [brought] a charge (against) :** poursuivre **to lay [laid] a charge against sb :** déposer plainte, porter plainte (contre) **to press charges :** engager des poursuites **to drop charges :** abandonner les poursuites **to be convicted on a charge (of) :** être reconnu coupable au chef d'inculpation (de) **to deny a charge :** repousser une accusation **to dismiss a case :** rendre une décision de non lieu, classer l'affaire

to make up a case : monter un dossier **the merits of a case :** le fond d'une affaire **to examine / to handle / to conduct a case :** examiner / s'occuper d'une / plaider une affaire **to prosecute a case :** introduire une action **to adjudicate on a case :** statuer sur une affaire **to work on a case :** travailler sur un dossier **to have a strong / weak case :** avoir des arguments bien étayés / de faibles arguments **to have no case :** être débouté **a cold case :** une affaire classée

to empanel / impanel a jury : constituer un jury **to sit on the jury :** faire partie du jury **to do jury service :** exercer les fonctions de juré **a petit / petty / trial jury :** un jury de jugement **a grand jury :** un jury d'accusation **the foreman / -woman :** le / la président(e) du jury **the jury's deliberations :** les délibérations du jury **to take an oath / to be sworn in :** prêter serment **a gag order :** un ordre de respecter le secret des délibérations **to raise / to sustain / to uphold / to overrule an objection :** soulever / admettre / maintenir / rejeter une objection **to commit perjury :** se parjurer **to remain silent :** garder le silence **to plead the fifth (US) :** invoquer le 5e amendement **a hung / deadlocked jury :** un jury sans majorité

to take the rap : payer les pots cassés / porter le chapeau **to deny any wrongdoing :** démentir tout méfait **to be cleared of a charge :** être lavé d'une accusation **to have a clean record :** avoir un casier judiciaire vierge **to acquit / an acquittal :** acquitter, relaxer / un acquittement **to discharge / a discharge :** relaxer / une relaxe **a lack of evidence :** un manque de preuve **inconclusive evidence :** des preuves non concluantes **to dismiss a charge :** rendre un non-lieu **to throw the book (at) :** infliger une peine maximum (à) **to beat the rap :** être acquitté **to administer a slap on the wrist :** infliger une peine légère **to get off scot free / to go free :** sortir libre **to release / to let off :** relâcher **to appeal a case / to lodge an appeal :** interjeter appel **to appeal (from) :** faire appel (de) **to appeal (to) :** faire appel (de) / introduire un recours (devant) **a miscarriage of justice :** une erreur judiciaire **to quash / to overturn / to throw out a conviction :** casser un jugement

35-PRISON BREAK

to incarcerate / incarceration	incarcérer / l'incarcération
a correctional / detention facility	une prison
a penitentiary / a pen	un pénitencier
a detention center (UK) / a detention home (US)	un centre de redressement
a jail, a gaol (UK) / a jailhouse	une prison / une prison (le bâtiment)
a lockup / a lockdown	un mitard, une cellule provisoire
a cell	une cellule
a dry cell	une cellule de dégrisement
a disciplinary cell	une cellule disciplinaire
a watchtower	un mirador
to go / to send to prison	aller / envoyer en prison
to put into prison / to put behind bars	incarcérer
to jail / to lock up / to put away	mettre en prison
to be locked up	être enfermé
to detain / a detainer	arrêter / un mandat de dépôt
to imprison / imprisonment	emprisonner / l'emprisonnement
to be in custody	être sous les verrous
a prison term / sentence	une peine de prison
to do / to serve time	faire de la prison / la taule
the prison population	la population carcérale
a prisoner / a detainee	un prisonnier
an inmate / a convict	un détenu
an ex-convict / an ex-con	un ancien taulard
a recidivist / a repeat, habitual offender	un récidiviste
a sexual delinquent / offender	un délinquant sexuel
a hardened criminal	un criminel endurci
a petty criminal	un petit délinquant
to have a (long) record	avoir un casier judiciaire (chargé)
a lifer	un condamné à perpétuité
a parolee	un condamné en liberté conditionnelle
to serve one's sentence	accomplir sa peine
to serve the full sentence	exécuter l'intégralité de sa peine
parole	la liberté conditionnelle
probation	la liberté surveillée
to put / to place sb on probation	mettre qn en liberté surveillée
a parole board / a pardons board / a clemency board	une commission des grâces
alternative punishment	les peines de substitution
a prison guard / a prison, correction officer	un gardien de prison
to escape (from)	s'évader (de)

a remand home (UK) : une maison d'arrêt pour mineurs **a remand center (UK)** : un centre de détention préventive **a low / minimum security prison** : une prison de sécurité minimum **a maximum / top security prison** : une prison de haute sécurité **a boot camp (US)** : un camp de redressement **barbed wire** : le fil de fer barbelé

a warden (US) / a prison governor (US) : un directeur de prison **a wardress / a warder (UK)** : un(e) surveillant(e) **a screw / a kanga / a prison warder / a yard bull (US)** : un maton (fam.)

to be inside : être en taule **visiting hours** : les heures de visite **a visiting order** : un ordre de visite **a punishment block** : un mitard **the prison yard** : la cour de prison **solitary confinement (ni)** : le régime cellulaire **an isolation cell** : une cellule d'isolement **a cellmate** : un compagnon de cellule **protective custody** : la mise sous protection judiciaire **to be on death row** : être condamné à mort **to live on borrowed time** : être en sursis

escape / prison break : l'évasion, la cavale **an escape plan** : un projet d'évasion **a helicopter escape (from)** : une évasion par hélicoptère (de) **to devise an elaborate plan** : échafauder minutieusement un plan **an escaped inmate** : un prisonnier évadé **to pull off an escape** : réussir une évasion, se faire la belle **a breakout** : une évasion **an escapee / an absconder / a fugitive** : un évadé **an accomplice** : un complice **to be in cahoots (with)** : être de mèche (avec) **to bolt** : s'évader **to break jail / to fly the coop / to break out (of jail)** : s'évader de prison **to be on the lam / on the run / at large** : être en cavale **a wanted man** : un homme recherché **a canine unit** : une unité cynophile, une brigade canine **a search dog** : un chien policier **a reward** : une récompense **to track down** : pourchasser, traquer **a manhunt** : une chasse à l'homme **to launch / to carry out a manhunt** : déclencher / organiser une chasse à l'homme **a checkpoint** : un barrage **to set up a checkpoint** : établir un barrage **to capture** : capturer **to be recaptured** : être repris **a dragnet** : une rafle

parole / jam roll : la liberté conditionnelle **to be eligible for parole / to be up for parole** : avoir droit à une libération conditionnelle **to release sb on parole** : mettre qn en liberté conditionnelle **parole violation** : le non-respect des conditions de liberté conditionnelle **compassionate release** : la libération pour raisons humanitaires **to amnesty / an amnesty** : amnistier / une amnistie **to pardon / a pardon** : gracier / une grâce **to commute a sentence** : commuer une peine **to release, to free / release** : libérer / la levée d'écrou **to discharge** : élargir **to be sprung from jail / to be let out of prison** : être libéré de prison **to release upon good behaviour** : libérer pour bonne conduite **to come out of / to get out of prison** : sortir de prison **an electronic monitoring device / an ankle bracelet** : un bracelet électronique

prison overcrowding : la surpopulation carcérale **to reduce the prison population** : réduire la population carcérale **a prison riot** : une révolte de prisonniers **squalid conditions** : des conditions sordides **endemic violence** : la violence endémique **to relieve congestion** : réduire la surpopulation **to reduce recidivism** : diminuer la récidive **prison privatization** : la privatisation des prisons

36-TERROR

terror / terrorism (ni)	la terreur, le terrorisme
an act of terror / a terrorist outrage	un acte terroriste
a terrorist attack / an attack (on)	un attentat terroriste (contre)
a terrorist movement	un mouvement terroriste
a terror group / gang / ring	un groupe terroriste
a terrorist organization	une organisation terroriste
(the) war against / on terror	la lutte contre le terrorisme
a terrorist network / plot	un réseau / complot terroriste
a plot / to plot (against)	un complot / comploter
a terrorist / an operative	un terroriste
a suspected terrorist / a terror suspect	un terroriste présumé
a terrorist cell	une cellule terroriste
to train / to arm terrorists	entraîner / armer des terroristes
to resort to terror	avoir recours au terrorisme
a suicide bombing	une attaque suicide
a bomb scare	une alerte à la bombe
a bomb attack	un attentat à la bombe
a car, truck bomb / an explosive laden car	une voiture / un camion piégé(e)
a pipe bomb / a nail bomb	une bombe artisanale
a letter / parcel bomb	une lettre / un colis piégé(e)
a (bomb) blast	une explosion
a kamikaze / a suicide bomber / attacker	un kamikaze
a bomber	un poseur de bombes
to plant a bomb	poser une bombe
to detonate / to explode / to set off a bomb	faire sauter une bombe
to blow up (an airliner)	faire sauter (un avion)
to defuse / to disarm a bomb	désamorcer une bombe
to mastermind an attack	être le cerveau d'un attentat
to carry out an attack	perpétrer un attentat
to thwart / to foil an attack	déjouer un attentat
to blame an attack (on sb)	rendre (qn) responsable d'un attentat
to hijack a plane	détourner un avion
a hijacker / a skyjacker	un pirate de l'air
germ warfare	la guerre bactériologique
cyber-warfare / bioterrorism, bioterror	la cyberguerre / le bio terrorisme
a bioweapon / a biological weapon	une arme biologique
activism / an activist	le militantisme / un militant
a fanatic / a zealot	un fanatique
extremism / an extremist	l'extrémisme / un extrémiste
a fundamentalist	un fondamentaliste
radicalism / radical (a)	le radicalisme / radical
a martyr (to a cause)	un martyr (pour une cause)

- **a rogue state** : un État voyou **the Axis of evil** : l'Axe du mal **the Evil empire** : l'Empire du mal **a weapon of mass destruction (WMD)** : une arme de destruction massive **an improvised explosive device (IED)** : un engin explosif **a homegrown terrorist threat** : une menace terroriste intérieure **to indoctrinate / indoctrination** : endoctriner / l'endoctrinement **a haven for terrorist operatives** : un havre pour les terrorists **a cradle of activism** : un berceau du militantisme **a wave / a series / a spate of attacks** : une série d'attentats **cyberterrorism** : le cyberterrorisme

- **a civilian / military target** : une cible civile / militaire **to target** : avoir pour cible, viser **the bombing site** : le lieu de l'attentat **to strike [struck] at the heart (of)** : frapper au cœur (de) **to tear the country apart** : déchirer le pays **to rip (through)** : déchiqueter **to litter a street** : joncher une rue **to rock a city** : secouer une ville **a bloodbath / a carnage** : un bain de sang **to leave a scene of carnage** : laisser une scène de carnage **to search in the rubble / wreckage (for)** : fouiller les décombres (bâtiment / épave) (à la recherche de) **mangled (trains)** : (des carcasses de train) tordu **charred bodies** : des corps calcinés **torn-off limbs** : des membres arrachés **the toll of dead and injured** : le bilan des tués et blessés **to commit atrocities** : commettre des atrocités **to claim a dozen lives** : faire une douzaine de victimes **to cause loss of innocent lives** : entraîner la perte de vies innocentes **to bear [bore / borne] the hallmark (of)** : porter la signature (de) **to point the finger at** : montrer du doigt **to be behind an attack** : être à l'origine d'un attentat **to claim responsibility (for)** : revendiquer la responsabilité (de) **to condemn the attacks** : condamner les attentats **to destabilize a country** : déstabiliser un pays **an escalation of violence** : une escalade de la violence **a threat to the political process** : une menace pour le processus politique

- **hostage taking** : la prise d'otages **to take sb hostage** : prendre qn en otage **to hold sb hostage** : détenir qn en otage **to be blindfolded** : avoir les yeux bandés **to abduct / an abduction** : enlever / un enlèvement **to plead for one's life** : implorer d'épargner sa vie **a stay of execution** : un sursis à exécution **to behead** : décapiter **to slit / to cut sb's throat** : égorger qn **to execute / an execution** : exécuter / une exécution **to pay a ransom** : verser une rançon **to retrieve a hostage** : récupérer un otage **to rescue / a rescue operation** : sauver / une opération de sauvetage

- **to combat / to fight terrorism** : combattre le terrorisme **to root out / to eradicate / to wipe out terrorism** : éradiquer le terrorisme **to break up a terrorist ring** : démanteler un réseau terroriste **to tighten security** : renforcer la sécurité **to give in to terrorism** : céder au terrorisme **a threat level** : un niveau d'alerte **to uncover a plot** : découvrir un complot **to foil a terror plot** : déjouer un complot terroriste **to thwart terrorism** : empêcher le terrorisme **an anti-terrorist campaign** : une campagne anti-terroriste

37-CHILD ABUSE

child porn(ography) / child sex / kiddie porn	la pornographie enfantine
child / teen prostitution	la prostitution enfantine
a child prostitute	un(e) jeune prostitué(e)
child sex tourism	le tourisme pédophile
the child-sex trade	le commerce sexuel d'enfants
an under-age boy / girl	un(e) mineur(e)
to traffic(k) in children	se livrer au trafic d'enfants
child trafficking	le trafic d'enfants
a child trafficker	un trafiquant d'enfants
to have sex with a child	avoir des relations sexuelles avec un enfant
a sexual predator	un prédateur sexuel
paedophilia	la pédophilie
a paedophile (UK) / a pedophile (US)	un pédophile
a pedophile ring / network	un réseau pédophile
pederasty / buggery	la pédérastie
to stalk / to lure (away)	suivre, filer / attirer, détourner
to abduct / abduction / an abduction	kidnapper / le kidnapping / un rapt
to molest children / a child molester	abuser d'enfants / un agresseur
child molestation	les attentats à la pudeur sur mineurs
to assault a child	agresser un enfant
a sexual assault (on)	une agression sexuelle (contre)
to prey on children	s'attaquer aux enfants
a sex crime / a sexual crime	un crime sexuel
to commit a child-sex offense	commettre un abus sexuel sur enfant
a sex abuser / a child sex offender / a child rapist	un violeur d'enfants
to be sexually abused / maltreated	être exploité sexuellement
a child abuser	un auteur de sévices sur enfants
child rape / to rape / a gang rape	le viol d'enfant / violer / une tournante
incest (between) / incestuous (a)	l'inceste / incestueux
to commit incest	commettre un inceste
an incest victim / a taboo	la victime d'un inceste / un tabou
a child-protection agency / a child welfare group	une agence de protection de l'enfance
to clamp down / to crack down on child sex tourism	réprimer le commerce sexuel avec les enfants
sex offender therapy	la thérapie contre les délinquants sexuels
chemical / surgical castration	la castration chimique / chirurgicale
risk of reoffending	le risque de récidive

a child bride : une épouse enfant **child marriage / betrothal** : le mariage des enfants **to wed teen / preteen girls** : épouser des filles mineures **to arrange a match / a marriage (between)** : arranger une union (entre) **parental consent** : le consentement parental **to be under-age** : être mineur(e) **to raise / to lower the age of legal marriage** : relever / abaisser l'âge légal du mariage **statutory rape of a minor** : le détournement de mineure **bride kidnapping / marriage by abduction / marriage by capture** : l'enlèvement d'épouse **a bride abductor / kidnapper** : un ravisseur d'épouse **forced marriage / arranged marriage** : le mariage forcé **the bride price** : le prix d'une épouse **marriageable age laws** : les lois sur l'âge légal du mariage **an honor killing / a customary killing** : un crime d'honneur **to be a victim of honor killings** : être victime d'un crime d'honneur

to fall in the hands of traffickers : tomber aux mains de trafiquants **to be the victim of traffickers** : être la victime de trafiquants **to exploit / to take advantage of children** : exploiter les enfants **sexual slavery, enslavement / forced prostitution** : l'esclavage sexuel **to be forced into prostitution** : être forcé(e) de se prostituer **to engage in sexual activity** : se livrer à des activités sexuelles **to be used as a sexual slave** : être utilisé comme esclave sexuel **to commit a sexual crime (against)** : commettre un crime sexuel (sur) **a crime against humanity** : un crime contre l'humanité **to be subjected to systematic and widespread gang rape** : être soumis à un viol collectif de façon systématique et répétée

to commit child sexual abuse : commettre des abus sexuels sur les enfants **sexual grooming** : la manipulation psychologique des enfants (en vue de commettre un acte sexuel) **to batter a child** : frapper un enfant **a battered child** : un enfant battu **to fondle / fondling (ni)** : caresser / les attouchements **to suffer neglect** : souffrir de négligence

a red-light district : un quartier chaud **a brothel** : un bordel **a pimp** : un maquereau **a procurer** : un souteneur, un protecteur **a child prostitute** : un(e) prostitué(e) mineure **a john** : un client **to rent out one's sexual services (for cash)** : louer ses services sexuels (en échange d'espèces sonnantes et trébuchantes) **one of the worst forms of child labor** : l'une des pires formes du travail des enfants

a child soldier : un enfant soldat **a human shield** : un bouclier humain **to participate in an armed conflict** : prendre part à un conflit armé **to serve as soldiers** : servir comme soldats **to recruit children into the armed forces** : recruter des enfants dans les armées

child protection : la protection de l'enfance **the child care / welfare system** : le système de protection de l'enfance **child protective services** : les services de protection de l'enfance **an at-risk family** : une famille à risque **to be at risk of child abuse** : être en danger d'être maltraité **to safeguard a child from harm / gross negligence** : protéger un enfant contre le mal / la négligence flagrante

38-THE DEATH PENALTY

capital punishment	la peine capitale
a death sentence	une condamnation à mort
to be punishable by death	être passible de la peine de mort
to be sentenced / condemned to death	être condamné à mort
to hand down / to impose a death sentence	infliger la peine capitale
to carry the death penalty	entraîner la peine de mort
to be on death row	être dans le couloir de la mort
a death row inmate	un condamné à mort
to execute / to put to death	exécuter
the executioner / an execution	le bourreau / une exécution
to restore / to reinstate the death penalty	rétablir la peine de mort
restoration / reinstatement (of)	le rétablissement (de)
to abolish, to repeal / abolition	abolir / l'abolition
to do away with the death penalty	abolir la peine de mort
an abolitionist	un partisan de l'abolition
to ban / to outlaw the death penalty	interdire la peine de mort
to appeal (against a decision)	faire appel (d'une décision)
to file a petition for clemency	déposer un recours en grâce
to deny (sb) clemency	refuser la clémence (à qn)
to reverse a sentence	casser une condamnation
to go ahead with an execution	procéder à une exécution
to reject a request / a plea for clemency	rejeter un appel à la clémence
to halt an execution	arrêter une exécution
to win a reprieve	obtenir un délai de grâce
to stay an execution	surseoir à une exécution
a stay of execution	un sursis à exécution
to grant clemency	accorder la clémence
to decapitate, to behead / to guillotine	décapiter / guillotiner
to stone / stoning	lapider / la lapidation
the gas chamber	la chambre à gaz
to hang [hanged] / hanging	pendre / la pendaison
to die on the gallows	mourir sur la potence
the electric chair / the chair	la chaise électrique
the firing squad	le peloton d'exécution
to inject / a lethal injection	piquer / une injection mortelle
to overturn / to quash a conviction	casser une condamnation
a life without parole sentence	une peine de réclusion à perpétuité
life without parole (LWOP)	une peine à perpétuité incompressible
to commute a death sentence	commuer une peine de mort
to pardon sb / pardon	gracier qn / la grâce
to spare a life	épargner une vie

AGAINST. an opponent to the death penalty / a capital punishment opponent : un adversaire à la peine de mort **to oppose :** s'opposer (à)

to go against the grain (of civilisation) : aller à l'encontre (de la civilisation) **to be unconstitutional :** être contraire à la constitution **to be ethically inacceptable :** être moralement inacceptable **to take the law into one's own hands :** faire justice soi-même **state-sponsored killing :** le meurtre légal **the sacredness of human life :** le caractère sacré de la vie **to violate fundamental rights :** violer les droits fondamentaux (two wrongs do not make one right)

to be applied unfairly : être appliqué de façon injuste **the mentally handicapped :** les handicapés mentaux **to target (a minority) :** prendre pour cible (une minorité) **a minor / a juvenile :** un mineur **to be fully responsible for one's acts :** être pleinement responsable de ses actes **to have extenuating circumstances :** avoir des circonstances atténuantes **to be mentally impaired :** être handicapé mental **a low-IQ murderer :** un assassin au QI réduit **to afford the best lawyers :** se payer les meilleurs avocats **legal aid :** l'aide judiciaire **an incompetent defense lawyer** : un avocat de la défense incompétent

a cruel and unusual punishment : un châtiment cruel et inhabituel **agonizing death :** une mort douloureuse **a botched execution :** une exécution ratée **to suffer great pain :** souffrir atrocement

a method of execution : une méthode d'exécution **barbaric :** barbare **primitive :** primitif **despicable :** méprisable **callous :** insensible **unfair :** injuste **shameful :** honteux **grisly :** sinistre **chilling :** à vous glacer le sang

to deter (from) : dissuader (de) **a deterrent (to) :** un moyen de dissuasion **to act as a deterrent :** exercer un effet dissuasif **to bring the victim back to life :** ramener la victime à la vie **the high cost of execution over life in prison :** emprisonner à vie coûte moins cher qu'exécuter **to remove any chance of rehabilitation :** ôter toute possibilité de réinsertion **a miscarriage of justice :** une erreur judiciaire **to prove sb's guilt :** prouver la culpabilité de qn **to unearth fresh evidence :** découvrir de nouvelles preuves **to introduce (new) DNA evidence :** présenter des (nouvelles) preuves ADN **to be wrongfully convicted :** être condamné à tort

FOR. to advocate : prôner **to support / to favor :** être partisan de **a defender of the death penalty :** un défenseur de la peine de mort **to be justified on the following grounds :** être justifié pour les raisons suivantes **to carry out a death sentence :** exécuter une peine capitale **to uphold [upheld] a death sentence :** confirmer une peine capitale **to protect society (from) :** protéger la société (de) **to remove from society :** supprimer de la société **to fit the crime :** correspondre au crime **to prevent re-offending :** empêcher la récidive **to act as a deterrent :** agir comme moyen dissuasif **to be made to suffer in proportion (of) :** connaître les mêmes souffrances (que) **life in prison is worse than death :** une peine de prison à vie est pire que la mort **a means of retribution :** un moyen de vengeance **an eye for an eye, a tooth for a tooth :** la loi du talion **to provide closure for the victim's family :** permettre à la famille de la victime de faire son deuil

39-HUMAN RIGHTS

an individual / inalienable right	un droit individuel / inaliénable
basic / fundamental rights	les droits fondamentaux
natural rights	les droits naturels
women's / children's rights	les droits des femmes / des enfants
a bill of rights	une déclaration des droits
the Universal Declaration of Human Rights	la Déclaration universelle des droits de l'homme
civil liberties	les libertés civiles / civiques
individual liberties / freedom	les libertés individuelles
equality of rights / equal opportunities	l'égalité des droits / l'égalité des chances
observance of human rights	le respect des droits de l'homme
human-rights abuses / violations	les atteintes aux droits de l'homme
to document human rights abuses / human rights violations	étayer les atteintes aux droits de l'homme
to flout human rights	faire fi des droits de l'homme
to suppress / to curtail rights	supprimer des droits
to abridge freedom	restreindre la liberté
to exercise a right	exercer un droit
to respect human rights	respecter les droits de l'homme
to investigate abuses	enquêter sur les abus
to enforce human rights	faire respecter les droits de l'homme
a human rights activist / defender	un militant des droits de l'homme
an abusive / a repressive regime	un régime qui viole les droits de l'homme
a dictatorship / a dictator / dictatorial	une dictature / un dictateur / dictatorial
political / religious oppression	l'oppression politique / religieuse
to be persecuted / persecution	être persécuté / la persécution
to torture / torture (ni) / a torturer	torturer / la torture / un tortionnaire
an oppressed minority	une minorité opprimée
to be downtrodden	être opprimé
a war crime	un crime de guerre
a crime against humanity	un crime contre l'humanité
ethnic cleansing (ni)	le nettoyage ethnique
to commit genocide (against)	commettre un génocide (envers)
to exterminate / extermination	exterminer / l'extermination
to slaughter, to massacre / a slaughter	massacrer / un massacre
abduction / kidnapping	l'enlèvement
to be enslaved	être réduit à l'esclavage
forced marriage	le mariage forcé
chlld labor	le travail des enfants
arbitrary imprisonment	l'emprisonnement arbitraire
summary justice	la justice expéditive

the right to vote : le droit de vote **the right to work :** le droit au travail **the right to counsel and fair trial :** le droit à un avocat et à un procès équitable **the right to earn equal pay (for equal work) :** le droit à un salaire égal **the right to education :** le droit à l'éducation **the right to political asylum :** le droit d'asile politique **to apply for political asylum :** déposer une demande de droit d'asile **an asylum seeker :** un demandeur d'asile **the right to practise one's religion :** le droit de pratiquer sa religion, la liberté de conscience **the right to assembly :** le droit de réunion **the right to a healthy environment :** le droit à un environnement sain

freedom of speech / of thought : la liberté de parole / de penser **freedom of worship / of religion :** la liberté de culte **freedom of the press :** la liberté de la presse **freedom of expression :** la liberté d'expression **freedom of assembly :** la liberté de réunion **freedom from want :** la liberté de vivre à l'abri du besoin

to enjoy freedom : jouir de la liberté **to achieve freedom :** parvenir à la liberté **to gain / to obtain / to win freedom :** obtenir la liberté **to secure freedom :** garantir la liberté **to give up freedom :** renoncer à la liberté **to lose [lost] freedom :** perdre la liberté **to curtail / to restrict / to abridge freedom :** limiter la liberté

to denounce human rights abuses : dénoncer les abus faits aux droits de l'homme **to trample on sb's rights :** bafouer les droits de qn **to deny (sb) a right :** refuser un droit (à qn) **to violate / to infringe on rights :** violer, enfreindre les droits **to monitor (closely) human rights abuses :** surveiller (de près) les atteintes aux droits de l'homme **to champion rights :** défendre les droits **to fight for one's rights :** se battre / lutter pour ses droits **to enforce human rights :** faire respecter les droits de l'homme **to uphold / to stand up for one's rights :** défendre ses droits **a human rights record :** un bilan en matière de droits de l'homme

to safeguard values and principles : sauvegarder des valeurs et des principes **to enshrine values (in) :** inscrire des valeurs (dans) **to reaffirm a principle :** réaffirmer un principe **recurrent attacks (on) :** des attaques renouvelées (contre) **to suffer some serious violation or deprivation of one's basic rights :** subir de graves violations ou privations de ses droits fondamentaux **to breach a treaty :** violer un traité **to close a geographical region to journalists :** fermer une région aux journalistes **to be subject to harassment :** être victime de harcèlement **to imprison :** mettre en prison **to represss dissenting voices :** étouffer les voix dissidentes **a corrupt judicial system :** un système judiciaire corrompu **to guarantee the independence of a judicial system :** garantir l'indépendance du système judiciaire **to hand out / to pass arbitrary sentences :** rendre / prononcer des sentences arbitraires **to lift restrictions on freedom of expression :** lever les restrictions sur la liberté d'expression

40-THE EUROPEAN UNION

a political / an economic framework	un cadre politique / économique
the European construction	la construction européenne
to unite Europe	unir l'Europe
a founding treaty	un traité fondateur
the Treaty of Rome	le Traité de Rome
a member state	un État membre
to join the EU	adhérer à l'UE
to enter the EU	entrer dans l'UE
entry to / into the EU	l'entrée dans l'UE
to take on new members	accepter de nouveaux membres
membership	l'appartenance
to aspire to membership	ambitionner de devenir membre
to enlarge / enlargement	élargir / l'élargissement
the EU enlargement process	le processus d'élargissement de l'UE
European citizenship	la citoyenneté européenne
the EU Constitution	la Constitution européenne
to draft a constitution	rédiger une constitution
to hold a referendum (on) [pl. referenda]	organiser un référendum
to ratify a treaty / ratification (of)	ratifier un traité / la ratification (de)
the European Council	le Conseil européen
the European Parliament	le Parlement européen
an MEP / a Euro MP	un député européen
a European Union summit	un sommet européen
the European Commission	la Commission européenne
the European Court of Justice	la Cour de Justice européenne
a commissioner	un commissaire
a directive	une directive
the single market	le marché unique
a customs union	une union douanière
free movement / flow of capitals / goods / people	la libre circulation des capitaux / des biens / des personnes
to remove / to scrap / to knock down barriers	supprimer les barrières
a stability pact	un pacte de stabilité
the euro / a single / common currency	l'euro / une monnaie unique
the European Central Bank (ECB)	la Banque centrale européenne
a common policy	une politique commune
community law	le droit communautaire
to comply with EU legislation	se plier à la législation européenne
binding rules	les règlements exécutoires

to provide peace / prosperity / stability for its peoples : apporter la paix / la prospérité / la stabilité aux peuples ▪ **to overcome the divisions on the continent :** surmonter les divisions sur le continent ▪ **to create the conditions for a lasting peace :** créer les conditions d'une paix durable ▪ **to achieve the political goal of peace :** parvenir à installer la paix ▪ **to ensure economic growth :** assurer la croissance économique ▪ **to promote economic cooperation :** promouvoir la coopération économique ▪ **to establish a European Coal and Steel Community (ECSC) :** créer une Communauté européenne du Charbon et de l'Acier (CECA) ▪ **to promote balanced economic and social development :** promouvoir le développement économique et social équilibré ▪ **to meet the challenges of globalisation :** faire face aux défis de la mondialisation ▪ **to be able to compete on the world stage with other major economies :** être capable de faire concurrence aux grandes économies mondiales ▪ **to compete effectively on world markets :** faire une concurrence effective sur les marchés mondiaux ▪ **to preserve the diversity of the peoples of Europe :** préserver la diversité des peuples en Europe

to uphold [upheld] values : maintenir des valeurs ▪ **a belief in human rights / social solidarity / free enterprise / a fair distribution of the fruits of economic growth :** la croyance dans les droits de l'homme / la solidarité / la libre entreprise / une juste distribution des fruits de la croissance ▪ **the right to a protected environment :** le droit à un environnement protégé ▪ **respect for cultural, linguistic and religious diversity :** le respect de la diversité culturelle / linguistique / religieuse ▪ **a harmonious blend of tradition and progress :** un mélange harmonieux de tradition et de progrès

a common European security and defence policy : une politique européenne commune de sécurité et de défense ▪ **the fight against terrorism / organized crime :** la lutte contre le terrorisme / le grand banditisme ▪ **to rely on Europe-wide solidarity when people fall victims to flood / natural disasters :** compter sur la solidarité de tous les Européens quand ils sont victimes d'inondations / de catastrophes naturelles ▪ **to reduce inequalities between different parts of Europe :** réduire les inégalités entre les différentes régions d'Europe ▪ **to improve Europe's transport infrastructures :** améliorer les infrastructures européennes ▪ **to provide better access to outlying regions :** contribuer à désenclaver les régions reculées ▪ **to boost trans-European trade :** encourager le commerce à travers l'Europe ▪ **there is added value in acting together and speaking with a single voice :** on y gagne à agir ensemble et à parler d'une seule voix ▪ **unity is strength :** l'union fait la force

a Eurosceptic / eurosceptical (a) : un eurosceptique / eurosceptique ▪ **to have second thoughts on Europe :** avoir des doutes sur l'Europe ▪ **to sell [sold] out sovereignty :** sacrifier sa souveraineté ▪ **to infringe on sovereignty :** empiéter sur la souveraineté ▪ **to surrender one's sovereignty (over) :** renoncer à sa souveraineté (sur) ▪ **to transfer sovereignty (to) :** transférer sa souveraineté (à) ▪ **to safeguard one's sovereignty :** préserver sa souveraineté ▪ **to bow to centralism :** se plier au centralisme ▪ **to stay separate / to go it alone :** faire cavalier seul ▪ **a two-tier Europe :** une Europe à deux vitesses ▪ **a multi-track / multi-speed Europe :** une Europe à plusieurs vitesses ▪ **a supranational institution :** une institution supranationale

41-TORTURE

to torture (sb to death)	torturer (qn à mort)
to practise / to carry out torture	pratiquer la torture
to resort to torture	avoir recours à la torture
to inflict torture	infliger la torture
to inflict pain on a person	faire souffrir qn
to engage in torture	se livrer à la torture
to be subjected to torture	être victime de torture
a torture instrument	un instrument de torture
a captor / a captive / a detainee	un geôlier / un prisonnier
to detain / to hold prisoner	détenir, retenir prisonnier
a detention center / facility	un centre de détention
a torture victim / a torturer	un supplicié / un tortionnaire
a martyr (to a cause) / martyrdom	un martyr (à une cause) / le martyre
an interrogation / an interrogator	un interrogatoire / un interrogateur
to confess under duress	avouer sous la torture
to coerce / to intimidate	contraindre / intimider
coercion / coercitive (a)	la coercition / coercitif
abusive treatment	les abus de traitement
physical abuse (ni)	les violences physiques
psychological abuse	les violences psychologiques
to be subjected to abuse	être victime de mauvais traitements
to inflict pain	faire souffrir
to rough up / to beat [beat / beaten] up	rudoyer, malmener / tabasser
to ill-treat	maltraiter
to mutilate / mutilation	mutiler / les mutilations
to treat with electric shocks	soumettre à des chocs électriques
to extract / to elicit (information) under torture	obtenir (des informations) sous la torture
rendition / rendering	la détention secrète
barbarity (ni)	le barbarisme
a barbarous regime	un régime barbare
an act of barbarism	un acte de barbarie
to be in agony	souffrir atrocement
excruciating suffering (ni), pain / agony	la douleur atroce
post-traumatic stress disorder (PTSD)	les troubles psychiques post-traumatiques
sleeplessness	l'insomnie
a recurrent nightmare	un cauchemar fréquent
to be given / to undergo therapy	être soumis à / subir une thérapie
a ban on torture	une interdiction de la torture

harsh interrogation methods : des méthodes d'interrogatoire musclées • **state-approved torture :** la torture sanctionnée par les États • **enhanced interrogation techniques / rough / harsh interrogation :** des techniques d'interrogatoire améliorées • **an underground dungeon :** une geôle souterraine • **a black site (US) :** un centre de détention clandestin • **to give sb the works :** faire subir un interrogatoire en règle • **to wring [wrung] confessions (from) :** arracher des aveux (à) • **to yield useful information :** révéler de précieux renseignements • **to obtain information (from) :** obtenir des renseignements (de)

to maim : estropier • **to cripple :** rendre infirme • **sleep deprivation :** la privation de sommeil • **sensory deprivation :** la privation sensorielle • **to be bound and gagged :** être ligoté et bâillonné • **solitary confinement :** l'isolement carcéral • **punching :** les coups • **flogging :** le fouet • **forced nudity :** la nudité forcée • **to stand naked in a cold cell :** être debout nu dans une cellule froide • **sexual humiliation :** les humiliations sexuelles • **assault and bodily attacks :** les agressions et attaques physiques • **to beat on the soles of the feet :** donner des coups sur la plante des pieds • **burning / scalding :** l'ébouillantement • **severe beatings :** le passage à tabac • **to hose down with cold water :** asperger à l'eau froide • **to hang from hooks on the ceiling / wall :** pendre au plafond / au mur • **waterboarding :** le supplice de la baignoire • **to be waterboarded :** subir le supplice de la baignoire • **to be sexually abused :** être abusé sexuellement • **a mock execution :** un simulacre d'exécution • **to treat with electric shocks :** soumettre à des chocs électriques • **exposure to temperature extremes :** l'exposition à des températures extrêmes • **a truth serum :** un sérum de vérité

a violation of human rights / human dignity : une violation des droits de l'homme / de la dignité humaine • **to be unbowed by torture :** ne pas céder sous la torture • **to condone torture :** fermer les yeux sur la torture • **to sanction the use of torture :** approuver l'usage de la torture • **to dehumanize people :** déshumaniser les gens • **to eradicate torture :** supprimer la torture • **to cause severe pain / sufferings (to) :** causer de graves souffrances (à) • **to rehabilitate torture victims :** réinsérer les victimes de la torture • **to ratify a convention against torture :** ratifier une convention contre la torture • **the Geneva Convention :** la Convention de Genève

cruel : cruel • **cruelty :** la cruauté • **inhuman :** inhumain • **degrading :** dégradant • **unspeakable :** indicible • **brutish :** brutal • **revolting :** révoltant • **ignominious :** infamant • **barbaric (a) / barbarian (n/a) :** barbare • **ineffective :** inefficace • **inadmissible in a court :** irrecevable devant la justice

42-FREEDOM OF SPEECH

free speech	la liberté de parole
freedom of the press	la liberté de la presse
independence of the press	l'indépendance de la presse
the First Amendment (US)	le Premier amendement
to exercise a right	user d'un droit
speech limitation	les limites à l'exercice de la liberté de parole
to protect speech	protéger le discours
to restrict free speech	restreindre la liberté d'expression
to uphold a principle	soutenir un principe
to curtail freedom (of the press)	réduire la liberté (de la presse)
to infringe on liberties	empiéter sur les libertés
to censor / censorship (ni)	censurer / la censure
to be subject to censorship	être soumis à la censure
to practise censorship	pratiquer la censure
to impose / to tighten censorship	imposer / renforcer la censure
a news blackout	un black-out de l'information
to gag [gagged] the press	bâillonner la presse
to muzzle the press	museler la presse
to suppress press freedom	supprimer la liberté de la presse
to seize a paper	saisir un journal
independent journalism	le journalisme indépendant
to wiretap	mettre sur écoutes
wiretapping (ni)	les écoutes téléphoniques
the right to privacy	le droit à la vie privée
hate speech	le discours racial
flag burning	l'action de brûler le drapeau
abusive speech	le langage injurieux
libel / slander	la calomnie
to sue for libel	poursuivre en diffamation
a libel suit	un procès en diffamation
to defame / defamation	diffamer / la diffamation
to besmirch / to taint / to tarnish / to sully / to vilify / to soil / to smear (a reputation)	salir (une réputation)
to harm sb's reputation	nuire à la réputation (de qn)
character assassination / defamation of character	la diffamation
to impugn a character	attaquer la moralité
a smear campaign	une campagne de diffamation / de calomnie

censorship violations : les infractions à la censure • **self-censorship :** l'auto-censure • **to relax censorship :** relâcher la censure • **to lift censorship :** lever la censure • **to exert media controls / to control the media :** exercer un contrôle des médias • **to be objectionable :** être répréhensible, blâmable • **to hold back information (from) :** ne pas communiquer d'informations (à) • **to sit on a story :** différer la publication d'un article • **to leak / a leak :** ébruiter / une fuite • **to suppress information :** interdire la diffusion d'informations • **suppression of dissent :** l'élimination de la dissidence • **to doctor information :** truquer les informations • **to intimidate media / news outlets :** intimider les organes d'information / de presse • **to halt the publishing (of) :** arrêter la publication (de) • **to hold a tight rein (on the media) :** tenir la bride serrée (sur les médias) • **to ban a newspaper :** interdire un journal

propaganda : la propagande • **to broadcast propaganda :** diffuser de la propagande • **to manipulate the news :** manipuler les informations • **to sanitize the news :** expurger les informations • **samizdat :** clandestin • **a samizdat copy :** une copie clandestine

to censor the Internet : censurer Internet • **Internet censorship :** la censure d'Internet • **subversive content :** le contenu subversif • **to filter / filtering :** filtrer / le filtrage • **a proxy server :** un serveur mandataire • **censorship of information on the Internet :** la censure d'informations sur Internet • **to restrict access to content on the Internet :** restreindre l'accès aux contenus sur Internet • **to access information on the Internet :** accéder à l'information sur Internet • **to ban Internet access :** interdire l'accès à Internet • **a cyberdissident :** un cyberdissident • **to express critical views / one's opinions (about) :** exprimer des opinions critiques / ses opinions (au sujet de) • **to jam a broadcast :** brouiller une émission

sensitive / classified / secret information : des informations secrètes • **to protect the national interest :** protéger l'intérêt national • **to be subject to freedom of information legislation :** être soumis aux lois sur la liberté de l'information

Reporters Without Borders (RWB) : Reporters sans Frontières (RSF) • **to murder / to expel / to harass / to persecute journalists :** assassiner / expulser / harceler / persécuter des journalistes • **to be jailed :** être emprisonné • **to detain / to prosecute journalists :** emprisonner / poursuivre en justice les journalistes • **to face death threats :** recevoir des menaces de mort • **a biased / an unbiased press :** une presse partiale / impartiale • **to seek [sought] the truth :** rechercher la vérité • **to expose government corruption :** révéler la corruption dans le gouvernement • **to ensure a free society :** garantir une société libre • **to report news truthfully :** rendre compte d'une information véridique

43-AIDS

the AIDS epidemic	une épidémie de sida
a killer disease / a deadly disease	une maladie mortelle
AIDS (Acquired Immune Deficiency Syndrome)	le sida (syndrome d'immuno-déficience acquise)
the immune system	le système immunitaire
HIV (human immunodeficiency virus) / the HIV virus	le VIH
an HIV positive / to be HIV positive	un séropositif / être séropositif
an AIDS carrier / patient / sufferer	un malade du sida
people living with AIDS (PLWA)	les malades du sida
to be(come) infected with AIDS	être contaminé par le sida
to contract / to develop AIDS / HIV	contracter le sida
to test positive (for)	subir un contrôle positif
to be stricken with AIDS	être atteint du sida
to die of / from AIDS	mourir du / des suites du sida
to wreak havoc / damage (on)	ravager, infliger des dégâts (à)
an orphan / to be orphaned (by AIDS)	un orphelin / devenir orphelin (à la suite du sida)
an AIDS case	un cas de sida
to be AIDS-free	être épargné par le sida
tainted / contaminated / infected blood	le sang contaminé
to spread [spread] unchecked (through)	se propager librement (à travers)
to be transmitted (through)	se transmettre (par)
a blood transfusion	une transfusion sanguine
semen / sperm (ni)	le sperme
a risk group	un groupe à risque
an intravenous drug user	un toxicomane
to share contaminated needles	partager des seringues contaminées
AIDS prevention	la prophylaxie antisida
to wear a condom / a rubber	mettre un préservatif
to practice safe sex	faire l'amour sans danger
AZT (azidothymidine)	l'AZT
triple-drug therapy / triple therapy	la tri-thérapie
anti-retroviral drugs (ARVs)	des drogues antirétrovirales
to contain the epidemic	contenir l'épidémie
to provide treatment (for)	fournir un traitement (à)
to prevent new infections	prévenir d'autres cas de contagion
to sterilize needles	stériliser les seringues
an endangered continent	un continent en danger
an awareness-building campaign	une campagne de sensibilisation

a pandemic : une pandémie **a virulent strain :** une souche résistante **to transmit HIV (through) :** transmettre le VIH (par) **unprotected sexual relations (between) :** des relations sexuelles non protégées (entre) **breastfeeding :** l'allaitement **vaginal fluid :** le fluide vaginal **oral sex :** les rapports bucco-génitaux **childbirth :** l'accouchement **to have multiple partners / to be promiscuous :** avoir des partenaires multiples **a one night stand :** un(e) partenaire occasionnel(le) **adult / child sex tourism :** le tourisme pédosexuel **a risk group :** un groupe à risque **a drug user :** un toxicomane **to practice / to preach abstinence :** pratiquer / prôner l'abstinence **a casual affair :** une liaison sans lendemain **a red ribbon :** un ruban rouge

to be hard hit by AIDS : être durement touché par le sida **to shorten life expectancy :** raccourcir l'espérance de vie **to lose [lost] a parent to AIDS :** perdre un parent victime du sida **to spread across a nation :** se répandre dans un pays **an AIDS-free country :** un pays épargné par le sida **to find a vaccine / a cure :** trouver un vaccin / remède **to declare global war on AIDS :** déclarer la guerre totale au sida **to make the drugs available (to) :** mettre les médicaments à la disposition (de) **to slow the course of the disease :** ralentir le cours de la maladie **to alter the course of the disease :** changer le cours de la maladie **to keep the epidemic at bay :** repousser l'épidémie **to root out / to eradicate the infection :** supprimer l'infection

a cure in the offing : un remède en perspective **alternative medicine therapies :** des médecines douces **a blood screening program :** un programme de dépistage **mandatory screening :** le dépistage obligatoire **screening facilities :** un centre de dépistage **to earmark money for research :** destiner des fonds à la recherche **to allocate resources :** répartir des ressources **to promote safe sex :** encourager l'amour sans danger

the economic cost : le coût économique **to curb / to hamper / to undercut economic growth :** freiner / entraver / saper la croissance économique **an obstacle to long term economic development :** un obstacle à long terme au développement économique **a collapse of the economy :** un effondrement de l'économie **to destroy human capital :** détruire le capital humain **to kill off young adults :** éliminer de jeunes adultes **a smaller skilled labor force :** une réduction de main d'œuvre compétente **to lower productivity :** faire baisser la productivité **loss of income :** la perte de revenus **sub-Saharan Africa :** l'Afrique sub-saharienne **the worst affected region :** la région la plus durement touchée **a high rate of infection :** un fort taux d'infection **to be at risk for HIV infection :** être menacé par le VIH **limited access to health-care resources :** un accès limité aux ressources sanitaires **to ostracize / ostracism :** ostraciser / l'ostracisme

44-BINGE DRINKING

alcoholism / alcohol addiction / drunkenness / alcohol abuse (ni)	l'alcoolisme, l'éthylisme, l'ivrognerie
alcoholic (a)	alcoolique, éthylique, alcoolisé
an alcoholic / a problem drinker	un alcoolique
a heavy drinker	un gros buveur
to drink [drank / drunk]	boire
the drink problem	le problème de l'alcoolisme
booze culture	la culture de la boisson
binge drinking	les saouleries
to go on a drinking binge	aller se soûler
to go on a drinking spree / on a bender	se livrer à des excès de boisson
alcohol abuse	l'alcoolo-dépendance
excessive drinking	l'excès de boisson
a drinking bout	un excès de boisson
underage / teenage drinking	l'alcool chez les mineurs / chez les jeunes
to have a drink	prendre un verre
to go for a drink	aller prendre un verre
to hit [hit] the bars / to barhop	faire la tournée des bars
to develop a drinking problem	devenir alcoolique
to have a drinking / an alcohol problem	être alcoolique
to take up drinking / to take to drinking	se mettre à boire
to take up / to pick up a habit (of)	prendre l'habitude (de)
to be alcohol-dependent	être toxico-dépendant
to crave for a drink	avoir follement envie d'un verre
to be under the influence (of alcohol)	être en état d'ébriété
drink-driving (UK) / drunk-driving	la conduite en état d'ivresse
to be drunk / dead drunk (a)	être soûl / ivre mort
to get drunk	se soûler
to be tipsy	être éméché / pompette
to be intoxicated / inebriated	être en état d'ivresse
to be in a drunken stupor	être abruti de boisson
to drink oneself to death	décéder d'un excès de boisson
to drink oneself silly	boire pour le plaisir de boire
to be hung over	avoir la gueule de bois
a hangover	une gueule de bois
to sober up	dessoûler
a teetotaller (UK) / a teetotaler (US) / an abstainer	abstinent
to go on the wagon	décider de ne plus boire
AA = Alcoholic Anonymous	les Alcooliques anonymes

to drink excessively / to excess : boire plus que raison **to drink heavily :** boire beaucoup **to drink too much :** boire trop **to stand sb a drink :** payer un verre à qn **to drink in moderation / moderately :** boire modérément **to drink sensibly :** boire raisonnablement **to drink steadily :** boire régulièrement **a hard / heavy drinker :** un gros buveur, qn qui boit sec **a casual drinker :** un buveur occasionnel **a social drinker :** qn qui ne boit qu'en société **a binger :** un gros buveur **to be addictive :** entraîner une dépendance **alcohol intake :** l'absorption d'alcool **a drinking game :** un jeu à boire **happy hour :** l'heure de l'apéro, 5 à 7 **to hit the bars :** faire la tournée des bars **a watering hole / a joint :** un troquet **to kill a bottle :** siffler une bouteille

to consume (consommer) / **to drink** (boire) / **to abuse** (abuser) / **to keep off, not to touch, to stay off** (ne pas boire) **+ alcohol** **a pack of beer :** un pack de bière **a bottle of wine / claret / Burgundy :** une bouteille de vin / Bordeaux / Bourgogne

abstinence / abstention (from drinking) : l'abstinence **to abstain from drinking :** s'abstenir de boire **to be on the wagon :** ne pas boire **to fall off the wagon :** se remettre à boire **to keep off / to stay off alcohol :** ne plus boire **to kick the habit / to dry out :** se désintoxiquer **to go cold turkey :** être en état de manque **a chapter of AA :** une branche des AA **a temperance society / a teetotal league :** une ligue anti-alcoolique

to be in detox : être en cure de désintoxication **a detoxification center :** un centre de désintoxication **to relapse / a relapse :** rechuter / une rechute **an anti-alcohol drive :** une campagne anti-alcoolique **to curb alcohol abuse :** réduire l'alcoolisme **to cut back one's consumption :** diminuer sa consommation **soberness (n) / sober (a) :** la sobriété / sobre

to prevent binge drinking : empêcher les beuveries **to reduce drinking among heavy drinking college students :** diminuer la consommation d'alcool parmi les étudiants gros buveurs **to ban alcohol ads :** interdire les publicités pour l'alcool **to pass / to enact stiffer drunk driving laws :** faire voter / appliquer des lois plus contraignantes contre l'alcoolisme au volant **to increase breath tests / alcoholic tests :** multiplier les alcootests **a breathalyser :** un ballon d'alcotest / d'alcootest **to prosecute :** poursuivre devant les tribunaux **to raise / to lower the legal drinking age :** relever / abaisser l'âge légal pour consommer **to change licensing laws :** modifier la législation sur l'ouverture des débits de boisson **to heighten awareness :** sensibiliser **the short term / long term effects of alcohol :** les effets à court terme / à long terme de la boisson **alcohol-related deaths :** les décès dus à l'alcool **a risk factor :** un facteur de risque **a risky / high-risk behavior :** une conduite à (haut) risque

45-NO SMOKING

to smoke / a smoker	fumer / un fumeur
to have a smoke / to puff a fag / to light [lit] up	en griller une
to put out / to stub out a cigarette / a cigar	éteindre une cigarette / un cigare
a heavy smoker	un gros fumeur
a compulsive / chain smoker	un fumeur invétéré
a nonsmoker / non smoker (a)	un non-fumeur / non fumeur
to chain-smoke	fumer cigarette sur cigarette
to puff / a puff	tirer des bouffées / une bouffée
to inhale	avaler la fumée
to take up smoking	se mettre à fumer
an addiction (to)	une accoutumance (à)
addictive (a)	qui crée une accoutumance
addictiveness (ni)	une accoutumance
tobacco-addiction / dependence	la tabacomanie
public health (ni)	la santé publique
second-hand smoking / smoke / environmental tobacco smoking	le tabagisme passif
workplace smoking	la cigarette sur le lieu de travail
a smoking-related disease / illness	une maladie liée à l'usage du tabac
a smoking-related death	un décès dû au tabac
cancer-causing / carcinogenic (a)	cancérigène
a cigarette maker / a tobacco company / a tobacco manufacturer	un fabricant de tabac
a tobacconist / tobacco duties	un buraliste / les taxes sur le tabac
anti-smoking legislation	les lois anti-tabac
a smoking ban / a ban on smoking	une interdiction de fumer
a workplace smoking ban	une interdiction de fumer sur le lieu de travail
to restrict smoking	restreindre l'usage de la cigarette
a smoking area / section	une zone / un coin fumeur
a no-smoking area	une zone non fumeur
no smoking	défense de fumer
tobacco regulation	la réglementation sur le tabac
a smoking ordinance	un arrêté sur la cigarette
to pass / to enact an ordinance	faire voter / faire appliquer un arrêté
to enforce a ban	faire respecter une interdiction
to quit / to give up smoking	cesser de / renoncer à fumer
to kick a habit	se désintoxiquer
a nicotine patch	un patch de nicotine

a pack of cigarettes / a cigarette paquet : un paquet de cigarettes • **a cigarette holder :** un porte-cigarette • **a lighter :** un briquet • **a match :** une allumette • **a match box :** une boîte d'allumettes • **rolling paper (ni) :** du papier à cigarette • **a craving (for) :** une forte envie (de) • **a flavour / flavor (US) :** un goût • **a butt :** un mégot • **to smoke the pipe :** fumer la pipe • **a vending machine :** un distributeur automatique • **smuggling :** la contrebande • **to smuggle (into a country) :** faire passer en contrebande (dans un pays)

lung cancer : le cancer du poumon • **heart disease :** les maladies cardio-vasculaires • **emphysema / chronic bronchitis :** un emphysème / une bronchite chronique • **to issue a warning :** lancer un avertissement

to fight smoking : lutter contre le tabac • **an antismoking program :** un programme de lutte contre le tabac • **smoking prevention :** la lutte contre la cigarette • **to ban smoking at outdoor parks / playgrounds / beaches :** interdire de fumer dans les parcs / les aires de jeu / sur les plages • **to prohibit / to ban smoking :** interdire de fumer • **to extend a smoking ban (to) :** étendre une interdiction de fumer (à) • **to curb smoking rates :** faire diminuer les taux de tabagie • **to champion anti-smoking programs in schools :** défendre des programmes anti-tabagisme dans les écoles • **to restrict smoking :** limiter l'usage de la cigarette • **smoke-free (a) :** interdit aux fumeurs • **smoke-free legislation / antismoking laws :** les lois anti-tabagisme • **an antismoking ordinance :** un arrêté anti-fumeurs • **a smoke-free policy / area :** une politique d'interdiction de fumer / une zone non fumeur • **to enact a smoke-free policy :** mettre en œuvre une politique d'interdiction de fumer • **to regulate smoking :** réglementer l'usage du tabac • **to protect health :** protéger la santé • **an anti-smoking strategy :** une stratégie anti-tabagisme • **to press for higher taxes on tobacco :** militer pour des taxes plus élevées sur la cigarette • **a cessation program :** un programme de désintoxication

46-GENETICS

genetics / biogenetics	la génétique / la biogénétique
bioresearch	la recherche en biologie
molecular biology	la biologie moléculaire
biotechnology / bioethics	la biotechnologie / la bioéthique
bioengineering	la bio-engineering / la bio-ingénierie
molecular medicine	la médecine moléculaire
genomic medicine	la médecine génomique
a gene	un gène
genetic engineering	le génie génétique
a gene bank	une banque de gènes
gene mapping	la cartographie génétique
a gene pool	un capital génétique
a geneticist	un généticien
a genetic defect	une anomalie génétique
a genetic disease	une maladie génétique
a gene library	une génothèque
a genetic marker / tracer	un marqueur génétique
the genetic print	l'empreinte génétique
to carry a genetic message	être porteur d'un message génétique
the genetic code / make-up	le code / la composition génétique
genetic therapy	la thérapie génique
eugenics	l'eugénisme
to carry out genetic research	effectuer des recherches génétiques
to track down a gene	rechercher un gène
gene testing	les tests génétiques
to submit to genetic testing	se soumettre à un test génétique
a gene test / a DNA-based test	un test génétique
to isolate a gene	isoler un gène
the DNA (deoxyribonucleic acid)	l'ADN (acide désoxyribonucléique)
the structure of DNA	la structure de l'ADN
to chart human DNA	dresser la carte de l'ADN
recombinant DNA	l'ADN de recombinaison
DNA sequencing	le séquençage de l'ADN
a cell / cellular (a)	une cellule / cellulaire
a stem cell	une cellule souche
an antibody	un anticorps
a chromosome	un chromosome
a nucleus [pl. nuclei]	un noyau [noyaux]
the human genome	le génotype
to map the human genome	établir la cartographie du génome
the genotype / genetic inheritance	le patrimoine génétique
to clone / cloning	cloner / le clonage

genomics : la science du génome • **a genomics laboratory :** un laboratoire de recherche sur le génome • **genomic research :** la recherche sur le génome • **a geneticist :** un généticien • **a genomicist :** un chercheur sur le génome • **a molecular biologist :** un biologiste moléculaire • **to decode the human genome :** décoder le génome humain • **to catalogue / to describe all the genes :** cataloguer / décrire tous les gènes • **to map the human genome :** établir la cartographie du génome • **to cure genetic disorders :** guérir les maladies génétiques • **to decipher the human genome :** déchiffrer le génome humain • **to break down DNA :** séparer l'ADN • **to sequence the genome :** mettre le génome en séquence • **pharmacogenomics :** la pharmacogénomique • **a gene patent :** un brevet sur les gènes • **to patent genes :** breveter des gènes • **to grant a patent :** décerner un brevet

heredity : l'hérédité • **hereditary (a) :** héréditaire • **a hereditary trait :** un trait héréditaire • **to be cancer-prone :** être susceptible d'avoir le cancer • **to predict a disease :** prévoir une maladie • **to predetermine the fate :** prédéterminer le sort • **to preordain :** déterminer • **predetermination :** la prédétermination • **a predisposition to disease :** une prédisposition à la maladie • **to pass on a susceptibility to cancer :** transmettre une possibilité d'attraper un cancer • **to have advance knowledge of a disease :** connaître une maladie à l'avance • **to run in a family :** être héréditaire • **to pass on from one generation to the next :** se transmettre d'une génération à l'autre • **to be at risk :** présenter un danger • **a family disease :** une maladie de famille • **a designer baby / savior sibling :** un bébé médicament • **reprogenetics :** la reprogénétique • **to be artificially selected :** être sélectionné artificiellement • **the commodification of children :** la marchandisation des enfants

a genetic error : une erreur génétique • **a genetic disorder :** une maladie génétique • **of genetic origin :** d'origine génétique • **a faulty gene / a defective gene :** un gène défectueux • **a missing gene :** un gène manquant • **a genetic abnormality :** une anomalie génétique • **a malformation :** une malformation • **a gene mutation :** une mutation génétique • **a birth defect :** une malformation congénitale • **congenital (a) :** congénital • **a chromosomal abnormality / defect :** une malformation chromosomique

an incurable genetic disease : une maladie génétique incurable • **a fatal genetic disease :** une maladie génétique mortelle • **a genetic disorder :** une maladie génétique • **a chromosomal disorder :** une maladie chromosomique • **to take pre-emptive action :** prévenir • **pre-emption :** la prévention • **screening :** le dépistage • **a screening test :** un test de dépistage • **to terminate a pregnancy / to get an abortion :** se faire avorter

an ADA-deficiency child : un enfant souffrant de déficit total du système immunitaire • **a bubble child :** un enfant bulle • **autism :** l'autisme • **autistic (a) :** autiste • **mental retardation :** le handicap mental • **mild retardation :** un léger handicap mental • **a physical disability :** un handicap physique • **trisomy :** la trisomie • **mongolism / Down syndrome :** le mongolisme, la trisomie 21 • **a mongoloid child :** un enfant mongolien • **dwarfism :** le nanisme • **a retard :** un handicapé mental

47-PUTTING AMERICA ON A DIET

childhood obesity / obese (a)	l'obésité chez les jeunes / obèse
to put on weight / to gain weight	prendre du poids
to be overweight	avoir une surcharge pondérale
to be 10 kilos overweight	avoir 10 kilos de trop
excess body fat / excess weight (ni)	la surcharge pondérale
to weigh [weighed]	(se) peser
fat (ni/a)	gras / le tissu adipeux / la graisse
flab (ni)	la graisse superflue, le lard
fatty food / junk food (ni)	la nourriture grasse / la malbouffe
weight gain / drop, loss	la prise / la perte de poids
the body mass index (BMI)	l'indice de masse corporelle (IMC)
to build [built] up fat	accumuler des graisses
unneeded / unwanted / puppy fat	l'excès de graisse
to develop a paunch / a pot	prendre de la brioche
a potbelly, a beer belly / potbellied (a)	une bedaine / bedonnant
to go [went / gone] on a diet	se mettre au régime
to be on a diet	être au / suivre un régime
to go on a slimming diet	faire une cure d'amaigrissement
a balanced diet	un régime équilibré
dietetics (ni) / a dietician	la diététique / un diététicien
dietetic food / diet foodstuffs	des aliments diététiques / de régime
diet foods	des produits de régime
healthy eating	une alimentation saine
fitness cuisine	la cuisine minceur
to eat light	manger léger
a diet doctor / specialist	un spécialiste en diététique
a nutritionist	un nutritionniste
a weight-loss clinic	une clinique d'amaigrissement
to thin [thinned] down / to lose weight / to burn (off) / to shed weight, fat	maigrir / perdre du poids
a lean / low calorie diet	un régime maigre / hypocalorique
a salt-free diet	un régime sans sel
a diet drug / a diet pill	un médicament de régime
sweeteners	des édulcorants
an appetite suppressant / depressant	un coupe-faim
weight-related problems	les problèmes liés au poids
cholesterol / diabetes	le cholestérol / le diabète
heart / cardiovascular disease	la maladie cardiaque / cardiovasculaire
high blood pressure / hypertension	l'hypertension
a sedentary lifestyle	un mode de vie sédentaire
to watch one's weight	surveiller son poids
gastric / stomach stapling	la gastroplastie

to have an appetite : avoir bon appétit **to have a big appetite / to be a hearty eater** : avoir un solide appétit **poor eating habits** : de mauvaises habitudes alimentaires **an unhealthy diet** : un régime malsain **an eating disorder** : un trouble de l'alimentation **bulimia / bulimic (a)** : la boulimie / boulimique **anorexia / anorexic (a)** : l'anorexie / anorexique **ravenous / voracious (a)** : vorace, glouton **greedy (a)** : gourmand, glouton **to overeat** : trop manger **to be a foodie** : aimer la bonne bouffe **to enjoy good food** : aimer bien manger **to indulge in food** : aimer la nourriture **to be a compulsive eater** : faire de la boulimie **to be a big eater** : être un gros mangeur **to go on an eating binge** : être pris d'une frénésie alimentaire **to have a snack** : prendre un en-cas **to have a sweet tooth** : aimer ce qui est sucré **to swell [swelled / swollen]** : gonfler **to blimp up** : engraisser **to be overfed** : être trop bien nourri **to help oneself (to)** : se servir (de) **to be addicted to food** : ne pas pouvoir se passer de nourriture **a substantial meal** : un repas copieux **to hog food / to stuff oneself / to gorge oneself on food** : s'empiffrer **to pig out on food** : se goinfrer **a greedy hog** : un goinfre **to wolf down / to gulp down** : engloutir **to crave for food** : avoir un besoin maladif de manger **to eat oneself sick** : manger à se rendre malade

flabby : flasque **stout / portly** : corpulent **podgy / pudgy** : rondelet, grassouillet **husky / burly** : costaud **chubby** : potelé **plump** : grassouillet, rondelet, bien en chair **thin / slim** : mince **lean / spare** : maigre **slender** : svelte **skinny thin** : maigrelet, squelettique

fatty food : de la nourriture grasse **saturated fats** : les graisses saturées **animal fat** : les graisses animales **vegetal fat** : les graisses végétales **unsaturated fat** : les graisses non saturées **cooking fat** : les graisses de cuisson **polyinsaturated fat** : les graisses polyinsaturées **high in fat** : riche en graisse **carbohydrates** : les féculents

a spartan diet : un régime spartiate **calorie restriction** : des restrictions de calories **calorie intake** : l'absorption de calories **eating habits** : les habitudes alimentaires **to curtail one's food consumption** : réduire sa consommation de nourriture **to achieve a weight-loss goal / target** : réussir à perdre du poids **organic food** : la nourriture bio **a vegetarian diet / regimen** : un régime végétarien **a recipe** : une recette **a cookbook** : un livre de cuisine **to do sport** : faire du sport **the lack of exercise** : le manque d'exercice **to do physical exercise** : faire de l'exercice physique **to keep fit** : garder la forme **to enhance physical wellness** : améliorer le bien-être physique **to keep regular mealtimes** : manger à heures fixes **to avoid snacking** : éviter de grignoter **to eat sparingly** : manger avec mesure **to develop a wellness policy** : mettre au point une politique de bien-être **an active recreational pursuit** : un passe-temps actif **the benefits of exercise** : les bienfaits de l'exercice **to ban soft drinks** : interdire les boissons sucrées **to reduce life expectancy** : réduire la durée de vie **to curb the childhood obesity epidemic** : enrayer l'épidémie d'obésité chez les enfants **a preventable disease** : une maladie évitable

48-PANDEMICS

an epidemic	une épidémie
a pandemic	une pandémie
a pandemic disease	une maladie pandémique
an infectious disease	une maladie contagieuse
contagion / contagious (a)	la contagion / contagieux
the onset of a disease	les premiers signes de la maladie
a deadly disease	une maladie mortelle
a flu pandemic	une pandémie de grippe
a global pandemic	une épidémie mondiale
an outbreak of / an epidemic (of)	une épidémie (de)
avian flu / bird flu	la grippe aviaire
a migratory bid	un oiseau migrateur
a poultry farm	une ferme avicole
the H5N1 virus	le virus H5N1
swine flu	la fièvre porcine
the H1N1 virus	le virus H1N1
the Spanish flu	la grippe espagnole
the Asian flu	la grippe asiatique
SARS (severe acute respiratory syndrome)	le SRAS (syndrome respiratoire aigu sévère), la pneumonie atypique
the strain of a virus	la souche d'un virus
the spread of a virus	la propagation d'un virus
to be infected with a virus	être contaminé par un virus
to contract the virus	contracter le virus
human to human transmission	la transmission d'homme à homme
to pass on from person to person	se transmettre d'une personne à une autre
a suspected case	un cas douteux, une suspicion
to be bed-ridden	garder la chambre, être alité
to spread the disease	propager la maladie
a communicable disease	une maladie transmissible
to develop symptoms	manifester les symptômes
to catch [caught] the flu	attraper la grippe
to spread across the globe	se répandre dans le monde
to control an epidemic	enrayer / juguler une épidémie
to strike [struck] down man	frapper les hommes
the death toll	le bilan des victimes
antiviral drugs	des médicaments antiviraux
a flu vaccine	un vaccin contre la grippe
to get one's shots	se faire vacciner
to prevent transmission	éviter la transmission

to handle an epidemic : faire face à une épidémie **to get a foothold (in)** : pénétrer (dans) **to be a carrier of a virus** : être porteur d'un virus **to put at risk** : mettre en danger **to be in the grips of a scourge** : être en proie à un fléau **to work one's way (through)** : progresser (à travers) **to sweep [swept] across a continent** : s'abattre sur un continent **to spread among humans** : se propager chez les humains **to decimate** : décimer

to stem the spread : endiguer la course **to contain an epidemic** : contenir une épidémie **to keep an epidemic under control** : enrayer une épidémie **to beat back an epidemic** : vaincre une épidémie **to subside** : se calmer **to abate** : décroître **to die down** : s'éteindre

to cough : tousser **to cover one's cough** : mettre la main devant la bouche **to sneeze** : éternuer **an alcohol-based hands cleaner / gel** : un gel hydroalcoolique **to keep one's distances (from)** : garder ses distances (par rapport à) **to stay home from work** : ne pas aller travailler

flu preparedness : des mesures de prévention contre la grippe **syndromic surveillance** : la surveillance syndromique **to confront the outbreak** : faire face à l'épidémie **to devise a detailed plan** : mettre au point un plan détaillé **to issue an emergency decree** : prendre un arrêté d'urgence **to declare a public health emergency** : proclamer un état d'urgence sanitaire **a national emergency** : une urgence nationale **to wear a surgical mask / gloves** : porter un masque chirurgical / des gants **to don a face mask** : se munir d'un masque facial **to hand out masks** : distribuer des masques

to impose travel bans : imposer l'interdiction de voyager **to restrict travel** : limiter les déplacements **to ban flights (from / to)** : interdire les vols (depuis / à) **travel restrictions** : des mesures de restriction aux déplacements **to order the cancellation of public events** : ordonner l'annulation d'événements publics **to cull** : abattre (troupeau) **to shut down public transportation** : fermer les transports publics **to ban public gatherings** : interdire les réunions publiques **to close the schools** : fermer les écoles **to screen airline passengers** : examiner les passagers **to spot sick travelers** : repérer les voyageurs malades **thermal imaging scanning** : l'examen thermographique **to cordon off / to seal off an area** : boucler une zone **to set up a quarantine** : organiser une quarantaine **to be put under quarantine / to be quarantined** : être mis en quarantaine **to close / to seal off the border** : fermer la frontière **to quarantine a village** : mettre un village en quarantaine **to isolate people** : isoler les gens **a respiratory isolation unit** : une unité d'isolement respiratoire **a self-isolation unit** : une unité d'isolement **to decontaminate** : décontaminer **to be hospitalized for treatment** : être hospitalisé pour traitement

to inoculate (against) / inoculation : inoculer (contre) / l'inoculation **to stockpile** : constituer des stocks **a flu vaccine** : un vaccin contre la grippe **the vaccine industry** : l'industrie du vaccin **vaccine development** : la mise au point de vaccins **a swine flu vaccine** : un vaccin contre la fièvre porcine **a flu shot** : une vaccination contre la grippe **to vaccinate** : vacciner

49-GETTING AN ABORTION

to be pregnant / to be expecting / to be in the family way	être enceinte
to get pregnant / to fall pregnant	tomber enceinte
to be three months pregnant (with)	être enceinte de trois mois (de)
a pregnancy / a pregnancy test	une grossesse / un test de grossesse
teenage pregnancy	la grossesse des adolescentes
parental consent	le consentement parental
to hide [hid / hidden] a pregnancy (from)	cacher une grossesse (à)
an unplanned pregnancy	une grossesse non prévue
to have a baby	avoir un enfant
the due date	la date de l'accouchement
an abortion (on)	un avortement (sur) / une IVG
late-term abortion	l'avortement tardif
partial-birth abortion	l'avortement par naissance partielle
to bring into the world	mettre au monde
to terminate / to end a pregnancy	mettre un terme à une grossesse
to seek [sought] an abortion	chercher à se faire avorter
to have an abortion / to get an abortion	avorter / se faire avorter
to perform / to do an abortion / to carry out an abortion (on)	pratiquer un avortement (sur)
a foetus (UK) / fetus (US)	un fœtus
an embryo / an unborn child	un embryon / un enfant à naître
viability (ni) / viable (a)	la viabilité / viable
an abortion law	une loi sur l'IVG
to liberalize / to legalize abortion	libéraliser / légaliser l'avortement
to restrict / to ban, to outlaw abortion	limiter / proscrire l'avortement
birth control	la régulation des naissances
to be on the pill	prendre la pilule
the morning-after pill	la pilule du lendemain
to carry a pregnancy to term	mener une grossesse à terme
an abortion center / clinic / facility	un centre d'orthogénie
a backstreet / back alley abortion	un avortement clandestin
a botched abortion	un avortement raté
a backstreet abortionist	une faiseuse d'anges
to be pro life	être contre l'avortement
a prolifer / an antiabortionist / a right-to-lifer	un adversaire de l'avortement
the right to life	le droit à la vie
to be pro-choice	être partisan de l'avortement
a pro choice activist / a pro-choicer	un partisan du droit à l'avortement
freedom of choice	la liberté de choix

FOR (**abortion-rights supporters :** les partisans du droit à l'avortement)

to justify abortion : justifier l'avortement **a congenital disorder :** une maladie congénitale **a fetal abnormality :** une malformation fœtale **a defective fetus :** un foetus malformé **a malformed / an abnormal child :** un enfant malformé **a mentally handicapped child :** un enfant handicapé mental **a Down's syndrome child :** un enfant trisomique

to rape / a rape / a rapist : violer / un viol / un violeur **statutory rape :** le détournement de mineur(e)s **a rape victim :** la victime d'un viol **an incest / incestuous (a) :** un inceste / incestueux **an incest victim :** la victime d'un inceste **a child conceived in rape / in incest :** un enfant conçu à la suite d'un viol / d'un inceste **in case of rape or incest :** dans des cas de viol ou d'inceste

to protect / to safeguard the mother's health : protéger la santé de la mère **a therapeutic abortion :** un avortement thérapeutique **to risk the health of the mother :** risquer la santé de la mère **to die in childbirth / childbed :** mourir en couches

women's rights : les droits des femmes **a woman's right to control her own body :** le droit de la femme à disposer de son corps **the right to privacy :** le droit à la vie privée

to be suited / unsuited for motherhood : être apte / inapte à la maternité **to be a financial burden :** représenter un fardeau financier **to be unable to bring up a child :** être incapable d'élever un enfant **to struggle to raise a kid :** avoir du mal à élever un gosse **to support a family :** subvenir aux besoins d'une famille

to contribute significantly to crime reduction : contribuer largement à la baisse de la criminalité **a drop in crime :** une baisse de la criminalité **an unwanted child :** un enfant non désiré

AGAINST (**the abortion opponents :** les adversaires de l'avortement)

the sacredness of human life : le caractère sacré de la vie **life begins at conception :** la vie commence à la conception **a human being with the right to live :** un être humain avec le droit de vivre (the rights of an unborn child are equal to those of its mother) **abortion is tantamount to / akin to murder :** l'avortement est équivalent au meurtre **infanticide :** l'infanticide **to break the hippocratic oath :** violer le serment d'Hippocrate

abortion is not a form of contraception : l'IVG n'est pas une forme de contraception **a means of population control :** un moyen de maîtriser la démographie **a one-child policy :** une politique de l'enfant unique **a sex-selective abortion :** un avortement en fonction du sexe de l'enfant **to determine sex before birth :** déterminer le sexe avant la naissance

to give up a child for adoption : confier un enfant à l'adoption **a surrogate mother :** une mère de substitution **adoption is a viable option :** l'adoption est une option viable **a childless couple :** un couple sans enfants **to be raised in a foster home :** être élevé dans une famille d'accueil

50-OVERHAULING HEALTH CARE

the welfare state	l'État-providence
the National Health Service (NHS) (UK)	la Sécurité sociale (assurance maladie)
National Insurance (UK)	la Sécurité sociale
Social Security (US)	la Caisse des retraites
Medicare (US)	assurance santé pour personnes âgées
Medicaid (US)	assurance santé pour les personnes à faible revenu
health care / medical care	la santé
health care legislation	la loi sur la santé
a health care system	un système de santé
to be funded by taxes	être financé par l'impôt
social security / health care benefits	les prestations de sécurité sociale
a government health insurance program	un système de sécurité sociale public
a health provider	un fournisseur de soins
a recipient / a beneficiary	un bénéficiaire
a claimant	un ayant-droit
a health care beneficiary	un assuré social
contributions	les cotisations
primary health care	la médecine ambulatoire
social insurance / sickness insurance	l'assurance maladie
primary health care insurance (US)	la sécurité sociale (de base)
secondary health care insurance	une mutuelle
health care cover / coverage	la couverture sociale
universal care	la couverture santé universelle (CMU)
Health Maintenance Organization (HMO) (US)	un réseau coordonné de soins
Preferred Provider Organization (PPO) (US)	un service de santé à honoraires réduits
to afford health insurance	se payer une couverture maladie
to be covered / uninsured	être couvert / non couvert
to obtain health insurance	obtenir la couverture sociale
health care costs / expenditures	les dépenses de santé
runaway costs	les coûts incontrôlables
fixed medical costs	les tarifs conventionnés
out-of-pocket health care	les soins non conventionnés
to cap health-care costs	limiter les dépenses de santé
the medically indigent	les malades sans ressources
to get free medical care	être soigné gratuitement
to take out an insurance	s'assurer, prendre une assurance
to take out a private health insurance	prendre une mutuelle
to be means-tested	être proportionnel aux ressources
to be in good / poor health	être en bonne / en mauvaise santé
health trouble	les ennuis de santé
a prognosis / a diagnosis	un pronostic / a diagnostic

to become / to fall [fell / fallen] sick : tomber malade **to be sick / ill :** être malade **to be ailing / to feel poorly :** être souffrant **to be unwell :** être indisposé **to be in critical condition :** être dans un état grave **to suffer (from) / to be in pain :** souffrir (de) **suffering :** les souffrances **to experience a symptom :** avoir un symptôme **to diagnose a disease :** diagnostiquer une maladie **to establish a diagnosis :** établir un diagnostic **a catching / chronic / crippling / terminal, incurable disease :** une maladie contagieuse / chronique / invalidante / incurable **to treat / to combat / to prevent / to cure / to pass on, to spread, to transmit a disease :** traiter / lutter contre / prévenir / guérir / transmettre une maladie **an epidemic :** une épidémie **to soothe / to alleviate / to assuage / to allay pain :** calmer / apaiser la douleur

a physician / a doctor : un médecin **a general practitioner (GP) :** un médecin généraliste **a specialist :** un spécialiste **to go to the doctor's :** aller chez le médecin **a surgeon :** un chirurgien **to have surgery / to be operated on :** se faire opérer **a practice :** une clientèle **a prescription :** une ordonnance **a pharmacist :** un pharmacien **to examine / to see / to treat a patient :** examiner / voir / traiter un malade **to send for / to call the doctor :** faire venir le médecin **to make one's rounds :** faire ses visites **to visit a patient :** faire une visite **to be on call :** être en visite **a medical check up :** un bilan de santé **to be registered with a doctor :** avoir un médecin référent **a blood test :** un examen sanguin **an X-ray :** une radio **medicines / medication / drugs :** les médicaments **over the counter medication :** les médicaments en vente libre **to go to hospital / into hospital :** aller à l'hôpital / se faire hospitaliser **to be hospitalized :** être hospitalisé **a hospital stay :** un séjour à l'hôpital **a ward / a unit :** un service **an intensive care unit (ICU) :** un service de soins intensifs **an emergency room (ER) (US) / casualty (UK) :** les urgences **a hospital bill :** une facture d'hôpital **a medical bill :** le montant des soins médicaux **catastrophic health :** les maladies graves **medical debt :** les dettes dues aux dépenses de santé **to recover / recovery :** guérir / la guérison

the health care crisis : la crise de la santé **to fix social security :** sauver la sécurité sociale **to overhaul / to revamp the health care system :** remettre le système de santé à plat **sweeping overhaul of the nation's health care system :** une réforme en profondeur du système de santé d'un pays **to buy health insurance :** se payer une couverture médicale **to extend coverage (to) :** étendre la couverture (à) **to practice triage by age / money :** pratiquer la sélection par l'âge / l'argent **to control health care costs :** contenir les dépenses de santé **malpractice :** la faute professionnelle **a staffing shortage :** un manque de personnel **to turn away patients :** refuser les patients **to safeguard social security :** préserver le système de santé **to phase in reforms :** introduire des réformes progressivement **to privatize social security :** privatiser la sécurité sociale **a safety net :** un filet de sécurité

the aging of the baby boom generation : le vieillissement de la génération du baby boom **a low birth rate :** un faible taux de natalité **increasing life expectancy :** une augmentation de la durée de la vie **to raise the retirement age :** relever l'âge de la retraite

51-CANCER AND MEDICAL PROGRESS

cancer (n) / cancerous (a)	le cancer / cancéreux
a patient with cancer / a cancer patient	un cancéreux
a bout with cancer	un épisode cancéreux
a tumour (UK) / tumor (US)	une tumeur
a cancer diagnosis	un diagnostic de cancer
a case of terminal cancer	un cancer à un stade avancé
a cancerous cell	une cellule cancéreuse
to be diagnosed with cancer	diagnostiquer un cancer
to have / to contract / to get cancer	avoir un cancer
to develop a cancer	faire un cancer
to suffer from cancer	souffrir d'un cancer
to screen sb for cancer	dépister un cancer (chez qn)
to spread [spread] (to)	s'étendre (à), gagner
to cure / a cure	guérir / un traitement
a cancer patient / sufferer	un cancéreux
a cancer risk	un risque de cancer
a battle / a struggle against cancer	une bataille contre le cancer
cancer research	la cancérologie
cancer research money	les fonds consacrés à la lutte contre le cancer
a cancer specialist	un cancérologue
a cancer ward	un service d'oncologie
radiation treatment / therapy	la radiothérapie
chemotherapy	la chimiothérapie
an M.R.I. (magnetic resonance imaging) scan	un scanner
a biopsy	une biopsie
a proton center	un accélérateur de particules
proton treatment / therapy	la protonthérapie
to undergo a treatment	subir un traitement
to ward off cancer	éviter un cancer
mammography / a mammogram	la / une mammographie
a sonogram	un sonogramme
menopausal hormones	les hormones de ménopause
a mastectomy	une mastectomie
to have one's breasts removed	faire une ablation des seins
a colonoscopy screening	une coloscopie
to inherit a defective gene	hériter d'un gêne défectueux
pre-emptive surgery	la chirurgie pré-emptive
grim odds	un pronostic réservé
to offer treatment	offrir un traitement
to be cancer-free	être guéri du cancer
a recurrence	une rechute

a blood disease : une maladie du sang **breast cancer** : le cancer du sein **colon cancer** : le cancer du colon **a polyp** : un polype **colorectal cancer** : le cancer colorectal **esophageal cancer** : le cancer de l'œsophage **liver cancer** : le cancer du foie **lung cancer** : le cancer du poumon **prostate cancer** : le cancer de la prostate **cervical cancer** : le cancer du col de l'utérus **ovarian cancer** : le cancer des ovaires **pancreatic cancer** : le cancer du pancréas **skin cancer** : le cancer de la peau **blood cancer / leukaemia** : une leucémie **a melanoma** : un mélanome **a carcinoma** : un carcinome **a metastasis [pl. metastases]** : une métastase

allopathic medicine : la médecine allopathique **alternative medicine** : la médecine parallèle, les médecines douces **folk medicine** : la médecine populaire **palliative medicine** : la médecine palliative **preventive medicine** : la médecine préventive **fringe / non conventional medicine** : les médecines douces / non conventionnelles **to practise complementary medicine** : exercer une médecine alternative **homeopathy / homeopathic medicine** : l'homéopathie **acupuncture / an acupuncturist** : l'acuponcture / un acuponcteur **herbal medicine** : la phytothérapie **herbal treatment / herbal cure** : le traitement par les tisanes **a medicinal plant** : une plante médicinale **naturopathy / a naturopath** : la naturopathie / un naturopathe **faith healing** : la guérison par la foi **a faith healer** : un guérisseur **a quack (doctor)** : un charlatan

medical research : la recherche médicale **medical / therapeutic advances** : les progrès en médecine / les progrès thérapeutiques **a breakthrough** : un progrès décisif **to make strides** : faire des progrès **prevention** : la prévention **early detection** : la détection précoce **to make headway (in)** : faire des progrès (en) **cutting edge care** : un traitement à la pointe **a remedy [pl. remedies] (for)** : un remède (pour) **to prescribe a remedy** : prescrire un remède **to try a remedy** : essayer un remède **to resort to a remedy** : avoir recours à un remède **to exhaust all remedies** : épuiser tous les remèdes **to be available** : être disponible **to treat (for)** : traiter (pour) **to turn (to a treatment)** : se tourner (vers un traitement) **to respond (to a treatment)** : réagir (à un traitement) **to be treated (for)** : être soigné (pour) **curable / incurable (a)** : guérissable / incurable **to suffer a setback** : subir un revers

the Food and Drug Administration (FDA) : l'Agence (américaine) des médicaments **a drug agency** : une agence des médicaments **a drug maker** : un fabricant de médicaments **the pharmaceutical industry** : l'industrie pharmaceutique **a drug company / a drug firm** : une entreprise pharmaceutique **animal experimentation / experiments** : l'expérimentation animale **animal research** : la recherche sur les animaux **to experiment on animals** : faire des expériences sur les animaux **a pioneering therapy** : une nouvelle thérapie **to develop a vaccine (for / against)** : mettre un vaccin au point (pour / contre) **to undergo a therapy** : subir une thérapie **a miracle cure / a wonder cure** : un remède miracle **to undertake a clinical trial** : faire un essai clinique **to treat sb (with)** : traiter qn (à) **to approve a drug** : approuver un médicament **to put sb on a drug** : prescrire un médicament à qn **a placebo** : un placebo **to extend patients' lives** : prolonger la vie des malades **to put faith in medicine** : faire confiance à la médecine

52-EUTHANASIA

mercy killing / voluntary euthanasia / compassionate killing	l'euthanasie
the right to die	le droit de mourir
the right to a dignified death	le droit à mourir dignement
a doctor-assisted suicide	un suicide médicalisé
to practise / to carry out euthanasia	pratiquer l'euthanasie
to have one's life terminated	mettre fin à sa vie
to shorten a patient's life	abréger la vie d'un malade
to hasten death	hâter la mort
a DNR (do not resuscitate) order	un ordre de ne pas ranimer
a patient's consent	le consentement d'un malade
a living will / an advance directive	un testament du choix de mourir
to linger in a vegetative state	se maintenir dans un état végétatif
a lingering death / a vegetable	une mort lente / un légume
to keep (sb) artificially alive	maintenir artificiellement (qn) en vie
to be kept alive artificially	être maintenu en vie artificiellement
to be bed-bound / bed-ridden	être grabataire
to be wheelchair-bound	être cloué sur un fauteuil roulant
to fall into an irreversible coma	sombrer dans un coma irréversible
to be clinically dead / brain dead	être mort cliniquement
to suffer intolerable / unbearable pain	souffrir de douleurs insupportables
to alleviate sb's suffering	soulager les douleurs de qn
to be terminally ill	être atteint d'une maladie incurable
to have no hope of recovery	avoir aucun espoir de guérison
to have a few months left to live	avoir quelques mois à vivre
end-of-life care / palliative care / hospice care (US)	les soins palliatifs
heroic measures	l'acharnement thérapeutique
to turn off a respirator / to remove sb from a respirator / to remove, to end life support / to unplug the life support system	débrancher un respirateur
to prolong life at all costs	prolonger la vie à tout prix
to be forced-fed through a tube	être alimenté de force
to withhold medical treatment	arrêter le traitement médical
to inject lethal drugs	injecter des médicaments mortels
to let death proceed	laisser la mort faire son œuvre
to die a painless death	mourir paisiblement
to condone euthanasia	fermer les yeux sur l'euthanasie
the decriminalization of euthanasia	la dépénalisation de l'euthanasie
to raise ethical questions	soulever des questions de déontologie

FOR

a contentious / hot button issue : un sujet controversé / sensible **a controversy / controversial :** une polémique / controversé **a terminal care ward :** un service de soins palliatifs

to be in unbearable / intractable pain : souffrir de douleurs insupportables **to put sb out of misery :** abréger les souffrances de qn **to be relieved of suffering :** être soulagé de ses souffrances **a degenerative disease :** une maladie dégénérative

to be up to the individual to decide of his/her fate : décider de son destin regarde chaque individu **choice is a fundamental principle in a democracy :** choisir est un principe fondamental de la démocratie **the right to maintain dignity :** le droit à préserver la dignité **to be able to retain control of what happens :** être capable de garder le contrôle sur les événements **to have choice and control over where and when death occurs :** avoir le choix et la maîtrise de l'endroit et de l'heure de sa mort

to be a burden on society : être un poids pour la société **to relieve pressure on scarce medical resources :** soulager de maigres ressources médicales **to feel worthless :** se sentir inutile **to control existing practices and ensure that there are no abuses :** vérifier les pratiques existantes et s'assurer qu'il n'y a pas d'abus

AGAINST

mercy-killing foes : les adversaires de l'euthanasie **to be ethically permissible / morally unacceptable :** être moralement acceptable / inacceptable **the Hippocratic oath :** le serment d'Hippocrate **a barbaric procedure that goes against the grain (of) :** une procédure barbare qui va à l'encontre (de) **a violation of the sanctity of human life :** une violation du caractère sacré de la vie **a crime against life :** un crime contre la vie **to devalue life :** dévaloriser la vie **human life ultimately belongs to God :** la vie humaine en définitive appartient à Dieu **a gift from God :** un don de Dieu **to liken euthanasia to murder :** comparer l'euthanasie au meurtre **suffering provides an opportunity to grow in wisdom and character :** les souffrances offrent une occasion de grandir en sagesse et en caractère

to be mentally incompetent / too confused, vulnerable to make a decision : être mentalement incompétent / trop désorienté, vulnérable pour prendre une décision **the slippery slope argument :** la porte ouverte aux abus **to put pressure on the vulnerable :** exercer une pression sur les personnes vulnérables (the elderly, lonely, sick or distressed) **to kill patients to save money / to free up beds :** tuer les patients pour économiser de l'argent / libérer des lits

where there is life there is hope : là où il y a de la vie, il y a de l'espoir **a mistaken / wrong diagnosis / prognosis :** une erreur de diagnostic / pronostic **to find a new cure for a disease :** découvrir un nouveau traitement pour une maladie **doctors should not be allowed to play God :** les médecins ne devraient pas se prendre pour Dieu

53-FREEDOM OF THE PRESS

free media	des médias libres
a free press	une presse libre
freedom of the press	la liberté de la presse
freedom of speech / free speech	la liberté d'expression
a fair press	une presse impartiale
biased / prejudiced (a)	partial
the First Amendment (US)	le Premier amendement
the Freedom of Information Act (FOIA)	la loi sur la liberté d'information
Reporters Without Borders (RWB)	Reporters sans frontières (RSF)
to inform / information (ni)	informer / les informations
classified information	des informations confidentielles
reliable information	des renseignements fiables
access to information	l'accès à l'information
to report (on)	faire un reportage (sur)
to cover / coverage (ni)	couvrir / la couverture
to scoop / a scoop / a beat	publier en exclusivité / une exclusivité
to edit / to rewrite	être le rédacteur / remanier, réviser
to express opinions	exprimer des opinions
to air opinions	donner un avis
to vent opinions	laisser libre cours à des opinions
to mould / to shape opinions	façonner les opinions
to break the news	annoncer les nouvelles
to investigate (a case / a scandal)	enquêter (sur une affaire / un scandale)
to disclose / a disclosure	révéler / une révélation
to manipulate the news	manipuler les informations
to brainwash (people into thinking)	conditionner les gens (à penser)
a whistleblower	qui tire la sonnette / un corbeau
a news source	une source (d'informations)
a source, a lead / a tip	une source / un tuyau
to pass on a tip	filer un tuyau
confidentiality (ni) / confidential (a)	la confidentialité / confidentiel
to sit [sat] on a story	différer la publication
on the record / off the record	de source officielle / officieuse
to spread [spread] false rumors (about)	répandre de faux bruits (sur)
character assassination / defamation of character	la diffamation
to besmirch / to taint / to tarnish / to sully / to vilify a reputation	salir une réputation
to impugn sb's character	attaquer la moralité de qn
a smear campaign	une campagne de diffamation
libel / slander (ni)	la calomnie
a libel	une diffamation, une calomnie

to fish for information : recueillir des informations **to look for / seek [sought] information** : chercher des renseignements **to unearth / to dig [dug] out information** : fouiller à la recherche de renseignements **to worm out information (out of)** : soutirer des informations (à) **to obtain information** : obtenir des informations **to collect / to gather information** : rassembler des informations **to leak / to disclose information (to)** : divulguer des informations (à) **to withhold [withheld] information (from)** : faire de la rétention d'informations **to suppress / to cover up / to hush up information** : dissimuler des informations **to check / to double check** : vérifier / re-vérifier

to launch / to head / to lead an investigation (into) : lancer une enquête (sur) **to carry out / to conduct an investigation** : mener une enquête **to pursue an investigation** : poursuivre une enquête **to be under investigation** : faire l'objet d'une enquête

to expose (a scandal) : révéler (un scandale) **to come to light** : être révélé **to uncover / to dig out (a scandal)** : découvrir (un scandale) **to be embroiled (in a scandal)** : être mêlé (à un scandale) **to be implicated (in) / involved (in)** : être impliqué (dans) **to be rocked by a scandal** : être secoué par un scandale **to be engulfed by scandal** : être entraîné dans un / le scandale **to smack of scandal** : avoir des relents de scandale **to pin [pinned] a scandal (on)** : attribuer un scandale (à) **to be tabloid fodder** : alimenter la presse à scandale

to be reluctant to / to fail to, to refuse to disclose : hésiter à / refuser de révéler **to sue / to bring an action for libel (against)** : poursuivre en diffamation **a libel suit** : un procès en diffamation **a breach of ethics** : une violation de la déontologie **the right to privacy** : le droit à la vie privée **invasion of privacy** : l'intrusion dans la vie privée **to censor / press censorship** : censurer / la censure de la presse

media independence : l'indépendance des médias **to impose censorship** : imposer la censure **to abolish / to lift censorship** : lever la censure **to tighten / to relax / to end censorship** : resserrer / assouplir / mettre fin à la censure

to censor the Internet : censurer Internet **Internet censorship** : la censure d'Internet **total censorship of information on the Internet** : le black-out des nouvelles sur Internet **subversive content** : le contenu subversif **to sanitize the news** : expurger (des informations) **to filter / filtering software** : filtrer / des logiciels de filtrage **censorship of information on the Internet** : la censure d'informations sur Internet **to restrict access to content** : restreindre l'accès aux contenus sur Internet **to access information on the Internet** : accéder à l'information sur Internet **to ban Internet access** : interdire l'accès à Internet **a data haven** : un refuge de données **a proxy server** : un serveur mandataire **to circumvent / to bypass** : circonvenir **sneakernet** : le sneakernet

to curtail / to abridge freedom of speech : limiter la liberté d'expression **to suppress press freedom** : interdire les journaux **a blackout on news** : un black-out sur les nouvelles **to gag / to muzzle the press** : bâillonner / museler la presse **gag rule** : la loi du bâillon **a state monopoly** : un monopole d'État

54-THE DEATH OF THE PRESS

the (mass) media (sg/pl)	les (mass) médias
the written / daily press	la presse écrite / quotidienne
Fleet Street	la presse britannique
the fourth estate	le quatrième pouvoir
the quality press	les journaux sérieux
a quality paper	un journal sérieux
the gutter / yellow press	la presse à sensation
the tabloid press / the tabloids (UK)	la presse populaire
the popular press	la presse à grand tirage
investigative journalism	le journalisme d'investigation
citizen / grass roots journalism / participatory journalism	le journalisme citoyen
to cover an event	couvrir un événement
to hype up (an event)	grossir / médiatiser (un événement)
the national newspapers	les grands quotidiens
a morning / an afternoon paper	un journal du matin / du soir
a national	un grand quotidien
a local paper	un quotidien régional
a Sunday paper	une édition dominicale
a tabloid / tabloid (a)	un tabloïd / un journal populaire
a broadsheet	un format de journal de qualité
a news magazine	un magazine de presse
a celebrity magazine	un magazine « people »
a glossy magazine	un magazine de luxe
a Webzine / an e-zine	un magazine électronique
a women's magazine	un magazine féminin
a freesheet / a giveaway paper	un (journal) gratuit
a pulp magazine	un magazine à sensation
circulation / the press run	la diffusion, le tirage
the readership / reading figures	le lectorat / les lecteurs
to issue / an issue	paraître / un numéro, un exemplaire
a publisher	un éditeur / une éditrice
an editor-in-chief	un rédacteur en chef
the editorial staff	la rédaction
a member of the press / a journalist / a newsman / a newspaperman [pl. men]	un journaliste
a columnist	un chroniqueur, un échotier
a muckraker	un « fouille merde » (fam.)
to run a story	publier un article
to libel / a libel	diffamer / une diffamation
to censor / censorship (ni)	censurer / la censure

electronic media : les médias électroniques · **mainstream media** : les grands médias · **media coverage** : la couverture médiatique · **a media campaign** : une campagne médiatique · **a media event** : un événement médiatique · **a media circus** : un cirque médiatique · **media hype** : le battage médiatique · **a newspaper / print (US) journalist** : un journaliste de la presse écrite · **a reporter** : un reporter / un journaliste · **the "Sundays"** : les journaux du dimanche · **a media mogul / tycoon** : un patron de presse · **a media conglomerate / empire** : un empire médiatique · **a media man / person** : un journaliste · **media studies** : les études des médias

to start a newspaper : lancer un journal · **to own a paper** : être propriétaire d'un journal · **to run a paper** : diriger un journal · **to buy [bought] / to take a newspaper** : acheter un journal · **to read a newspaper** : lire un journal · **to flick through** : parcourir · **to print** : imprimer · **to publish** : publier · **to write for / in** : écrire pour le compte de / dans · **to come out** : sortir · **to work for / on a newspaper** : travailler pour un journal

a newspaper article : un article de presse · **a newspaper clipping / a press clipping** : une coupure de presse · **a column** : une rubrique · **newspaper coverage** : la couverture journalistique · **a newspaper owner** : un propriétaire de journaux · **a baron / a magnat** : un magnat · **a news stand** : un kiosque · **an article in a newspaper** : un article dans un journal · **to work on a national newspaper** : travailler pour un journal national · **stop press** : dernière minute · **a press officer** : un attaché de presse

a news report : un bulletin d'informations · **newsworthy (a)** : digne d'intérêt · **the latest news** : les dernières nouvelles · **the front page** : la une · **a (news) article** : un article (de presse) · **a cover story** : un article en couverture · **a correspondence column / the readers' mail / Letters to the editor** : le courrier des lecteurs · **the fillers** : la rubrique des chiens écrasés · **a leader / an editorial** : un éditorial · **a feature** : une chronique / un reportage spécial · **the wanted ads / small ads (US)** : les petites annonces · **to be front page news** : être à la une · **a screaming headline / a banner headline** : une manchette · **the news headlines** : les titres de l'actualité · **to make the headlines / to hit the headlines** : faire la une, défrayer la chronique

the demise of newspapers : la fin des journaux · **to fold / to go out of business** : cesser de paraître · **to fade / to go the way of the horse** : disparaître · **a fall in circulation** : une baisse du lectorat / des ventes · **to subscribe (to) / a subscriber (to)** : s'abonner (à) / un abonné (à) · **to take out a subscription (to)** : prendre un abonnement (à) · **the decline of advertising** : le déclin de la publicité · **to hasten the decline** : précipiter le déclin · **to lose [lost] readers to the Internet** : perdre des lecteurs au profit d'Internet · **to look to the Internet for news** : se tourner vers Internet pour les nouvelles · **print readers / online readers** : les lecteurs de journaux / en ligne · **to shun papers** : se désintéresser des journaux · **to get one's news online** : lire le journal en ligne · **to charge for one's content online** : faire payer les contenus en ligne · **to erode profit margins** : rogner sur les marges bénéficiaires · **to bode ill for the future (of)** : mal augurer de l'avenir (de) · **to charge access (to)** : faire payer l'accès (à)

55-TELEVISION

color / digital television (ni)	la télévision en couleur / numérique
cable TV	le câble
pay television / premium television	les chaînes à péage
High Definition TV (HDTV)	la télévision haute définition
a set-top box	un décodeur
Digital Terrestrial Television (DTTV, DTV)	la télévision numérique
scrambled / unscrambled	crypté / en clair
pay-per-view television	la TV à la carte
a subscription package	un bouquet de chaînes payantes
a subscriber / a subscription	un abonné / un abonnement
TVoIP (TV over Internet Protocol)	la télévision par Internet
Web TV	la télé Web
a widescreen	un grand écran
an LCD screen	un écran à cristaux liquides
a satellite dish	une antenne parabolique
a license fee	une redevance
to turn on / to shut off TV	allumer / éteindre la télévision
to watch television (live)	regarder la télévision (en direct)
to show / to broadcast [broadcast]	passer, diffuser
a TV station / channel	une station / chaîne de télévision
the mainstream channels	les chaînes généralistes
a pay / toll channel	une chaîne payante
a news network	une chaîne d'informations
to change over (to)	passer (sur) / mettre
to channel surf / to switch channels / to channel flick / to zap	zapper
to televise, to telecast / to cable cast	téléviser / diffuser par câble
to rebroadcast / to retransmit (from)	retransmettre (à partir de)
a programming grid / schedule	une grille des programmes
a TV programme (UK) / program (US)	une émission de télé
a live program	un programme en direct
a broadcast	une diffusion / une rediffusion
a live broadcast (from)	une diffusion en direct (depuis)
a news broadcast	un journal, les nouvelles
an anchorman / -woman / an anchor	un présentateur / une présentatrice
to anchor a newscast	présenter le journal
the television audience	l'audience de la télévision
ratings / viewing figures	l'audimat
prime time / peak viewing time	les heures de grande écoute
a commercial / a TV spot	un message / une séquence publicitaire
a couch potato / a TV addict	un mordu de la télévision

to watch the news : regarder les nouvelles **"breaking news" :** « dernières nouvelles » / flash info **a piece of news / a news item :** une nouvelle **straight news :** le reportage factuel **a running commentary :** un reportage **an investigation in depth :** une enquête approfondie **the 6 o'clock news (US) :** le 20 heures **a sports broadcast :** un reportage sportif **a panellist / a panelist (US) :** un participant **a presenter :** un présentateur **a TV debate :** un débat télévisé **a television show :** une émission de variétés **a chat show (UK) / a talk show (US) :** un débat / une causerie **a documentary (film) :** un documentaire **the weather forecast / weatherman :** le bulletin météo **a variety show / programme :** une émission de variétés **a soap opera / a soap :** un mélo / un feuilleton à l'eau de rose **a sitcom (situation comedy) :** une comédie de situation **a quiz show / a game show (US) :** un jeu télévisé **a television drama / teleplay / TV film :** un téléfilm **a series :** un feuilleton **a serial :** une série **an episode :** un épisode **to air an episode :** passer un épisode **reruns / repeats (UK) :** (une, les) re-diffusion(s)

a broadcaster : une personnalité (radio, TV) **a newsroom / an editorial room :** une salle de rédaction **to cover an event :** couvrir un événement **TV coverage :** la couverture, le reportage **a moderator :** un animateur, un président de débat **a commentator :** un commentateur **the weatherman :** M. Météo **an announcer :** un présentateur, une speakerine **to be on the air :** être à l'antenne, émettre **to go [went / gone] off the air :** rendre l'antenne **to sign on :** annoncer les programmes **to sign off :** prendre congé des téléspectateurs

to provide information : apporter des informations **to keep (sb) informed / apprised (of) :** tenir (qn) au courant (de) **a source of information :** une source d'informations **to expose the ills and abuses (of) :** dénoncer les maux et les abus (de) **to get a story to the public :** rendre public une affaire **an educational role :** un rôle pédagogique **to expose scandals :** révéler des scandales **to be housebound :** être cloué chez soi **to bring culture into the home :** rendre la culture accessible à tous

the dumbing down of television : l'abêtissement de la télévision **TV addiction (ni) :** l'intoxication par la TV **the idiot box / the goggle box :** la téloche (fam.) **to be glued (to) :** être scotché (devant) **to be hooked on TV :** être accro à la télévision **to shorten the attention span :** diminuer le degré de concentration **homogenization of culture :** la standardisation de la culture **to mould opinions :** façonner les opinions **to distort facts :** déformer les faits **to warp a perspective :** déformer une perspective **to influence public opinion :** influencer l'opinion publique **to brainwash / to condition :** conditionner **to glamorize violence :** glorifier la violence **to win / to lose elections :** faire gagner / faire perdre les élections **saturation bombing :** l'abrutissement **cultural imperialism :** l'impérialisme culturel **a disinformation machine :** une machine à désinformer

56-A NATION OF WORKAHOLICS

work (ni)	le travail
to work / to be employed (for / in / with)	travailler (pour / chez)
to be in active employment / retired	être en activité / à la retraite
a workaholic	un bourreau de travail
a leisure society	une société de loisir
the labor market / the job market	le marché du travail
the workload	la charge de travail
to work full time / part time	travailler à plein temps / partiel
to join the labor force	arriver sur le marché de l'emploi
to look for work / a job	chercher du travail
to hold a job / a jobholder	avoir un emploi / le titulaire d'un emploi
to get a job	obtenir un emploi
to take up a job	prendre un emploi
to take on a job	assumer un emploi
to be at work	être au travail
to work at home	travailler à domicile
to work (in)	travailler (dans)
to work flextime	avoir des horaires à la carte
temporary work	l'intérim
to have a job / to have work	avoir un emploi / du travail
to work in shifts / to work shifts	travailler par équipe
shift work / continuous labor	le travail posté, le travail en continu
the night shift / the red eye shift	l'équipe de nuit
to work overtime	faire des heures supplémentaires
to work hard / to work long hours	travailler dur
to work as a team / in a team / to team work	travailler en équipe
labor	le travail
child labor	le travail des enfants
slave labor	l'esclavage
skilled / unskilled labor	la main d'œuvre qualifiée / non qualifiée
an employer / an employee	un employeur / un employé
to be out of a job / jobless	être sans emploi
a lifework / a calling / a pursuit / a vocation	une vocation
the working week / workweek	la semaine de travail
a 35-hour week	une semaine de 35 heures
the work ethic	l'éthique du travail
to work hard (at)	faire des efforts (pour)
a hard worker	un travailleur courageux
to slave (away, at) / to drudge	trimer
to toil (away)	peiner

to carry out (work) : exécuter (du travail) **to do (some work)** : faire (du travail) **to put in a lot of work (on, in)** : beaucoup travailler (à) **to begin / to start working / to get down to / to set about to work** : commencer à, se mettre à travailler **to carry on / to continue working** : continuer à travailler **to complete / to finish one's work** : terminer son travail **to hold up sb's work** : retarder le travail de qn **to schedule** : prévoir, organiser **to oversee / to supervise** : superviser **to require** : nécessiter **to hand in one's work** : remettre son travail **to involve** : impliquer

A job can be lucrative (lucratif), **well paid** (bien payé), **manual** (manuel), **unskilled** (non qualifié) **a full time job** : un emploi à plein temps **a part time job** : un emploi à mi-temps **a permanent job** : un emploi permanent **a temporary job** : un emploi temporaire **a summer job** : un boulot d'été **a holiday job** : un boulot de vacances **a steady job** : un emploi stable **a skilled job** : un emploi qualifié **an everyday job** : un emploi de tous les jours **a routine job** : un travail routinier **a desk job** : un boulot de secrétariat **a proper job** : un boulot correct

arduous (ardu), **backbreaking** (éreintant), **demanding** (exigeant), **gruelling**, **grueling (US)** (éreintant, exténuant, épuisant), **labour intensive** (intense), **tiring** (fatigant), **tough** (dur), **heavy** (lourd) **+ work**

labor legislation : le droit du travail **work regulation** : la législation du travail **a contract of employment** : un contrat de travail **collective bargaining** : les conventions collectives **recuperation time / recup** : les RTT **moonlighting** : le travail au noir **to be paid off the books** : être payé au noir **to work on the sly** : travailler au noir **to do extra / odd jobs** : faire des petits boulots **to supplement one's income** : arrondir ses fins de mois **job security** : la sécurité de l'emploi **job satisfaction** : la satisfaction professionnelle **the pace of work** : le rythme de travail

a Calvinistic view of life : une façon calviniste de voir la vie **to rise early** : se lever tôt **to start work at dawn** : commencer à travailler dès l'aube **the average working week** : la durée moyenne de travail hebdomadaire **a corporate culture in which only the hardest-working few can survive** : une culture de l'entreprise où seuls les plus travailleurs survivent **to be allotted few vacation days** : n'avoir que peu de vacances **to have a prejudice against work** : avoir un préjugé contre le travail **to sanctify work** : sanctifier le travail **to eschew pleasures** : éviter les plaisirs **to put in a standard 40-hour work** : travailler en moyenne quarante heures par semaine **to clock up 42 hours a week** : faire 42 heures par semaine **to labor at a second job** : faire un deuxième boulot **to give up one's paid holidays** : renoncer à ses congés payés **to skip vacations** : ne pas prendre de vacances

the welfare ethic : l'éthique de l'assistance **weak labor unions** : des syndicats faibles **stagnant / falling earnings** : des revenus qui stagnent / en baisse **to maintain one's standard of living** : maintenir son niveau de vie **slow growth in wages** : une faible croissance des salaires **to provide for one's basic needs** : subvenir à ses besoins élémentaires **to goof off** : tirer au flanc **to be burnt out** : être cuit / épuisé / au bout du rouleau

57-THE WORK ETHIC

the Protestant / Puritan work ethic	l'éthique protestante du travail
a meritocracy / meritocratic (a)	une méritocratie / méritocratique
attitude towards work	l'attitude envers le travail
equal opportunity	l'égalité des chances
a work culture	une culture du travail
to work full time / part time	travailler à temps plein / partiel
to be at work	être au travail
to hold down / to keep a job	conserver un emploi
to be in active employment / retired	être en activité / à la retraite
to work hard	travailler dur
the value of hard work	la valeur du travail
to do a job well	faire bien son travail
to be goal-oriented	avoir la culture du résultat
to be success driven	être mû par le succès
to be focused on one's work	être concentré sur son travail
to be committed to one's work	être engagé dans son travail
love for one's work	l'amour de son travail
the working week / workweek	la semaine de travail
a 35-hour week	une semaine de 35 heures
working time	le temps de travail
office hours	les heures de bureau
a workaholic	un bourreau de travail
the workload	la charge de travail
to work on the side / to moonlight	avoir un second emploi
the pressure of work	la pression du travail
lucrative / highly paid / well-paid	lucratif / bien payé
a proper job	un boulot correct
job offers	les offres d'emploi
to have a cushy / a plum job	se la couler douce
job hopping	le changement de boulot
an odd job	un petit boulot
a menial job	un emploi subalterne
a 9-5 job	un boulot pépère, routinier
a dead-end job	un boulot sans avenir
job security	la sécurité de l'emploi
recuperation / recup	la RTT (réduction du temps de travail)
to be gainfully employed	avoir un emploi rémunéré
employment prospects	les perspectives d'emplois
employment opportunities	les débouchés professionnels
the employment policy	la politique de l'emploi
to lead a purposeful life	avoir une vie utile

he never does a stroke of work : il ne lève jamais le petit doigt ▪ **to work oneself into the ground** : s'esquinter au travail ▪ **to work like a Trojan / a dog** : travailler comme un forçat ▪ **to work like a beaver / a mule / a horse / a slave** : travailler dur ▪ **to work like mad** : travailler comme un fou ▪ **to work one's guts out / to work one's arse / one's backside off** : travailler d'arrache-pied ▪ **to work long hours** : travailler tard ▪ **a hard-working people** : un peuple travailleur ▪ **to rise early** : se lever tôt ▪ **to work overtime** : faire des heures supplémentaires ▪ **to sanctify work** : sanctifier le travail ▪ **to put in a 40-hour week** : faire une semaine de quarante heures

to be overworked : être débordé ▪ **workplace / on-the-job / job stress** : le stress au travail ▪ **to be stressed out** : être stressé ▪ **stressful** : stressant ▪ **to be under strain** : être sous pression ▪ **demanding job conditions** : des conditions de travail exigeantes ▪ **the lack of trade unions** : l'absence de syndicats ▪ **inter-company rivalries / competition** : les rivalités / la concurrence entre entreprises ▪ **to cope with changing business environments** : faire face à des environnements professionnels en mutation ▪ **uncertainty about one's career development** : les incertitudes quant à son avenir professionnel ▪ **to experience burnout** : être « cuit » / au bout du rouleau ▪ **exhaustion** : l'épuisement ▪ **boreout** : le syndrome d'épuisement professionnel par ennui ▪ **the lack of challenge / interest** : l'absence de défi / d'intérêt ▪ **to be dissatisfied (with one's job)** : être mécontent (de son travail) ▪ **to reduce stress** : réduire le stress ▪ **work-life balance** : l'équilibre entre le travail et la vie personnelle

a job can be : **engrossing** : captivant ▪ **exciting** : passionnant ▪ **attractive** : attirant ▪ **rewarding** : enrichissant ▪ **well paid** : bien rémunéré ▪ **highly paid** : lucratif ▪ **stressful** : stressant ▪ **tedious / boring / unexciting** : ennuyeux ▪ **routine** : routinier ▪ **dull** : monotone ▪ **thankless** : ingrat ▪ **exhausting / strenuous** : épuisant ▪ **menial** : subalterne ▪ **steady** : stable ▪ **desk bound** : sédentaire ▪ **a desk job** : un emploi de bureau

arduous : ardu ▪ **backbreaking** : éreintant ▪ **demanding** : exigeant ▪ **gruelling / grueling (US)** : éreintant, exténuant, épuisant ▪ **labour intensive** : intense ▪ **tiring** : fatiguant ▪ **tough** : dur ▪ **heavy** : lourd **+ work** ▪ **grunt / donkey work** : le sale boulot

a thankless task : une tâche ingrate ▪ **to strain (to + inf.)** : fatiguer, forcer, abîmer, user ▪ **to exert oneself** : se fatiguer ▪ **exertion** : l'effort ▪ **tough grind (fam.)** : une tâche difficile, une corvée ▪ **to grind [ground]** : travailler dur, bûcher, boulonner

the pursuit of happiness : la poursuite du bonheur ▪ **to seek happiness** : rechercher le bonheur ▪ **the quest for happiness** : la quête du bonheur ▪ **to be happy in one's life / one's job** : être heureux dans sa vie / son travail ▪ **to be happy / satisfied with one's life** : être satisfait de sa vie ▪ **to make the most of life** : croquer la vie à belles dents ▪ **leisure time** : le temps de loisir ▪ **leisure activities** : les activités de loisir

to feel alienated from one's work : être aliéné par son travail ▪ **a free-loader** : un parasite ▪ **a slacker** : un paresseux ▪ **to shirk work** : fuir le travail ▪ **absenteeism** : l'absentéisme ▪ **to skive off with faked illnesses** : ne pas aller au boulot en prétendant être malade ▪ **to crack down on malingerers** : réprimer les tire-au-flanc

58-ENTREPRENEURSHIP

an entrepreneur / a founder	un entrepreneur
an enterprising spirit	un esprit d'entreprise
entrepreneurialism	l'entrepreneuriat
an entreprenaut	un entreprenaute, un Netrepreneur, un cyberentrepreneur
the spirit of enterprise / entrepreneurship / the entrepreneurial spirit	l'esprit d'entreprise
to catch the entrepreneurial fever	attraper le virus de l'entreprise
an entrepreneurial streak	une fibre entrepreneuriale
to take initiatives	prendre des initiatives
a can-do attitude	une attitude du tout est possible
free enterprise	la libre entreprise
the free-enterprise system	le système de la libre entreprise
to produce world-changing entrepreneurs	produire des entrepreneurs capables de changer le monde
to foster entrepreneurship	promouvoir l'entreprise
to launch a business / a scheme	lancer une affaire
to set up / to found / to start a company	fonder une société
to set up in business	créer une affaire
to draw [drew / drawn] a plan	élaborer un projet
to start from scratch	commencer à zéro
to organize a company	monter une société
to bankroll sb	financer qn
to get off the ground	faire un démarrage réussi
a business angel / an angel investor	un investisseur privé
venture capitalism	le capital-risque
seed money / seed funding	le capital d'amorçage
to incorporate a company	constituer une société
a registered / an incorporated company	une société autorisée, enregistrée
articles of association (UK) / by-laws / articles of incorporation (US)	les statuts d'une société
to be listed in the trade register	figurer au registre du commerce
to float a company	coter une société en Bourse
to raise capital	réunir des capitaux
to have a stake (in)	avoir des capitaux (dans)
a share / a stock share	une action
to hold [held] shares (in)	détenir des actions (dans)
to break [broke / broken] even	atteindre l'équilibre
to go bankrupt / to go under / to go bust	faire faillite
a bankruptcy / a failure	une faillite
to close down	fermer ses portes

to spread the gospel of entrepreneurialism : prêcher l'évangile de l'entrepreunariat **to promote entrepreneurialism (among)** : promouvoir l'entrepreunariat (parmi) **to kickstart an entrepreneurial economy** : démarrer une économie entrepreneuriale **to embrace entrepreneurialism** : épouser l'entrepreneuriat

a market opportunity : une opportunité de marché **to seize an opportunity** : saisir une occasion **to create and market new goods / services** : créer et mettre sur le marché de nouveaux biens / services **to identify a market opportunity** : repérer une possibilité de marché **to draw up a business plan** : établir un modèle économique **a business incubator** : une pépinière d'entreprises **a technology park / a science park / a techno park** : un technoparc **a research and technology park / a technopolis** : un centre de recherche et de technologie **angel funding** : le capital investi **an angel investor** : un investisseur **a VC (venture capitalist) firm** : une société de capital-risque **the rate of return (on investment)** : le taux de retour (sur investissement) **return on assets (ROA)** : le taux de rendement de l'actif investi / la rentabilité économique **return on equity (ROE)** : le taux de retour sur capitaux propres / le taux de rendement des capitaux propres / la rentabilité des capitaux propres **to generate profits** : produire des bénéfices **a dot.com boom** : une explosion des cyberentreprises **a dot.com bust** : un éclatement de la bulle Internet **cash resources / reserves** : les ressources / réserves financières **private equity** : le capital investissement **an institutional investor** : un investisseur institutionnel **growth capital / expansion capital / growth equity** : le capital développement **financial leverage (FL)** : l'effet de levier financier

to turn a dream into reality : concrétiser un rêve **to pitch an idea** : vendre une idée **risk-taking** : la prise de risque **to take business risks** : prendre des risques dans les affaires **to carve out a niche in a market** : se faire une place sur un marché **to bring a new product to the market** : sortir un nouveau produit sur le marché **to invest (in)** : investir (dans) **to circulate ideas** : échanger des idées **to develop one's ideas** : développer ses idées **to fill a skills gap** : combler un fossé des talents **to make personal sacrifices** : faire des sacrifices personnels **to overcome obstacles / hurdles** : surmonter des obstacles **to learn from one's mistakes** : tirer des leçons de ses erreurs **to suffer / to experience setbacks** : être victime de revers **a long and winding road** : une route longue et tortueuse

to be resourceful : être débrouillard **leadership skills** : la capacité à entraîner **team building** : la constitution des équipes **to work in team** : travailler en équipe **to lead [led] a team** : mener une équipe **to enlist the aid and support (of)** : entraîner à ses côtés **to take on board** : emmener avec soi **to poach (from)** : débaucher (de chez) **an innovator** : un innovateur **to be charismatic** : être charismatique **charisma** : le charisme **to make decisions** : prendre des décisions **a decision-maker** : un décideur **motivation / ambition / energy / tenacity / initiative / honesty / integrity / self-confidence** : la motivation / l'ambition / l'énergie / la ténacité / l'initiative / l'honnêteté / l'intégrité / la confiance en soi **managerial style** : le style de gestion **an effective leader** : un dirigeant efficace **business acumen** : le sens des affaires

59-THE CORPORATION

the corporate world	le monde de l'entreprise
corporate America	les entreprises américaines
a businessman	un homme d'affaires
to be business-minded	posséder l'esprit d'entreprise
business practices	la pratique des affaires
business connections	des relations d'affaires
to manage / to control a firm	gérer une entreprise
to run a company	diriger une société
to be at the head of a company	être à la tête d'une entreprise
to take over	prendre le contrôle
to diversify	se diversifier
to merge / a merger	fusionner / une fusion
to go into partnership (with)	s'associer (avec)
to buy a stake (in)	acheter une participation (dans)
corporate governance	la gouvernance d'entreprise
an employer	un employeur
the chairman (UK) / a president (US)	le président / un directeur général
a vice president / a senior vice-president / an executive vice-president (US)	un directeur général adjoint
the chairman and chief-executive officer (CEO) / the chairman and executive / managing director	le président-directeur général (PD-G)
the chairman of the board / a member of the board	le président du conseil d'administration (CA) / un membre du CA
a director / a trustee	un administrateur, un directeur
to sit [sat] on a board	être membre du CA
a shareholder / a stockholder	un actionnaire
to convene the shareholders	réunir les actionnaires
an executive	un cadre
a senior executive	un cadre supérieur
a meeting of the board	une réunion du CA
the minutes	le procès verbal, le compte rendu
auditing	la vérification des comptes
an auditor	un commissaire aux comptes
to keep the books / the accounts	tenir la comptabilité / les écritures
the account book / books and records	le livre de comptabilité
to present / to approve the accounts	présenter / approuver les comptes
a balance sheet	un bilan
assets / liabilities	l'actif / le passif
turnover / gross / sales volume	le chiffre d'affaires
to make profits / profitable	faire des bénéfices / rentable

to manage a business / a company, a firm / a factory : diriger une affaire / une entreprise / une usine ▪ **to manage the finances** : gérer les finances ▪ **to manage the funds** : gérer les fonds ▪ **to manage a team** : gérer une équipe

to operate at full capacity : fonctionner à pleine capacité ▪ **to operate a company** : gérer une entreprise ▪ **to operate the railways / an airline** : diriger les chemins de fer / une compagnie aérienne

to run an airline : diriger une compagnie d'aviation ▪ **to run a business / a company / a factory / a restaurant** : gérer une affaire / une entreprise / une usine / un restaurant

private enterprise : l'entreprise privée ▪ **a big / large company** : une grosse société ▪ **a small and medium-sized company (SMC)** : une PME ▪ **a major American company** : une grande entreprise américaine ▪ **a start-up** : une jeune pousse, une start-up ▪ **a multi-national company** : une entreprise multinationale ▪ **an e-company / a cyberfirm** : une cyber entreprise

managerial staff : le personnel de direction ▪ **the senior staff** : les cadres supérieurs ▪ **accounts staff** : le personnel de la comptabilité ▪ **clerical / administrative staff** : le personnel administratif ▪ **counter staff** : les vendeurs ▪ **salaried staff** : les salariés ▪ **a department** : un service ▪ **a head of department** : un chef de service

a breed of manager : une race de dirigeants ▪ **management** : l'encadrement ▪ **a tier / layer of management** : un échelon de l'encadrement ▪ **top management** : les cadres supérieurs ▪ **a corporate / company manager** : un dirigeant d'entreprise ▪ **the managing director (MD)** : l'administrateur délégué, l'administrateur gérant (US), le directeur général (UK) ▪ **an executive director** : un directeur opérationnel ▪ **a chief financial officer (CFO)** : un directeur financier ▪ **a human resources manager / a personnel manager** : un directeur des ressources humaines (DRH) ▪ **a chief marketing officer (CMO)** : un directeur du marketing ▪ **a chief knowledge officer (CKO)** : un directeur des connaissances (DC) / un directeur de gestion des connaissances ▪ **a chief information officer (CIO)** : un directeur informatique / un directeur des technologies de l'innovation / un directeur des systèmes d'information ▪ **a chief technical officer** : un directeur de la technologie ▪ **a public relations officer** : un responsable des relations publiques

corporate executives : les dirigeants / les cadres d'entreprise ▪ **an executive officer** : un cadre dirigeant, un membre de la direction ▪ **a senior executive** : un cadre supérieur ▪ **a junior executive** : un cadre moyen

an accounting / accounts department : la comptabilité / un service de comptabilité ▪ **an advertising department** : un service de la publicité ▪ **an engineering department** : un bureau d'études ▪ **a sales department** : un service des ventes ▪ **a marketing department** : un service du marketing ▪ **a finance department** : un service financier ▪ **to run a department** : diriger un service

60-CORPORATE SCANDALS

ethical misbehavior	une infraction aux règles d'éthique
an economic infringement / violation of the rules of fair practice	une infraction économique
to contravene / to infringe regulations	contrevenir au règlement
to be guilty of violations	être coupable de violations
fraud	la fraude, l'abus de confiance
a defrauder / a fraudster	un fraudeur
to circumvent the law	contourner la loi
insider trading / dealing	le délit d'initié
questionable accounting practices	des pratiques comptables douteuses
accounting fraud	la fraude comptable
an accounting scandal	un scandale comptable
misusing / misdirecting of funds / misappropriation of funds	l'abus de biens sociaux
to falsify a balance sheet	truquer un bilan
falsification of accounts	un faux en écriture
to cook / to doctor the books	falsifier les comptes
forgery	la falsification, faux et usage de faux
insider trading / dealing	le délit d'initié
misuse of funds / assets	le détournement de fonds / d'actifs
to misappropriate funds	commettre un abus de biens sociaux
to be riddled by corruption	être rongé par la corruption
a bribe / hush money / a backhander / a sweetener	un pot-de-vin
an attempt to bribe	une tentative de corruption
to pay under the counter	payer un dessous-de-table
to take a bribe / to accept a bribe	accepter un pot-de-vin
to solicit a bribe	demander un versement en espèces
to bribe	suborner, soudoyer, corrompre
bribery / graft	la subornation, la corruption
a kickback	un dessous-de-table
influence peddling	le trafic d'influence
to grease sb's palms	graisser la patte à qn
to enrich oneself / self-enrichment	s'enrichir / l'enrichissement personnel
to line one's pockets	s'en mettre plein les poches
to embezzle / to divert funds	détourner des fonds
embezzlement	le détournement de fonds
faked / forged / phony invoices	des fausses factures
misrepresentation in advertising	la publicité mensongère
an oversight agency	une agence de tutelle
corporate ethics	la morale en affaires

a string / a spate of scandals : une série de scandales **the fallout of a scandal / the ripples of a scandal** : les retombées d'un scandale **to be rocked by corporate scandals** : être secoué par des « affaires » **to expose** : révéler **to cover up** : étouffer **a cover-up** : une tentative d'étouffement **to sully / to tarnish / to soil sb's reputation** : souiller la réputation de qn **to smear sb's reputation** : salir la réputation de qn **a smear campaign** : une campagne de calomnies

illegal labour practices : les infractions à la législation du travail **environmental / health / safety law violations** : les violations du droit de l'environnement / de la santé / des règles de sécurité **to rig a market** : manipuler un marché **sexual harrassment** : le harcèlement sexuel **to fix prices** : s'entendre sur les prix (de façon illicite) **price fixing** : l'entente illicite sur les prix **price gouging** : l'arnaque **to cheat customers / clients out of a million dollars** : voler un million de dollars aux clients **to defraud investors (of)** : voler les investisseurs (de) **concealment of assets** : la dissimulation d'actifs **a false / a misleading balance sheet** : un faux bilan **a phoney / phony financial statement** : un état financier truqué **illicit / unlawful profits** : des profits illicites **antitrust violations** : la violation des lois anti-trusts **industrial espionage** : l'espionnage industriel **identity theft** : le vol d'identité **a scam** : une escroquerie

to overstate revenues : gonfler les rentrées **to understate expenses** : sous-estimer les dépenses **to underreport the existence of liabilities** : minimiser l'existence du passif dans un rapport **information asymetry** : l'asymétrie d'informations **to reap tremendous monetary benefits** : ramasser de gros bénéfices monétaires

a tax shelter / haven : un paradis fiscal **tax evasion / avoidance** : l'évasion fiscale **money laundering** : le blanchiment d'argent **a whistleblower** : un corbeau **an ethics policy** : une politique d'éthique **an ethics code / a code of conduct** : un code de déontologie **an ethical issue** : un problème d'éthique **ethical standards** : les critères éthiques **an ethics officer / a compliance officer / a business conduct officer** : un déontologue **corporate social responsibility** : la responsabilité sociale d'une entreprise **unethical conduct** : la conduite immorale **a watchdog agency** : un organisme de surveillance **a regulator** : un organisme de contrôle **good corporate governance** : la bonne gouvernance d'entreprise **to audit / an auditor** : expertiser / un commissaire aux comptes **an independent audit** : un audit indépendant **financial disclosure** : la transparence financière **internal controls** : les contrôles internes **the Securities and Exchange Commission (SEC) (US)** : l'Autorité de régulation des marchés financiers (AMF)

to fight white collar crime : lutter contre la délinquance en col blanc **a white-collar criminal / offender** : un criminel en col blanc **indictment** : la mise en examen **criminal conviction** : le jugement pénal **to plead guilty of fraud** : plaider coupable de fraude

61-RESTRUCTURING

to restructure / to overhaul / to reshape / to shake [shook / shaken] up	restructurer
a top-to-bottom restructuring of a company's operations	une restructuration complète des activités d'une société
to carry out a restructuring plan	effectuer un plan de redressement
a shake-out / a shakeout	une remise en ordre
to break up / to dismember	démanteler
to reshuffle / to reorganize	réorganiser
to outsource / outsourcing	externaliser / l'externalisation
to relocate / to offshore	délocaliser
relocation / offshoring	la délocalisation
to shift one's operations (to)	transplanter ses activités (à)
to phase out (jobs)	éliminer progressivement
to eliminate / to slash / to axe / to cut jobs	supprimer des emplois
to ensure the survival of a company	assurer la survie d'une société
a plant closing / a closure	une fermeture d'usine
to revamp / to streamline	moderniser, rénover
to update / to bring up to date / to modernize / to upgrade	moderniser
to streamline one's operations	rationaliser ses activités
to trim costs / to slash costs / to cut back on costs	réduire les coûts
to cut overheads	réduire les frais généraux
a cutback on costs	une réduction des coûts
to downsize / to retrench one's operations	réduire ses activités
to enhance, to raise / to boost productivity	améliorer / stimuler la productivité
to improve efficiency	améliorer la rentabilité
unproductive / unprofitable / uneconomic (a)	non rentable
to survive competition	faire face à la concurrence
to sell one's stakes	vendre ses parts
to weed out inefficient companies	éliminer les entreprises non rentables
to cut off the dead wood	se débarrasser des industries non rentables
to strip [stripped] down an empire	se défaire d'un empire
to sell off / to jettison a branch	se défaire d'une filiale
a lame duck	un canard boiteux
asset stripping	l'élimination d'actifs non rentables
to bail out a company	renflouer une entreprise
a swollen payroll	un sureffectif
a bloated company	une entreprise en sureffectif
to be overstaffed / overmanned	être en sureffectif

to be helped by decreasing costs of transportation and communication : être facilité par la diminution des coûts de transport et de communication **the development of broad-band Internet** : le développement de l'Internet haut débit **a call center** : un centre d'appels

to slash staff / to downsize staff : réduire le personnel **workforce reduction / downsizing / rightsizing** : la compression de personnel **to streamline / to slim down a company** : dégraisser **streamlining / demanning** : le dégraissage

a cut in the workforce / staff reduction : une compression de personnel **a cutback (in personnel)** : une compression / réduction de personnel **a slimming down program** : une compression de personnel, un plan social **mass layoff** : le licenciement massif **attrition** : les départs à la retraite **an early retirement scheme** : un plan de préretraite **natural wastage** : les départs volontaires **to be retired** : être mis à la retraite **to tender one's resignation** : remettre sa démission **overmanning** : le sureffectif **to make redundant** : licencier, mettre à pied **a redundancy plan** : un plan de réduction du personnel **to shed labour / workers** : réduire la main d'œuvre **to be forced out of one's job** : être contraint de quitter son travail **to move jobs out of a country** : transférer des emplois à l'étranger **to shift work abroad** : transférer le travail à l'étranger **a severance package** : une prime de départ **an employment tribunal** : un tribunal des prud'hommes **a buyout package** : une prime d'incitation au départ

to be bengalored : être délocalisé **to make a firm profitable / efficient** : rendre une entreprise bénéficiaire / compétitive **the leanness of an industry / a lean company** : une entreprise dégraissée **to eliminate product lines** : supprimer des gammes de produits **a change of ownership** : un changement de propriétaire **a demerger** : une vente d'actifs **debt restructuring** : la restructuration de la dette **to move one's operations (to)** : transférer ses opérations (à / en) **nearshoring** : la délocalisation dans un pays proche **to shift production facilities** : transférer les infrastructures de production **the transfer of knowledge / skills** : le transfert de connaissances / de compétences **to leverage one's know-how** : profiter de son savoir-faire **to lure a firm back (to)** : faire revenir une entreprise (dans / en) (en lui faisant miroiter) **homeshoring / homesourcing** : le travail à domicile de téléconseillers d'un centre d'appel **insourcing / backsourcing** : les opérations de ré-internalisation d'activités préalablement externalisées

to retain market shares in the face of competition : conserver des parts de marché face à la concurrence **to reduce production costs** : réduire les coûts de production **renegotiation of labor contracts** : la renégociation des contrats de travail **to reposition the company with consumers** : repositionner la société auprès des consommateurs **a low-wage country** : un pays à bas salaire **to benefit from economies of scale** : profiter des économies d'échelle **to outlive one's usefulness** : cesser d'être utile **to weaken the domestic economy** : affaiblir l'économie locale

62-OUT OF A JOB

unemployment / joblessness (ni)	le chômage
the unemployed / the jobless	les chômeurs
an unemployed man / woman	un chômeur / une chômeuse
the long-term unemployed	les chômeurs de longue durée
the unemployment rate	le taux de chômage
unemployment statistics / figures	les chiffres du chômage
the labor market / the job market	le marché du travail
a job seeker / a job hunter	un demandeur d'emploi
to be unemployed / jobless / out of a job / out of work	être au chômage
to lay [laid] off	mettre au chômage
to be (made) redundant / to be laid off	être licencié
a redundancy / a layoff	un licenciement pour raisons économiques
to dismiss / dismissal	licencier / le licenciement
to dismiss without notice	licencier sans préavis
to lose one's job / to be displaced	perdre son emploi
to discharge / to sack / to fire / to boot	mettre à la porte
to get the sack / to get the boot	se faire renvoyer
to give sb the pink slip / to let sb go	renvoyer
to eliminate / to shed jobs	supprimer des emplois, dégraisser
job cuts	des suppressions d'emplois
a job squeeze / staff cutbacks	une compression de personnel
a round of job cuts	une vague de licenciements
job insecurity	la précarité de l'emploi
a dismissal procedure	une procédure de licenciement
a redundancy letter / a pink slip / a layoff notice	une lettre de licenciement
a notice of dismissal	un préavis de licenciement
wrongful dissmissal / discharge / termination	le licenciement abusif / irrégulier
unemployment compensation / severance pay / termination pay (US) / redundancy money	une indemnité de licenciement
a golden handshake	une grosse prime de départ
a golden parachute	un parachute doré
to take early retirement	se mettre en préretraite
unemployment dole / benefits	les allocations chômage
to be on the dole / on welfare (US) / on unemployment benefits (UK)	toucher les allocations chômage
a safety net	un filet de sécurité
a job center	une agence pour l'emploi
to look for a job / work	chercher un emploi / du travail

full employment : le plein emploi **cyclical / structural unemployment** : le chômage cyclique / structurel **short term / long term unemployment** : le chômage de courte / longue durée **seasonal unemployment** : le chômage saisonnier **youth unemployment** : le chômage des jeunes

to be faced with (faire face à), **to cause** (provoquer), **to alleviate** (alléger), **to bring down** (faire baisser), **to curb**, **to reduce** (réduire), **to combat**, **to tackle** (combattre) + **unemployment**

unemployment + to climb (grimper), **to double** (doubler), **to increase** (augmenter), **to soar** (faire un bond), **to decline** (baisser), **to fall** (chuter), **to average** (atteindre en moyenne), **to stand at** (être à), **to reach** (atteindre)

reskilling / retraining : le recyclage **to retrain** : recycler **a training program** : un stage de formation **a public works program** : un programme de grands travaux **a job training scheme (JTS)** : un programme de formation professionnelle **a youth training scheme** : un programme de formation des jeunes **remedial training** : la formation de réinsertion **a training period, course / a traineeship** : un stage **to enroll in a training program** : s'inscrire dans un stage de formation **to benefit from a training program** : profiter d'un stage de formation **to attend a crash course** : suivre un stage intensif **to acquire / to improve competencies / skills** : acquérir / améliorer des compétences / qualifications **to learn a new skill / trade** : apprendre un nouveau métier **to upgrade / to update one's skills throughout working life** : se remettre à niveau pendant toute la vie active **professional development** : la formation professionnelle **to redeploy** : réaffecter **redeployment** : la formation, le redéploiement **a job incentive** : une aide à l'emploi

a dead-end job / a no-future job : un emploi sans avenir **a low-paying job** : un emploi mal rémunéré **a burger-flipping job / a McJob** : un emploi précaire **odd jobs** : des petits boulots **to be underemployed** : être sous-employé **day labor** : le travail de journalier **to lack job security** : être précaire **to be workshy** : être peu enclin au travail **a window job** : un emploi de figuration **to be rejected on account of old age / on the basis of race / sex** : être rejeté en raison de son âge avancé / de sa race / de son sexe **to exact a toll on family life** : affecter la vie de famille **to live on unemployment benefits** : vivre des indemnités du chômage

situations wanted : les annonces classées **to hunt for a job** : être à la recherche d'un emploi **to change jobs** : changer d'emploi **to be hard pressed to find a job** : avoir toutes les peines à trouver un emploi **to apply for a job** : postuler pour un emploi **to send (out) a résumé** : envoyer un curriculum vitae (CV) **a job applicant** : un postulant **placement services** : les bureaux de l'ANPE **a jobs summit** : un sommet de l'emploi **counselling services** : les services d'orientation **an unemployment agency** : le pôle emploi **a job centre** : une agence pôle emploi **to check in at the unemployment agency** : pointer à l'ANPE **vocational guidance** : l'orientation professionnelle **an outplacement firm** : un cabinet de placement **a headhunter** : un chasseur de têtes **to find a job / to land a job** : trouver un emploi **to turn a job down** : refuser un emploi **to be denied a job** : se voir refuser un emploi **economic growth** : la croissance économique

63-INDUSTRIAL RELATIONS

industrial relations / labor relations	les relations dans l'entreprise
labor unrest	le malaise social
labor troubles	les troubles sociaux
labor strife	les conflits du travail
an outbreak of labor strife / a labor dispute	un conflit du travail
dissatisfaction / (social) discontent	le mécontentement (social)
a winter of discontent	un hiver de mécontentement
an industrial dispute / upheaval	un conflit social
industrial peace	la paix sociale
industrial action	l'action revendicative, la grève
a trade union (UK) / labor union (US)	un syndicat
organized / organised labor	la main-d'œuvre syndiquée, les syndicats
to unionise (UK) / to unionize (US)	syndiquer, affilier à un syndicat
a union member / a trade unionist / a unionised worker	un syndiqué
labor clout (ni)	le pouvoir syndical
a minimum-service plan	un service minimum
a host of grievances (against)	une série de doléances (à l'encontre de)
to file a grievance	déposer une réclamation
to address a grievance	répondre à une doléance
to air / to express / to voice / to vent	exprimer
to redress / to remedy a grievance	obtenir gain de cause
to press for demands	faire pression pour obtenir satisfaction
labor law	le droit du travail
employment law	la législation sur l'emploi
labor law violations	les violations du droit du travail
to negotiate / to arbitrate	négocier / arbitrer
to reach a deadlock	aboutir à une impasse
a protest movement	un mouvement de protestation
a protest march / a demonstration	une manifestation
a national day of protest	une journée nationale de revendication
to stage a demonstration	organiser une manifestation
to call a demonstration	appeler à manifester
to demonstrate / a demonstrator	manifester / un manifestant
to march	défiler
to take to the streets	descendre dans la rue
to parade through the streets	défiler dans les rues
a rioting demonstrator / a rioter	un casseur
to spark (off) / to start riots	déclencher des émeutes
clashes with riot police	des échauffourées avec les C.R.S.

a union shop (US) / closed shop (UK) : le monopole de l'embauche • **a closed shop (US)** : qui n'embauche que du personnel qualifié • **an open shop** : qui ne pratique pas la discrimination syndicale à l'embauche • **an agency shop (US)** : une entreprise dans laquelle les ouvriers non syndiqués doivent cotiser au syndicat • **a preferential shop (US)** : une entreprise donnant la priorité à l'embauche d'employés syndiqués • **a locked-in status** : l'interdiction pour le syndiqué de quitter le syndicat pendant la durée du contrat

to join a union : se syndicaliser • **to form a union** : créer un syndicat • **the rank and file** : la base • **the shop floor** : la base (dans une usine), les ouvriers • **the head of a union / a union leader / boss** : un chef / un dirigeant syndicaliste • **a union official / organizer** : un responsable syndical • **a union representative / a business agent (US)** : un représentant syndical, un délégué syndical • **a shop steward** : un délégué d'atelier / du personnel • **union fees / dues / contribution** : les cotisations syndicales • **to be on the wane** : être en déclin • **union militancy** : le militantisme syndical • **de-unionisation** : la désyndicalisation • **to lose clout** : perdre de son influence

to take industrial action : mener une action revendicative • **to represent workers on works council** : représenter les travailleurs au comité d'entreprise • **to protect workers (from)** : protéger les travailleurs (de) • **hard-won social benefits / social gains** : les acquis sociaux • **to protect social gains / social benefits** : protéger les acquis sociaux • **a day of action** : une journée d'action • **collective bargaining** : la négociation collective • **Collective Bargaining Agreement (CBA) / a Collective Employment Agreement (CEA)** : une convention collective • **to call a strike** : appeler à la grève • **unfair dismissal** : le licenciement abusif • **a genuine / legitimate grievance** : une revendication authentique / fondée • **a long-standing grievance** : une revendication de longue date • **a grievance committee** : une commission d'arbitrage • **to harbour / to nurse a grievance** : nourrir des griefs

a wage claim / a wage demand : une revendication salariale • **an increase in salary / a wage increase** : une augmentation de salaire • **the minimum wage** : le SMIC • **a wage / pay packet** : un salaire • **an increase in salary / a wage increase / a pay rise** : une augmentation de salaire • **to earn good wages / a good wage** : gagner un bon salaire • **to be paid / to get paid $500 a week** : gagner 500 dollars par semaine • **to be well paid / badly paid** : être bien / mal payé • **take home pay** : le salaire net • **better working conditions** : de meilleures conditions de travail • **safety regulations** : les règlements de sécurité • **compliance with** : la conformité avec • **working hours** : les horaires de travail • **a shorter working week** : la réduction de la durée hebdomadaire de travail • **to enforce wage and hour rules** : faire respecter la législation sur les salaires et les horaires de travail • **to offer incentives for worker training** : offrir des incitations à la formation professionnelle / au recyclage • **expanded fringe benefits** : l'extension des avantages sociaux • **the use of part time / temporary workers** : l'utilisation de travailleurs à mi-temps / en intérim

64-ON STRIKE

a strike	une grève
a series / a rash / a wave of strikes	une série / une vague de grèves
a strike day	un jour de grève
a work / labor stoppage	un arrêt de travail
industrial action (against)	la grève (contre)
to take industrial action	se mettre en grève
an advance notice	un préavis de grève
to give notice of strike action	déposer un préavis de grève
to call for industrial action	appeler à la grève
to call (out) a strike (against)	lancer un mot d'ordre de grève (contre)
to vote to strike	voter la grève
to organize / to stage a strike	organiser une grève
to strike / to be on strike	faire grève
to go on strike / to come out on strike	se mettre en grève
a strike (in support of / against)	une grève de soutien à / à l'encontre de
to down tools	cesser le travail (secteur secondaire)
to be strikebound	être immobilisé par la grève
an industrial dispute / upheaval	un conflit du travail, un conflit social
a labor disruption	un conflit social
a day of action	une journée de revendication
to walk out / to walk off the job / to knock off	débrayer
a walk-out	un débrayage
to walk off one's job	cesser le travail
to stand idle	être au chômage
to picket (a factory)	faire un piquet de grève (devant une usine)
a strike fund	une caisse de solidarité syndicale
a joint consultative committee / a works council	un comité d'entreprise
a trade / labor union	un syndicat
a union representative	un délégué syndical
the right to strike	le droit de grève
without advance warning	sans préavis
to break [broke / broken] a strike	briser une grève
a scab / a blackleg / a strike breaker	un jaune / un briseur de grève
to cripple / to paralyze the economy / an industry	paralyser l'économie / une industrie
to negotiate / to bargain (on behalf of)	négocier (au nom de)
to carry out / to conduct negotiations	mener des négociations

a strike in support of / over) : une grève (pour soutenir / à propos de) **to vote for industrial action** : voter la grève **to step up industrial action** : intensifier le mouvement de grève **to be involved in industrial action** : être impliqué dans la grève **a strike-torn autumn** : un automne chaud **a strike-prone industry** : une industrie sujette aux grèves **to step up industrial action** : intensifier la grève **a show of union force** : une démonstration de force des syndicats **to call a follow-up strike** : appeler à poursuivre la grève **to back the strikers** : soutenir les grévistes **days lost through / in strikes** : les jours perdus pour fait de grève **to come to a halt / a standstill / to grind to a halt** : s'arrêter / être paralysé **to wreak economic damage** : faire du tort à l'économie

a wildcat strike / an unofficial strike : une grève sauvage **a work-to-rule strike** : une grève du zèle **a ca'canny strike / a go-slow strike / a slow down strike** : une grève perlée **to go slow / to work to rule** : faire la grève du zèle **a general strike** : une grève générale **a widespread strike** : une grève largement suivie **a rolling strike** : une grève tournante **an open-ended strike** : une grève reconductible **an all-out strike** : une grève totale **a token strike** : une grève d'avertissement **a lightning strike** : une grève surprise **a sympathy strike / a secondary strike / secondary action** : une grève de solidarité **a hunger strike** : une grève de la faim **a sit-down strike** : une grève sur le tas **a stay-in strike / a sit-in** : une grève avec occupation des locaux **a work-in** : une grève active **a lock out / shutout** : une fermeture d'usine (par mesure de rétorsion patronale) **a transit strike** : une grève des transports en commun **a miners' strike** : une grève des mineurs **a dockers' strike** : une grève des dockers **a repeatable stoppage** : une grève reconductible

to enter into negotiations : engager / entamer les négociations **to break off negotiations** : rompre les négociations **to bargain** : négocier, discuter, marchander **to consult the rank and file** : consulter la base **a round of talks** : une série de négociations **a stalemate / a deadlock / an impasse** : une impasse, un point mort **a standoff** : une confrontation **to reach a deadlock** : être dans l'impasse **a breakdown in negotiations / talks** : une rupture des négociations **to wreck negotiations / to derail talks** : faire échouer les négociations **to walk out** : quitter la table des négociations **a tug-of-war** : une partie de bras de fer **a war of attrition** : une guerre d'usure

a conciliation board / an arbitration panel : une commission d'arbitrage **to resume the talks** : reprendre les négociations **to hammer out difficulties** : aplanir les difficultés **to make concessions** : faire des concessions **horse-trading** : les marchandages **a trade-off** : une contrepartie **to drop a demand** : abandonner une revendication **to work out a compromise** : élaborer un compromis **a half-a-loaf compromise** : un compromis a moitié satisfaisant **to bow to one's demands** : plier devant les revendications **to settle a dispute** : régler un conflit / un différend **to reach an agreement** : trouver un accord **a wage agreement** : un accord salarial **to end / to call off a strike** : mettre fin à une grève **to crush a strike** : réprimer une grève **to resume work / to return to work** : reprendre le travail

65-IN RECESSION

the economic outlook	la conjoncture économique
rosy / bleak (prospects)	les (perspectives) optimiste(s) / pessimiste(s)
leading economic indicators	les principaux indicateurs économiques
an ailing / a battered economy	une économie mal en point
a faltering economy	une économie chancelante
a stagnating / sluggish economy	une économie en stagnation
to be in dire economic straits	être dans une situation économique désespérée
to be in recession	être en récession
on the brink of a global recession	au bord d'une récession mondiale
an economic slowdown	un ralentissement économique
a depression / an economic breakdown	une dépression
an economic squeeze	une crise économique
a slump / the doldrums	un / le marasme
a downturn / a downswing	une baisse d'activité
an austerity measure / program	une mesure / un programme d'austérité
an austerity package	un train de mesures d'austérité
zero growth (ni)	la croissance zéro
sagging demand	la diminution de la demande
to trim back one's buying	réduire ses dépenses
to tighten one's belt	se serrer la ceinture
paucity / dearth	la pénurie, la disette
a breadline / a soup kitchen	une soupe populaire
a food riot	une émeute provoquée par la faim
a stimulus bill	un projet de loi de relance de l'économie
to spur / to jump start the economy	relancer l'économie
lean years	les années de vache maigre
the thirty years of growth / the boom years	les 30 glorieuses
to look up / to pick up / to perk up / to rally	se redresser
to turn a country around	remettre sur rail
to increase government spending	augmenter les dépenses publiques
to climb out of an economic crisis	sortir de la crise
to turn the economy around	remettre l'économie sur pied
to make an economic U-turn	changer radicalement de cap
to return to normal	revenir à la normale
to prime the economy's pump	amorcer la pompe, renflouer
to reignite global demand	déclencher la demande globale
to ride out a depression	surmonter une dépression
to create prosperity	installer la prospérité
flush times	l'opulence
a buoyant economy	une économie en pleine santé

to be close to / to be on the verge of / to be on the brink of bankruptcy : être au bord de la faillite **to be driven / forced / thrown into bankruptcy :** être contraint à la faillite **to declare bankruptcy :** se déclarer en faillite **the threat of bankruptcy :** la menace de la faillite **to file for / to petition for bankruptcy :** déposer son bilan **to adjudge / to adjudicate sb bankrupt :** déclarer qn en faillite **to be saved from bankruptcy :** être sauvé de la faillite **to escape bankruptcy :** échapper à la banqueroute

to be hit by recession : être frappé par la récession **to go into recession :** entrer en récession **to plunge into / to sink [sank / sunk] into recession :** sombrer dans la récession **to slip into recession :** glisser dans la récession **to head into a recession :** se diriger vers une récession **to climb out of recession / to emerge from recession :** sortir de la récession **to pull a country out of recession :** tirer un pays de la récession **to bottom out :** toucher le fond **to recover from recession :** sortir de la récession

a recession can be mild (léger), **severe** (sévère), **painful** (douloureux), **steep** (sérieux), **sharp** (aigu), **deep** (profond), **prolonged** (prolongé), **widespread** (généralisé), **short-lived** (de courte durée), **V-shaped / U-shaped / L-shaped / W-shaped** (en forme de V / U / L / W)

the depth of the recession : le fond de la récession **the impact of a recession :** l'impact d'une récession **in times of recession :** en période de récession

a business cycle : un cycle économique **a slowdown in economic activity :** un ralentissement de l'activité économique **a stock market decline :** une baisse de la Bourse **a decrease in the GDP (gross domestic product) / GDI (gross domestic income) :** une baisse du PIB (produit intérieur brut) **a rise in the unemployment rate :** une montée du chômage **a collapse in the economy :** un effondrement de l'économie **to freeze [froze / frozen] wages :** bloquer les salaires **stagflation :** la stagflation **deflation :** la déflation **to throw a country into a crisis :** plonger un pays dans une crise **to keep tens of millions of people in poverty :** maintenir des dizaines de millions de personnes dans la pauvreté **to knock the wind out of consumers :** couper l'herbe sous les pieds des consommateurs **to eke out a growth (of) :** produire une croissance (de) **the volume of world trade will contract :** le volume des échanges mondiaux va se contracter **net private flows of capital to developing countries are projected to decline :** les mouvements de capitaux nets vers les pays émergents devraient diminuer **to constrict investment in emerging-market economies :** réduire l'investissement dans les économies des marchés émergents **to be hurt by the decline in the prices of oil / commodities :** être touché par la baisse des prix du pétrole / des denrées **to usher in a new era of thrift :** inaugurer une nouvelle ère de frugalité

66-THE WORLD IS FLAT

globalization	la mondialisation
a global civilization	une civilisation mondiale
the global village	le village planétaire
the world trade / worldwide trade	le commerce mondial
to go international	s'internationaliser
to go global / to globalize	se mondialiser
a global firm	une entreprise mondiale
a multinational corporation (MNC)	une multinationale
a transnational corporation (TNC)	une entreprise transnationale
to sell all around the world	vendre dans le monde entier
to expand a global reach	s'étendre dans le monde entier
to outgrow one's home market	se trouver à l'étroit sur le marché national
to do away with boundaries / frontiers	abolir les frontières
to remove / to dismantle / to scrap / to break down / to lift trade barriers	supprimer les barrières commerciales
to liberalise / to liberalize trade	libéraliser les échanges
to deregulate / deregulation	déréglementer / la déréglementation
the deregulation of trade	la déréglementation des échanges
globalizing operations	les opérations de mondialisation
trade liberalization	la libéralisation du commerce
free trade	la liberté du commerce
unfettered globalization	la mondialisation débridée
to be internationalist in approach	avoir une approche globale
to spread across frontiers	s'étendre au-delà des frontières
to establish an outpost	établir un avant-poste
a beachhead	une tête de pont, un fer de lance
to expand a beachhead	poursuivre une implantation
a pro-globalizer	un mondialiste
to relocate / to delocalise	délocaliser
relocation / delocalisation	la délocalisation
to outsource / oursourcing	externaliser / l'externalisation
to offshore (to)	délocaliser (à, en)
to shift production (to)	transférer l'outil de production (à / en)
overseas offices	des bureaux à l'étranger
the head office	le siège social
a tax haven	un paradis fiscal
to erect tariff barriers	construire des barrières douanières
deglobalization	la déglobalisation
the anti-globalization movement	le mouvement anti-mondialisation
alter-globalization / altermondialism global alternatives	l'alter-mondialisme

the world economy : l'économie mondiale **international trade / cross border commerce** : les échanges internationaux **a multinational corporation** : une multinationale **labour regulations** : la législation du travail **adverse balance** : le solde négatif **changes in societies** : les changements sociétaux **the interdependence of countries** : l'interdépendance des pays **to erode the national cultures** : saper les cultures nationales **to open new markets** : ouvrir de nouveaux marchés **to miss out on the rewards of globalisation** : être écarté des fruits de la mondialisation **to redistribute the benefits of globalisation** : redistribuer les fruits de la mondialisation **to share out the fruits of globalisation** : partager les fruits de la mondialisation

home / domestic / internal trade : le commerce intérieur **foreign / overseas / external trade** : le commerce extérieur **export / import trade** : l'import-export **export trade** : le commerce d'exportation **to export / to import** : exporter / importer **a trade balance / a balance of trade** : une balance commerciale **an adverse trade balance** : une balance déficitaire **a favorable trade balance** : une balance commerciale excédentaire **a trade gap / a trade imbalance** : un déséquilibre commercial, une balance économique déficitaire **a trade deficit** : un déficit commercial **a trade surplus** : un excédent commercial **trade relationships / relations** : les relations commerciales **a trade war** : une guerre commerciale **to do a lot of trade (with)** : faire beaucoup d'affaires (avec), commercer (avec) **to do a roaring trade (with / in)** : vendre beaucoup (à / avec / de)

competition (for / from) : la concurrence (pour / de la part de) **to compete (with)** : faire concurrence (à) **a competitor** : un concurrent **competitive (a)** : compétitif **competition / competitiveness (ni)** : la concurrence / la compétitivité **cutthroat competition** : la concurrence acharnée **to compete for a market** : lutter pour un marché **to remain / to stay competitive** : rester concurrentiel, compétitif **to beat off / to fight off competition** : repousser la concurrence **to be in competition (with)** : être en concurrence (avec) **to stay competitive** : rester compétitif **to keep up with the competition** : s'aligner sur la concurrence **to knock out competition** : éliminer la concurrence

protectionism : le protectionnisme **free trade** : le libre-échange **fair trade** : le commerce équitable **managed trade** : le protectionnisme **multilateral trade** : le commerce multilatéral **to protect / to shelter a market (from)** : protéger / abriter un marché (de) **a quota system** : un contingentement, un quota **restrictive practices** : les entraves à la libre concurrence **a trade embargo** : un embargo commercial **trade talks** : les négociations commerciales **trade sanctions** : les sanctions commerciales **a trade round** : une négociation commerciale **economic nationalism** : le nationalisme économique **restraint of trade** : le contrôle de la concurrence **the terms of trade** : les modalités d'échange

a market share : une part de marché **to break into / to get into a market** : s'introduire sur un marché **to penetrate a market** : pénétrer (sur) un marché **to dominate a market** : dominer un marché **an entrenched market position** : une solide implantation sur un marché

67-WORKING MUMS

a housewife	une ménagère
a stay-at-home mom	une mère au foyer
a working mother / mum / mom	une mère qui travaille
childbearing	la maternité
to keep house / housekeeping	tenir la maison / l'intendance
the household	le ménage (la famille)
housework / housecleaning	le ménage
to skivvy / to do the household chores	faire les corvées domestiques
to bring up / to raise / to educate kids	élever, éduquer des gosses
to look after the children's upbringing	s'occuper d'élever les enfants
to stay at home / to run the home	rester à la maison / gérer le foyer
to keep [kept] the home spick and span	tenir un foyer impeccable
to control the purse strings	tenir les cordons de la bourse
the keeper of the home / the tender of the hearth	la gardienne du foyer
to be tied to the sink / trapped at home	être coincée à la maison
to be kept by her husband	être entretenue par son mari
the women's liberation movement	le MLF
a feminist	une féministe
a male chauvinist (pig)	un macho
a patriarchal society	une société patriarcale
to resume work	reprendre le travail
to return to the labor force	reprendre un emploi
to enter the workforce	se mettre sur le marché du travail
to hire / to recruit	embaucher / recruter
to earn a salary	toucher un salaire
a paid / paying job	un emploi rémunéré
to be economically independent	être indépendante financièrement
to earn one's keep / to make a living	gagner sa vie
to work part time / full time	travailler à temps partiel / plein temps
to work two jobs	avoir un double métier
flextime	les horaires à la carte
a child minder / child-carer	une nounou
a nursery / day care center	une crèche
maternity / parental leave	le congé de maternité / parental
a career path / a career track	une voie professionnelle
the glass ceiling	le plafond de verre
the gender gap	l'écart entre les sexes
pay discrimination	la discrimination salariale
promotion / career advancement	la promotion / l'avancement
a career break	un interruption de carrière

to quit one's job out of choice : choisir de s'arrêter de travailler **to send out a job application :** envoyer un CV **to afford not to work :** se permettre de ne pas travailler **to ask for equal treatment :** demander à être traitée en égale **to go out to work :** partir travailler **to work outside the home :** avoir un emploi **to break [broke / broken] out of one's domestic role :** sortir de son rôle traditionnel **to bring [brought] home the bacon :** faire bouillir la marmite **to provide for one's family :** subvenir aux besoins de la famille

to opt out of a career : choisir de ne pas travailler **to aspire to a career :** aspirer à un métier **to take up a career :** embrasser une carrière **to pursue a career :** poursuivre une carrière **the pursuit of a career :** la poursuite d'une carrière **to put one's career first :** donner la priorité à sa carrière **to opt for a career track :** choisir de faire carrière **a rewarding career :** un métier gratifiant **to be career-minded :** être carriériste

to join the labor market : rejoindre le marché de l'emploi **to achieve financial independence :** devenir indépendante financièrement **to tap [tapped] a pool of skills :** exploiter une réserve de talents **to overcome impediments / to clear hurdles :** franchir les obstacles **to compete / to vie with men (for) :** rivaliser avec les hommes (pour atteindre) **to be judged on merit :** être jugée sur le mérite **to take over jobs (in) :** prendre la relève (dans) **to battle bias :** lutter contre les préjugés **to shatter the glass ceiling :** faire éclater le plafond de verre

to delay the arrival of a child : retarder l'arrivée d'un enfant **to remain childless :** ne pas avoir d'enfants **to postpone childbearing :** repousser l'âge d'avoir un enfant **to hire a child minder / child-carer :** engager une nounou **to take time off (to) :** s'absenter (pour) **to impede the career advancement (of) :** entraver le plan de carrière (de) **to stall a career :** freiner une carrière **to face sexual harassment :** affronter le harcèlement sexuel **to balance family and work :** jongler entre la famille et le travail **to rise from the bottom (to) :** partir du bas de l'échelle (pour) **to advance through the ranks :** être promu(e) **to be over- / under-represented (in) :** être sur- / sous-représentée (dans) **a less-prestigious / lower-ranked job :** un emploi moins prestigieux / subalterne

68-SLAVERY AND FORCED LABOR

to practice slavery	pratiquer l'esclavage
a slaveholding / a slave trading / nation	une nation esclavagiste
a slave society	une société esclavagiste
slave labour / labor (US)	le travail des esclaves
white slavery	la traite des blanches
bondage / chattel slavery	l'esclavage, l'asservissement
to hold [held] in bondage	tenir en esclavage
a bondsman / a slave	un esclave
a bonded worker / a serf [pl. serfs]	un serf
an indentured servant	un domestique lié par contrat
a landlord / a land owner	un propriétaire / terrien
a fugitive / a runaway slave	un esclave fugitif
to abduct / an abduction	enlever / un enlèvement
a sex slave	un esclave sexuel
to slave (away / at)	trimer
to be enslaved (by)	être asservi (par)
enslavement (ni)	l'asservissement
to reduce to slavery	réduire en esclavage
to traffic in slaves	faire la traite des esclaves
people trafficking	le trafic d'êtres humains
a people trafficker	un trafiquant d'êtres humains
to transport	déporter
to work for a pittance	travailler pour une bouchée de pain
to be subservient / subservience (ni)	être asservi / l'asservissement
to be exploited / to be taken advantage of	être exploité
child labor / work	la main d'œuvre enfantine
forced labor / unfree labor	le travail forcé
a labor camp	un camp de travail
backbreaking work	le travail harassant
a child worker / laborer	un enfant exploité
a child slave	un enfant esclave
to be sold into labour	être vendu pour travailler
to be pressed into service	être contraint de travailler
a sweatshop	un atelier clandestin
child domestic work	le travail domestique des enfants
a child soldier	un soldat enfant
to be deprived of schooling	être privé d'école
to ban / to outlaw child labor, slavery	interdire le travail des enfants, l'esclavage
a human rights violation	une violation des droits de l'homme
to abolish slavery	abolir l'esclavage
abolition of slavery	l'abolition de l'esclavage

to own slaves : posséder des esclaves • **to buy [bought] a slave** : acheter un esclave • **to use sb as a slave** : utiliser qn comme esclave • **to be born into slavery** : être né esclave • **to sell [sold] into slavery** : vendre en esclavage • **a slave descendant** : un descendant d'esclave • **slavery's legacy** : l'héritage esclavagiste • **a freed slave** : un esclave affranchi • **a galley slave** : un forçat, un galérien • **a slave master** : un maître esclave • **a slave owner** : un propriétaire d'esclaves • **a slave mutiny** : une mutinerie d'esclaves • **a slave rebellion** : une révolte des esclaves • **an uprising** : un soulèvement

the triangular trade : le commerce triangulaire • **the slave trade / the trade in slaves** : le commerce des esclaves • **slave traffic** : le trafic d'esclaves • **a slave trader** : un marchand d'esclaves • **a slave ship** : un bateau d'esclaves • **to be in shackles** : être enchaîné • **to be in fetters** : porter les fers • **to be manacled** : porter des chaînes aux poignets • **collars** : les fers • **to lash / a lash** : fouetter / un fouet

to work on a plantation : travailler dans une plantation • **a cotton / sugar cane plantation** : une plantation de coton / de cane à sucre • **to pick cotton** : ramasser le coton • **to pick coffee** : cueillir le café • **to toil in fields** : travailler dans les champs • **quarrying** : le travail dans les carrières • **to polish shoes** : cirer les chaussures • **a shoeshine boy** : un cireur de chaussures • **to break rocks** : casser des cailloux (crushing stone, or stone crushing, is ranked in international agreements as one of the worst forms of child labor, full of risks from flying rock fragments, misdirected hammers, repetitive motion injuries and years of inhaling dust) • **to work in a mine / a fishery / a cocoa plantation** : travailler à la mine / dans une pêcherie / une plantation de cacao • **a brick kiln** : un four à briques • **a brick factory** : une briqueterie • **to make bricks** : fabriquer des briques • **to tend flocks** : garder des troupeaux • **a field worker** : un travailleur aux champs • **a scavenger** : un pilleur de poubelles • **a dump** : une décharge • **to weave [wove / woven] carpets** : confectionner des tapis • **to perform domestic chores** : effectuer des corvées domestiques • **to race camels** : monter des chameaux de course • **to spray pesticides** : répandre des pesticides • **to work as a domestic servant / vendor** : travailler comme domestique / vendeur

to lease out children : prêter, louer les services d'enfants • **to do one's master's bidding** : être taillable et corvéable à merci • **to conscript / to enrol children** : enrôler des enfants • **children's rights** : les droits des enfants • **to enforce children's rights** : faire respecter les droits des enfants • **to meet one's basic needs (for)** : satisfaire aux besoins primaires (de) • **a labor inspector** : un inspecteur du travail • **the right to protection** : le droit à être protégé • **to have access to schooling** : avoir accès à l'éducation • **the right to protection from abuse** : le droit à être protégé des abus • **a children's rights movement** : un mouvement des droits des enfants

to outlaw the slave trade : interdire le commerce des esclaves • **to suppress slavery** : mettre un terme à l'esclavage • **an abolitionist** : un abolitionniste • **to emancipate / emancipation** : émanciper / l'émancipation • **the emancipation of slaves** : l'émancipation des esclaves • **to free slaves / to set slaves free** : libérer les esclaves • **to gain one's freedom** : obtenir sa liberté • **to end slavery** : mettre fin à l'esclavage

69-TRAFFIC CONGESTION

traffic (ni)	la circulation
traffic management	la gestion de la circulation
traffic density (ni)	la densité de la circulation
the flow / volume of traffic	le volume des véhicules
light / dense, heavy (a)	fluide / dense, chargé
a busy road / thoroughfare	une route / avenue fréquentée
a congested street	une rue encombrée
peak hour / rush hour	une heure de pointe
a traffic jam / a tie / a snarl-up	un embouteillage
a bottleneck / a choke point	un goulot d'étranglement
a hold-up	une retenue
to be held up	être pris (dans un bouchon)
to obstruct / to clog [clogged]	obstruer
a tailback / a crawl	un bouchon
to tail back (to)	un bouchon (qui s'étend jusqu'à)
at a snail's pace	à une vitesse d'escargot
to slow down / a slow down	ralentir / un ralentissement
to crawl (along) / to move at a slow crawl / to inch along	avancer au pas
to slow down to a crawl	être pratiquement à l'arrêt
to go dead slow	rouler au pas
bumper to bumper traffic	la circulation pare-chocs contre pare-chocs
to be stuck in traffic	être coincé dans la circulation
to be at a standstill	être immobilisé
gridlock / chaos	la paralysie / le chaos
congestion relief (ni)	l'allègement de la circulation
to divert / to rerout traffic	dévier la circulation
a diversion	une déviation
to clear the roads	dégager les routes
an alternative road	un itinéraire de délestage
to ease / to alleviate / to mitigate congestion	réduire les embouteillages
to improve traffic	améliorer la circulation
to smooth traffic flow	fluidifier la circulation
car-pooling / car sharing / ride sharing / lift sharing	le co-voiturage
road capacity / space	l'espace routier
road pricing	le péage routier
a congestion charge	un péage anti-bouchon
to unjam / to unclog / to unblock streets	désembouteiller les routes
to close to traffic	fermer à la circulation

negative impact : l'impact négatif · **to waste time** : perdre du temps · **late arrival for employment** : les retards au travail · **lost business** : des affaires manquées · **less time on productive activities** : moins de temps consacré aux activités productives · **to increase air pollution and CO_2 emissions** : accroître la pollution atmosphérique et les émissions de CO_2 · **to contribute to global warming** : contribuer au réchauffement climatique · **wasted fuel** : des gaspillages de carburant · **the wear and tear of vehicles** : l'usure des véhicules · **to block the passage of emergency vehicles** : empêcher le passage des véhicules de secours

road rage : l'agressivité au volant · **aggressive / angry behavior** : l'attitude agressive · **aggressive driving** : la conduite agressive · **frayed nerves** : des nerfs à vif · **rude gestures** : des gestes déplacés · **to shout verbal insults** : lancer des insultes verbales · **an altercation** : une altercation · **to sound the horn** : klaxonner · **to flash lights** : faire des appels de phare · **to combat aggressive driving** : lutter contre l'agressivité au volant · **revocation of driver's license** : l'annulation du permis de conduire

a love affair with the car : une histoire d'amour avec la voiture · **to do without the car** : se passer de la voiture · **to improve the flow of traffic** : améliorer le flot de la circulation · **traffic calming methods** : des méthodes d'apaisement de la circulation · **a road hump / a sleeping policeman** : un ralentisseur · **a speed cushion** : un coussin berlinois · **a median island** : un îlot central · **a pedestrian refuge** : un refuge · **a diverter** : un déviateur · **a chicane** : une chicane · **traffic-signal timing** : la synchronisation des feux tricolores · **limited access roads** : des routes à accès limité · **a reversible lane** : un couloir de circulation réversible

to switch travel modes : changer de moyens de transport · **to use public transport** : utiliser les transports en commun · **to switch from cars to trains** : échanger la voiture contre le train · **a daily commute** : un trajet quotidien · **to reduce car commuting** : diminuer le nombre des déplacements domicile/travail · **a bus lane** : un couloir d'autobus · **a multi-storey car park** : un parking à voitures · **a bicycle rental scheme / a cycling scheme** : un projet de location de vélos, un système de Vélib' · **a park and ride system / incentive parking** : un parc relais / le stationnement incitatif

car-pooling / car sharing / ride sharing / lift sharing : le co-voiturage · **casual car-pooling / slugging** : le co-voiturage occasionnel · **a car-pooling lane / a high occupancy vehicle lane (HOV lane) (US)** : une voie réservée au co-voiturage · **a toll / fare lane** : une voie à péage · **improved travel information** : une meilleure information routière · **an electronic toll tag** : un badge de télépéage · **to finance road improvements** : financer les améliorations d'infrastructures · **to widen roads** : élargir les routes · **to increase the road network** : étendre le réseau routier

to make car users pay : faire payer les automobilistes · **tolling** : le péage · **a toll road** : une route à péage · **to restrict entry to a city** : limiter l'accès à une ville · **to bar cars from the city centers** : interdire la circulation dans le centre des villes · **to shut off the center** : fermer le centre · **parking restrictions** : des restrictions de stationnement · **a car-free city** : une ville sans voitures · **an even / odd number plate** : une plaque minéralogique paire / impaire · **to pedestrianize a city** : rendre la ville aux piétons

70-RECKLESS DRIVING

road safety	la sécurité routière
reckless driving	la conduite dangereuse
a car wreck / accident / collision / incident	un accident de voiture
to wreck a car / to total a car	détruire / complètement une voiture
a fatal crash	un accident mortel
a fender bender	un accident matériel, un accrochage
a hit and run	un délit de fuite
traffic fatalities	les accidents mortels
road crash casualties	les victimes de la route
the Highway Code (UK) / the traffic code / the motor vehicle code (US)	le Code de la route
to comply with the rules of the road	respecter le code de la route
a driving school / lesson	une auto-école / une leçon de conduite
a driving instructor	un moniteur d'auto-école
a driving test	un examen du permis de conduire
a traffic violation / an infraction / a breach of the Code / a motoring offence	une infraction au Code de la route
to commit an offence	commettre une infraction
a roadhog	un chauffard
the Highway Patrol	la Police de la route
drunk driving / driving under influence (DUI)	la conduite en état d'ivresse
to drive under the influence / driving / operating while intoxicated	conduire sous l'emprise de l'alcool
a breathalyser / breath test	un alcotest, un éthylomètre
the blood alcohol limit / content (BAC)	l'alcoolémie
to talk on a cellphone	parler sur son portable
to be texting while driving (TWD)	écrire des SMS au volant
a multitasking driver	un conducteur multi-tâches
a cellphone user	un utilisateur du portable
an earpiece / a headset	une oreillette / un casque
a hands-free device	un kit mains libres
to keep one's hands on the wheel	garder les mains sur le volant
to be radar enforced	être contrôlé par radar
a speed camera	un radar automatique
a radar trap / device / gun	un contrôle radar
to get caught speeding	se faire arrêter pour excès de vitesse
to keep within the speed limit	respecter la limitation de vitesse
to be pulled over	être arrêté
to write a ticket (for)	verbaliser (pour)
a speeding fine / ticket	une amende pour excès de vitesse
to be ticketed / to be issued a ticket	être verbalisé

to exceed / to drive over the speed limit : dépasser la limite de vitesse **to drive at breakneck speed :** rouler à tombeau ouvert **excess speed :** l'excès de vitesse **to go through / to ignore / to jump a traffic light :** brûler un feu rouge **to disobey a stop signal / failure to comply with a stop sign :** brûler un stop **to cross double yellow lines / to cross into incoming traffic :** franchir la ligne jaune **improper passing :** le dépassement dangereux **to overtake where prohibited :** effectuer un dépassement interdit **to drive wrong way :** emprunter un sens interdit **parking without displaying permit :** le défaut de ticket horodateur **failure to wear a seat belt / a helmet :** le défaut de port de la ceinture de sécurité / le port du casque

driving while texting (DWT) : conduire en envoyant des SMS **an ignition interlock (device) :** un dispositif anti-démarrage **to use a cellular phone while at the wheel :** se servir d'un téléphone portable au volant **to converse / to engage in a conversation on a cellphone :** avoir une conversation téléphonique **to hold a cell phone (glued) to one's ear :** avoir le portable collé à l'oreille **to leave both hands available for the steering wheel :** garder les mains libres pour la conduite **to look away from the road / to take one's eyes off the road :** quitter la route des yeux

to crash head-on (into) : rentrer de plein fouet (dans) **to knock down :** renverser, happer **to run into a pedestrian :** renverser un piéton **to run over :** écraser **to careen :** aller à toute vitesse, foncer **to lose [lost] control (of) :** perdre la maîtrise (de) **to drive / to veer / to careen off the road :** quitter la route **to swerve (off, away) (from) :** faire une embardée (pour éviter) **to tailgate :** suivre de trop près, « coller au cul » **to skid [skidded] :** déraper **to spin [spun] :** patiner **to spin round :** faire un tête-à-queue **to hit [hit] :** heurter, happer **to plough through / to ram (into) :** s'encastrer (dans) **to overturn :** se retourner **a multiple car crash :** un carambolage **a frontal crash :** un choc frontal **a pile-up :** un carambolage **a rollover :** un tonneau **to be critically injured :** être grièvement blessé **to be thrown out / ejected :** être éjecté

a careless driver : un conducteur imprudent **an inexperienced driver :** un conducteur inexpérimenté **to suspend sb's driver's license :** suspendre un permis de conduire **to revoke / to cancel a driving licence :** retirer / annuler un permis de conduire **a driving ban :** une interdiction de conduire **a revocation :** un retrait, une annulation **an endorsement :** une mention sur le permis **a penalty point / a demerit (US) :** un point **a disqualification from driving :** un retrait de permis **to take away a driver's licence :** retirer un permis de conduire

to have safer road : avoir des routes plus sûres **to curb road accidents :** diminuer le nombre des accidents de la route **to introduce traffic calming measures :** mettre en place des mesures pour ralentir la circulation **to remove accident blackspots :** supprimer les points noirs **to wage a sensitization campaign on road accidents :** mener une campagne de sensibilisation aux accidents de la route **to use hard hitting media messages :** utiliser des messages chocs **to campaign for tougher laws :** faire campagne pour des lois plus sévères **to curb road rage :** réduire l'agressivité au volant **to prevent (sb) from driving :** empêcher (qn) de prendre le volant

71-THE M-SOCIETY

mobile telephony	la téléphonie mobile
a mobile worker	un travailleur mobile
a cell(ular) phone / a mobile	un portable
a mobile / wireless phone / a handy	un mobile
a clamshell / flip phone	un mobile à clapet
a 3G phone	un téléphone de 3e génération
a smart phone	un téléphone intelligent
dual band / tri-mode (a)	bi-bande / tri-bande
a hands-free headset	une oreillette sans fil
a landline telephone / a fixed line	une ligne fixe
a cordless telephone	un téléphone sans fil
a telephone card / a phonecard	une télécarte
a prepaid card	une carte prépayée
a subscriber-identity module (SIM) card	une carte SIM
a fax machine	un fax
a telecommunications company / a carrier	une compagnie du téléphone
a telephone operator	un opérateur du téléphone
a mobile (phone) operator / carrier / a wireless operator	un opérateur de téléphonie mobile
coverage / roaming (ni)	la couverture / l'itinérance
a roaming subscriber	un abonné itinérant
an on-board computer	un ordinateur embarqué
a dead spot / black hole	un endroit non couvert
a service plan / a monthly fee	un abonnement / mensuel
a moblog	un weblog mobile
a base station	une station émettrice/réceptrice
to have / to lose the signal	avoir / perdre le signal
a cell / a radio mast, a cell tower	une cellule / une antenne
a radio frequency	une fréquence radio
to talk on a mobile phone	utiliser un mobile
a health risk	un danger pour la santé
electromagnetic radiation hazard	le danger de radiations électromagnétiques
a hands-free system	un système mains libres
a car kit	un équipement pour voitures
to text / texting	envoyer un SMS / les textos
text messaging / short messaging service	le service de SMS
a text message / a text / a txt / an SMS (short message service) [pl. SMSes]	un texto
an instant message	un SMS
voicemail / v-mail / vmail	les messages enregistrés
a voice mail box	une boîte vocale

a dial : un cadran · **a digit** : un chiffre · **a keypad** : un clavier · **a receiver / a handset** : un combiné · **an earpiece** : un écouteur · **a button** : une touche · **a re-dialing button / a repeat button** : une touche de rappel · **an automatic last number re-dial** : une touche "bis" · **the dial tone / the dialing tone** : la tonalité · **a ring tone** : une sonnerie

to turn one's car into a mobile office : transformer sa voiture en bureau mobile · **to stay connected while driving** : rester joignable au volant · **to keep tabs on drivers' locations** : localiser les chauffeurs · **to multitask behind the wheel** : être multitâche au volant

a subscriber : un abonné · **to make / to receive a call** : passer / recevoir un appel · **to be / to speak on the phone** : être / parler au téléphone · **to answer the phone** : répondre au téléphone · **to pick up the phone** : prendre un appel · **a calling credit** : un crédit d'appel · **to load one's phone** : charger son téléphone · **to top up one's calling credit** : recharger son crédit · **average revenue per user (ARPU)** : le revenu moyen par abonné

to benefit from cell phones : tirer avantage de la téléphonie mobile · **mobile driven benefits** : les avantages tirés de la téléphonie mobile · **to communicate fast** : communiquer rapidement · **a tool of development / economic empowerment (for)** : un instrument de développement / de responsabilisation économique (pour) · **a range of phone-based services** : une gamme de services téléphoniques · **to promote economic development** : promouvoir le développement économique · **to substitute for travel** : remplacer les déplacements · **to boost / to unlock / to unleash entrepreneurship / growth in GDP** : encourager l'entreprenariat / la croissance du PNB · **to trigger growth** : déclencher la croissance · **to provide access (to)** : fournir un accès (à) · **to bring cell phones within (the) reach (of)** : mettre les portables à la portée (de)

to get in / keep / stay in (close) touch (with) : être / rester en contact (étroit) (avec) · **to connect people** : relier les gens entre eux · **to make every minute count** : utiliser chaque minute · **to respond instantly to opportunities and challenges** : répondre instantanément aux occasions et défis · **to be used for crisis / disaster management / election monitoring / to coordinate politcal protests / to root out corruption / to raise awareness of HIV** : être utilisé en cas de crise / gérer une crise / la surveillance électorale / coordonner des manifestations politiques / éradiquer la corruption / sensibiliser au HIV · **to call up information (about)** : recueillir des informations (au sujet de) · **to provide information (weather data / farming tips)** : offrir / fournir des renseignements (données météo / conseils agricoles) · **to send daily text messages to patients** : envoyer des SMS quotidiens aux malades · **to gather health information** : recueillir des données sanitaires · **to send pictures to remote specialists for diagnosis** : envoyer des photos à des spécialistes éloignés pour établir un diagnostic · **mobile banking** : la banque mobile · **a mobile-payment / mobile money system / scheme** : un système de paiement par portable · **to make it easier, quicker and cheaper to transfer money** : faciliter les transferts d'argent

72-SPACE EXPLORATION

the conquest of space	la conquête spatiale
NASA (National Aeronautics Space Administration)	la NASA
ESA (European Space Agency)	l'Agence spatiale européenne
space science	l'astronautique
a space program	un programme spatial
a space agency	une agence spatiale
space travel	les voyages dans l'espace
the space age / a spaceflight	l'ère spatiale / un vol spatial
a spacefaring nation	un pays capable d'explorer l'espace
(to benefit from) space exploration	(tirer profit de) l'exploration spatiale
a spacecraft [pl. spacecraft] / a spaceship	un vaisseau spatial
the first man in space	le premier homme dans l'espace
to send a man into space	envoyer un homme dans l'espace
to conquer space	conquérir l'espace
to fly [flew / flown] into space	voler dans l'espace
to explore / to probe space	explorer l'espace
space probing / exploration	l'exploration spatiale
a shuttle program	un programme de navette
a space station / a space platform	une station orbitale
a manned / an unmanned station	une station habitée / non habitée
a space telescope / space base	un télescope / une base spatial(e)
a crew	un équipage
an astronaut / a cosmonaut / a spaceman	un astronaute / a cosmonaute
to flight test	faire des essais en vol
a flight simulator	un simulateur de vol
a flight center / a space center	un centre spatial, un cosmodrome
mission control / flight control	le centre de contrôle
a flight controller	un contrôleur de vol
to launch (into) / a launch	lancer (dans) / un lancement
a launch(ing) window / opportunity	une fenêtre de tir
a countdown	un compte à rebours
to ignite / ignition	allumer / la mise à feu
to blast off / a blast off	être mis à feu / un lancement
to lift off / a lift-off	décoller / un décollage
to go, to climb into orbit / to enter orbit	se mettre en orbite
to orbit a satellite / to get / to place a satellite into orbit	placer un satellite en orbite
to make a flyby of a planet	survoler une planète
a moon / lunar landing	un alunissage
a space stay	un séjour dans l'espace
weightlessness / gravity	l'apesanteur

astrophysics (ni) / an astrophysicist : l'astrophysique / un astrophysicien **astronomy (ni) / an astronomer :** l'astronomie / un astronome **cosmology / a cosmologist :** la cosmologie / un cosmologue **the cosmos :** le cosmos **the solar system :** le système solaire **an astronomical object / a celestial body :** un objet céleste **a planet :** une planète **a dwarf planet :** une planète naine **an exoplanet / an extrasolar planet :** une exoplanète **a galaxy :** une galaxie **a comet :** une comète **an asteroid :** une astéroïde **a nebula [pl. nebulae / nebulas] :** une nébuleuse **the Milky Way :** la Voie lactée **a black hole :** un trou noir **dark matter :** la matière noire **a pulsar :** un pulsar **a quasar (= quasi stellar) :** un quasar **a supernova (pl. supernovae) :** une supernova **the Kuiper belt :** la ceinture de Kuiper **a light year :** une année lumière **an astronomical unit (AU, au) (150m km) :** une unité astronomique **the speed of light :** la vitesse de la lumière

a launching site : une aire de lancement **a launch pad :** un pas de tir **a launching pad / platform :** une rampe de lancement **a service tower :** une tour de service **a launcher / a launch vehicle :** un lanceur, une fusée porteuse **to abort a launch :** interrompre un lancement **to delay / to postpone a launching :** retarder un lancement **to go ahead with a launch :** donner le signal d'un lancement

to fly men in space : faire voler des hommes dans l'espace **to fly a mission :** faire partie d'une mission **a journey into space :** un voyage dans l'espace **to put a man on Mars :** envoyer un homme sur Mars **to dock (with) / to link up (with) :** s'arrimer (à), s'amarrer (à) **a spacewalk :** une sortie dans l'espace **space walking / Extra-Vehicular Activity :** les sorties dans l'espace

space research : la recherche spatiale **to explore the universe :** explorer l'univers **to unravel / to unlock the mysteries of our universe :** découvrir les mystères de l'univers **to provide us with knowledge about the origins of our solar system :** nous apporter des connaissances sur les origines du système solaire **to carry out / to conduct scientific experiments :** se livrer à des expériences scientifiques **an opportunity to make advancements in science and technology :** une occasion de faire des progrès à la science et à la technologie **to monitor changes in Earth's climate / ocean circulation :** surveiller les changements climatiques / la circulation des océans **to predict crop yields :** prévoir les rendements des récoltes **to track hurricane formation :** suivre la formation des ouragans **to locate mineral deposits :** repérer des gisements de minerais **to conduct observations :** faire des observations **to secure scientific data :** obtenir des données scientifiques **a wealth of data :** une mine de renseignements **to bring back lunar rock samples :** rapporter des échantillons de roche lunaire **national security reasons :** des raisons de sécurité nationale **strategic :** stratégique **to take the lead in the space race :** prendre la tête dans la course spatiale **to insure the peaceful exploration of space by all :** assurer à tous l'exploration pacifique de l'espace **to have commercial applications :** avoir des applications commerciales **to ensure the future survival of mankind :** assurer la survie de l'humanité **an artificial / a geostationary satellite :** un satellite artificiel / géostationnaire **an applications / a telecommunications satellite :** un satellite utilitaire / de communications **a weather satellite :** un satellite météorologique **a spy satellite :** un satellite espion

73-HEURISTIC

to innovate / to break [broke / broken] ground	innover
an innovator	un innovateur
the spirit of innovation	l'esprit d'innovation
the innovation challenge	le défi de l'innovation
a capacity for innovation	une capacité à innover
to foster / to spur innovation (in)	encourager l'innovation (dans)
an innovation economy	une économie de l'innovation
a knowledge economy	une économie de la connaissance
to test new ideas / to alpha-test ideas	tester de nouvelles idées
to engineer solutions to life's problems	concevoir des solutions aux problèmes humains
brainpower / human capital	le capital humain
the drive for innovation	le moteur de l'innovation
a powerhouse	un laboratoire (d'idées)
to be the brainchild (of)	être à l'origine (de) / l'auteur (de)
to revolutionize	révolutionner
a Nobel laureate / recipient / winner	un lauréat du Prix Nobel
to patent new technologies	breveter de nouvelles technologies
an innovator	un innovateur
an entrepreneur	un entrepreneur
the enterprising spirit	l'esprit d'entreprise
to create / creativity (ni)	créer / la créativité
creation / a creator	la création / un créateur
to think creatively / outside the box	avoir une réflexion créatrice
to foster creative thinking	encourager la pensée créatrice
to kill / to stifle creativity	tuer / étouffer la créativité
to invent / an invention / inventive (a)	inventer / l'invention / inventif
the spirit of invention	le génie inventif
a home-brewed invention	une invention maison
an inventor	un inventeur
inventiveness (ni)	l'esprit d'invention
to discover / a discovery	découvrir / une découverte
to make a discovery	faire une découverte
to lead [led] to a discovery	conduire à une découverte
to be credited with a discovery	être crédité d'une découverte
to hit [hit] upon / to chance upon	découvrir (par hasard)
serendipity (ni)	un heureux hasard
a serendipitous discovery	une découverte fortuite
a discoverer	un découvreur
genius / a genius	le génie / un génie
a whiz kid / whizkid	un petit génie

to foster / to encourage (encourager), **to embrace** (accueillir), **to introduce** (présenter), **to develop** (mettre au point), **to facilitate** (faciliter), **to stimulate** (stimuler), **to stifle** (étouffer), **to kill** (tuer), **to pursue** (poursuivre), **to resist** (résister à) **+ innovation**

to dream up (an idea) : imaginer (une idée) **to cook up / to come up with new ideas :** trouver de nouvelles idées **to scout for new ideas :** être à la recherche de nouvelles idées **the search for ideas :** la recherche d'idées **to hit upon an idea :** trouver une idée **to dream up an idea :** imaginer, inventer, cogiter **to think up an idea :** réfléchir à une idée **to moot / to put forward an idea :** discuter d'une idée / avancer une idée **to toy with an idea :** caresser une idée **to generate ideas :** produire des idées **to bounce a few ideas about :** échanger quelques idées **to bounce ideas off somebody :** tester ses idées sur qn

to make innovations (in) : apporter des innovations / des changements (dans) **an area of innovation :** un domaine d'innovation **scientific / technical / technological innovation :** l'innovation scientifique / technique / technologique **product innovation :** l'innovation dans les produits **design innovation :** l'innovation dans la conception **an innovation policy :** une politique d'innovation **an approach to innovation :** une façon de concevoir l'innovation **an innovation strategy :** une stratégie innovante **to generate innovation :** produire de l'innovation **innovation frenzy :** la frénésie d'innovations **innovation efforts :** des efforts pour innover **to hold back / to hamper / to hinder innovation :** empêcher l'innovation **to create wealth through innovation :** créer de la richesse par le biais de l'innovation

to stake out new territory : explorer de nouveaux territoires **a new frontier in science :** une nouvelle frontière de la science **to spur [spurred] innovation :** encourager l'innovation **to be at the forefront of innovation :** être aux avant-postes de l'innovation **to spawn innovation :** engendrer l'innovation **to make inroads (into / against) :** faire des progrès (dans / dans la lutte contre) **to keep ahead of times :** rester en avance sur son temps **to have an edge (in) :** avoir une longueur d'avance (en) **to be ahead of the curve (on) :** être en avance (dans le domaine de) **to be at the cutting edge (of) :** être à l'avant-garde (de) **to spearhead :** être le fer de lance (de) **to pave the way (for) :** ouvrir la voie (à) **to have a head start / to hold a lead :** avoir une longueur d'avance **to have / to recover a lead (in) :** avoir / reprendre une avance (en) **to get off the ground :** décoller **a groundbreaking industry :** une industrie innovante **to hasten the pace :** accélérer la vitesse **state-of-the-art (a) :** à la pointe

74-R&D

research (ni) (in / into / on)	la / les recherche(s) (en / sur)
research work (ni)	le travail de recherche
the search for knowledge	la recherche de la connaissance
the advancement of human knowledge	le progrès de la connaissance humaine
an area / a field / a domain of research	un domaine de recherche
scientific / applied research	la recherche scientifique / appliquée
pure / basic / fundamental research	la recherche fondamentale
to do / to carry out research (in)	faire de la recherche (en)
to conduct research (in)	effectuer des recherches (en)
to undertake research	entreprendre des recherches
a national public research body	un organisme de recherche public
a research laboratory / institute	un institut / laboratoire de recherche
lab work (ni) / experimental work	les travaux expérimentaux
an experiment	une expérience
a research internship	un stage de recherche
a research project / centre	un projet / un centre de recherche
to do / to carry out a research project	faire un projet de recherche
a research program / team	un programme / une équipe de recherche
a researcher / a research worker / a research scientist	un chercheur
to fund, to finance / to evaluate research	financer / évaluer la recherche
research methods	les méthodes de recherche
research purposes	les buts de la recherche
research findings / results / the findings of one's research	les résultats de la / sa recherche
to discover / a discovery	découvrir / une découverte
to make progress / an advance	faire des progrès / un progrès
a breakthrough	une découverte capitale
to blaze new trails	tracer de nouveaux chemins
to break new ground	faire de nouvelles découvertes
to invest in research	investir dans la recherche
cuts / cutbacks (in research funding)	les réductions (de financement de la recherche)
a patent (for, on) / to patent (invention)	un brevet / breveter
patent pending / application (US)	la demande de brevet
a patent expiration	l'expiration d'un brevet
to apply for a patent	déposer une demande de brevet
to take out a patent	déposer un brevet
a patent holder / owner	le détenteur d'un brevet
new product design	la conception de nouveaux produits
product development	la mise au point de produits
R&D activities	les activités de R&D

research is based on : la recherche s'appuie sur **research reveals (that) :** les recherches montrent (que) **research focuses (on) / yields, produces :** les recherches se concentrent sur / débouchent (sur) **research appeals to / attracts / lures :** la recherche plaît à / attire / séduit **to be applied (to) :** être appliqué (à)

researchers (in the field) work in / on (travailler sur), **study** (étudier), **investigate sth** (enquêter, faire des recherches sur), **discover** (découvrir), **find sth** (trouver qch), **claim (that)** (revendiquer, prétendre que), **conclude** (conclure)

research can be ground-breaking / path breaking (innovant), **detailed** (détaillé), **in-depth** (approfondi), **extensive** (étendu), **pioneering** (original), **empirical** (empirique), **applied** (appliqué), **fundamental** (fondamental)

to carry out / to do / to perform an experiment : procéder à une expérience **to conduct an experiment :** mener une expérience **to set up an experiment :** monter une expérience **to confirm sth :** confirmer qch **to illustrate sth :** illustrer qch **to prove :** prouver **irrefutably :** sans contestation possible **to be aimed at :** être destiné à **to be designed to do sth :** être destiné à faire qch

to churn new inventions : produire de nouvelles inventions **patent pending / application (US) :** la demande de brevet **a patent expiration :** l'expiration d'un brevet **to file a patent application :** déposer une demande de brevet **to get / to obtain a patent :** obtenir un brevet **to take out a patent :** déposer un brevet **to issue a patent :** délivrer un brevet **to grant a patent :** accorder un brevet **to go off-patent :** à l'expiration du brevet **exclusive rights :** des droits exclusifs **a patent law :** une loi sur les brevets **the public domain :** le domaine public **patent infringement :** la violation de brevet **an infringer :** un usurpateur

what's the point of research? : à quoi sert la recherche ? **to award / to spend money on research :** attribuer / dépenser de l'argent pour la recherche **to commission research (in) :** mandater des recherches (en) **to contribute to knowledge (in) :** contribuer à la connaissance (de) **to advance knowledge :** faire progresser la connaissance **to expand the boundaries of knowledge / to broaden one's knowledge :** élargir les limites de la / ses connaissance(s) **to gain insights (into) :** avoir un aperçu (de) **to develop tools (to) :** développer les outils (pour) **to have economic benefits (to / for) :** avoir des incidences / bénéfices économiques (pour) **to unlock / to untangle / to decipher the secrets (of) :** percer / découvrir / déchiffrer les secrets (de) **to prepare man to deal with future challenges and opportunities :** préparer l'homme à affronter les défis et à faire face aux opportunités de demain **to remain at the forefront of expertise :** rester à l'avant-garde des compétences **to find practical solutions to real-world problems :** trouver des solutions pratiques aux problèmes réels

75-ENERGY ALTERNATIVES

to capture / to convert energy	capturer / convertir l'énergie
to harness / to tap energy, power	exploiter / domestiquer l'énergie
the demand for energy	la demande d'énergie
energy needs / energy requirements	les besoins énergétiques
to save / to conserve energy	économiser l'énergie
scarcity (ni) / scarce (a)	la rareté / rare
to cut energy consumption (by)	réduire sa consommation d'énergie (de)
alternative energy sources	des sources d'énergie alternative
to tap into a source of energy	exploiter une source d'énergie
to generate power (from)	produire de l'électricité à partir (de)
to adopt clean / green energy	adopter des énergies propres
heat / thermal energy (ni)	l'énergie calorifique
geothermal energy	l'énergie géothermique
geothermal power	la géothermie
solar power / solar energy	l'énergie solaire
solar-powered (a)	qui fonctionne à l'énergie solaire
a solar / photovoltaic power station	une centrale solaire
marine energy	l'énergie marine
wave power / energy	l'énergie des vagues
tidal energy	l'énergie marémotrice
wind power (ni)	l'énergie éolienne
a wind farm / a wind power plant	un parc d'éoliennes
a wind turbine / a wind machine	une éolienne
a windmill	un moulin à vent
a wind power unit (WPU)	un aérogénérateur
biomass energy	l'énergie de la biomasse
biomaterials	les biomatériaux
biobutanol / biogasoline	le biobutanol
biogas	le biogaz
to convert (into) / conversion (into)	convertir (en) / la conversion (en)
a wood stove	un poêle à bois
to heat one's home	se chauffer
a heating bill	une facture de chauffage
to insulate a home / insulation (ni)	isoler une maison / l'isolation
insulating materials	des matériaux isolants
an energy efficient light bulb	une ampoule économique
a low consumption / energy light bulb	une ampoule à basse consommation
low power consumption	la consommation basse énergie
an LED lamp	une lampe à diode électroluminescente
an oil shock	un choc pétrolier
to withstand an oil shock	résister à un choc pétrolier
an energy shortage / an oil shortfall	une pénurie d'énergie

energy can be : renewable : renouvelable **cheap :** bon marché **plentiful :** abondant **inexhaustible :** inépuisable **scarce :** rare **depletable :** épuisable **to be energy-saving :** qui économise l'énergie **energy-efficient :** économe en énergie

fossil fuels : les carburants fossiles **oil / coal / gas (ni) :** le pétrole / le charbon / le gaz **hydrocarbons :** les hydrocarbures **lubrication oils / lubricating oils :** les huiles lubrifiantes **four-star / premium :** le super **regular :** l'ordinaire **unleaded / lead-free gas :** l'essence sans plomb **kerosene / jet fuel / burning oil :** le kérosène (avion) **fuel oil / heating oil :** le mazout, le fioul domestique **diesel oil / gas-oil :** le gazole (pour camions) **marine diesel :** le diesel navire **an oil by-product :** un produit dérivé du pétrole

organic fuel : le carburant vert **synfuel :** le combustible de synthèse **biofuels / agrofuel :** les biocarburants **biogas :** le biogaz **biological energy conversion :** la bioconversion **bio-diesel :** le diester **ethanol :** l'éthanol

a hydroelectric plant : une centrale hydroélectrique **a utility (company) [pl. utilities] :** une société de service public (type EDF) **a power station / a generating station :** une centrale électrique **a thermal power station :** une centrale thermique **a dam :** un barrage **a nuclear power plant :** une centrale nucléaire

a solar battery : une pile solaire **a solar cell :** une cellule solaire **a solar oven / a solar furnace :** un four solaire **a solar panel / a solar collector :** un panneau / capteur solaire **a solar sensor / collector :** un capteur solaire **a solar thermal plant :** une centrale thermique solaire **sunlight :** la lumière du soleil

to generate / to yield power : produire de l'énergie **power generation (ni) :** la production d'énergie **to recover energy :** récupérer l'énergie **to provide / to supply energy :** fournir de l'énergie **to transmit electricity :** faire passer le courant **to consume / to use energy :** consommer de l'énergie

energy conservation : les économies d'énergie **energy dependence :** la dépendance énergétique **energy-saving measures :** les mesures pour économiser l'énergie **the energy crunch :** la crise de l'énergie **an energy squeeze :** une crise de l'énergie **to waste energy :** gaspiller l'énergie

a power failure : une panne de courant **to be overloaded :** être en surtension **a dimout :** un black-out partiel **a brownout :** une baisse de tension **a blackout :** une panne de secteur **a shutdown :** un arrêt, une coupure **peak hours :** les heures de pointe, les heures pleines **off-peak hours :** les heures creuses

76-PEAK OIL

the petroleum industry	l'industrie pétrolière
an oil company	une compagnie pétrolière
Big Oil	les géants du pétrole
petroleum (UK) / crude oil (US)	le pétrole brut
petrol / gas / gasoline (US)	l'essence
global oil consumption	la consommation énergétique mondiale
an oil-producing country	un pays producteur de pétrole
an oil-consuming nation	un pays consommateur de pétrole
an oil-importing country	un pays importateur de pétrole
oils needs / demand	les besoins / la demande énergétique(s)
energy dependence	la dépendance énergétique
peak oil	le pic pétrolier
to peak	atteindre son point culminant
an oil field	un gisement / champ pétrolifère
the Middle East	le Moyen-Orient
the Organization of Petroleum Exporting Countries (OPEC)	l'Organisation des pays exportateurs de pétrole (OPEP)
proven / probable reserves	les réserves confirmées / probables
oil discovery	la découverte de pétrole
worldwide oil output / production	la production mondiale de pétrole
an energy-intensive economy	une économie consommatrice d'énergie
the era of cheap oil	l'époque du pétrole bon marché
a shortage of oil / an oil shortage	une pénurie de pétrole
oil depletion	l'épuisement des réserves de pétrole
to run out of oil	être à court de pétrole
to strike [struck] oil	découvrir du pétrole
to explore / to drill for oil	chercher du pétrole
offshore drilling	le forage en mer
an oil deposit / well	un gisement / un puits de pétrole
an oil rig	une plate-forme de forage en mer
oil recovery / petroleum extraction	l'extraction de pétrole
an oil terminal	un terminal pétrolier
an oil pipeline / a refinery	un oléoduc / une raffinerie
an oil shipment	une livraison de pétrole
an oil depot	un dépôt de carburant
a tanker, an oiler / a barrel (bbl)	un pétrolier / un baril (unité=159 l)
an energy bill	une facture énergétique
mitigation of oil peak	l'atténuation du pic de pétrole
to reduce petroleum consumption	réduire la consommation de pétrole
fuel conservation	les économies de carburant
alternative / renewable energy	les énergies douces / renouvelables

world demand for oil / energy demand : la demande mondiale de pétrole **oil addiction** : la dépendance vis-à-vis du pétrole **to rely on oil imports** : dépendre des importations de pétrole **dependency on the oil industry** : la dépendance face à l'industrie pétrolière **heavy reliance on imported oil** : la lourde dépendance vis-à-vis des importations de pétrole **self-sufficiency in oil** : la couverture des besoins pétroliers

to drive up energy use : aggraver la consommation énergétique **worldwide production / growth trends** : les prédictions mondiales de production / de croissance **global supply** : les approvisionnements mondiaux **demand for oil significantly out-paces production** : la demande en pétrole excède largement la production **the car culture** : la culture de l'automobile

a supply shortfall : une pénurie d'approvisionnement **an oil glut** : une surabondance de pétrole **oil production / to peak / to decline** : la production de pétrole / atteindre son point culminant / décliner **to cap one's output** : limiter sa production **dwindling supplies** : la baisse des réserves **to tap into reserves** : puiser dans les réserves **the Strategic Petroleum Reserve (SPR) (US)** : la Réserve stratégique de pétrole **to draw on the SPR** : puiser dans la Réserve **gasoline rationing** : le rationnement d'essence **to cut a country's dependence (on)** : réduire la dépendance d'un pays (vis-à-vis de) **to wean oneself (off)** : se sevrer (de) **to hoard oil** : constituer des stocks de pétrole

financial / economic consequences : les conséquences financières / économiques **volatility in oil prices** : l'instabilité des prix du pétrole **to cause severe increases (in)** : provoquer de fortes augmentations (de) **an oil price increase / run-up / rise** : une augmentation des prix des produits pétroliers **to push prices up** : faire grimper les prix **to go sky high / to skyrocket / to shoot up [shot]** : crever le plafond **soaring prices** : des prix astronomiques **high cost fuel** : un carburant cher **to be gouged by the oil companies** : être victime des prix exorbitants pratiqués par les compagnies pétrolières **a collapse of global industrial civilization** : un effondrement de la civilisation industrielle dans le monde **to lead to population decline** : conduire au déclin démographique **to bring about a global recession** : provoquer une récession mondiale **to cause spiking food prices and unprecedented famine** : provoquer une augmentation des prix des denrées alimentaires et une famine sans précédent **the suburbs' reliance on the automobile** : la dépendance de la voiture pour les banlieusards

to mitigate the effects of peak oil : atténuer les effets du pic pétrolier **clean / green energy sources** : des sources d'énergie alternatives / renouvelables / propres **to develop / to implement clean energy technology** : mettre au point / mettre en œuvre des technologies d'énergie propres **to cast about for alternatives** : chercher des solutions de remplacement **to make fuel-efficient cars** : fabriquer des voitures économes en carburant **to save / to conserve energy** : économiser l'énergie **to cut energy consumption (by)** : réduire sa consommation d'énergie (de) **to reverse a trend** : renverser une tendance

77-NUCLEAR ENERGY

nuclear physics	la physique nucléaire
a nuclear physicist	un physicien nucléaire
a nuclear scientist	un atomiste
the nuclear age / industry	l'ère / l'industrie du nucléaire
nuclear fusion / fission, splitting	la fusion nucléaire / la fission nucléaire
enriched / depleted uranium	l'uranium enrichi / appauvri
plutonium / caesium	le plutonium / le césium
a peaceful / military application	une application pacifique / militaire
to enrich / enrichment	enrichir / l'enrichissement
to convert / conversion	convertir / la conversion
a nuclear power plant / a "nuke"	une centrale nucléaire
a nuclear reactor	un réacteur nucléaire
a breeder	un générateur
a (fast) breeder reactor	un réacteur surrégénérateur
a pressurized water reactor (PWR)	un réacteur à eau pressurisée
a boiling water reactor (BWR)	un réacteur à eau bouillante
the core of a reactor	le cœur d'un réacteur
a fuel rod	un crayon combustible
a thermal shield	un bouclier thermique
a containment (building)	une enceinte de confinement
a cooling tower	une tour de refroidissement
a steel / concrete shell	une gangue d'acier / de béton
spent fuel	le combustible irradié
nuclear waste	les déchets nucléaires
fuel reprocessing	le retraitement des combustibles
a nuclear hazard	un risque nucléaire
a breakdown / a failure	une panne
to malfunction / faulty (a)	mal fonctionner / défectueux
a meltdown	une fusion du cœur du réacteur
to release a radioactive cloud	libérer un nuage radioactif
nuclear fallout (ni)	les retombées radioactives
radioactivity / radioactive (a)	la radioactivité / radioactif
contamination / decontamination	la contamination / décontamination
to proliferate / proliferation	proliférer / la prolifération
radioactive waste	les déchets radioactifs
a processing plant	une usine de traitement
to recycle / recycling (ni)	recycler / le recyclage
to store / storage (ni)	stocker / le stockage
to decommission a plant	démanteler / déclasser une centrale
a permanent repository	une zone de stockage permanente
an antinuclear movement	un mouvement antinucléaire
an antinuclear activist / campaigner	un militant antinucléaire

a particle : une particule **an atom** : un atome **a nucleus [pl. nuclei]** : un noyau [noyaux] **a proton** : un proton **a particle detector** : un détecteur de particules **an atomic-particle accelerator** : un accélérateur de particules **an atom smasher / an electron collider** : un collisionneur **a superconducting collider** : un synchrotron **a cyclotron** : un cyclotron **a magnetic field** : un champ magnétique **to split the atom** : fissurer l'atome **kinetic energy** : l'énergie cinétique **an isotope** : un isotope **ore** : le minerai **uranium mining / enrichment** : l'extraction / l'enrichissement de l'uranium **the nuclear fuel cycle** : le cycle de vie du carburant nucléaire

a fail-safe technology : une technologie éprouvée / sans danger **nuclear safeguards** : les garanties de sécurité nucléaire **a safety standard / record** : une norme / une tradition de sécurité **nuclear facilities** : les installations nucléaires **the Chernobyl accident** : l'accident de Tchernobyl **a breakdown / failure** : une panne **a nuclear excursion / a criticality accident** : un accident de criticité **a stricken / crippled power station** : une centrale endommagée **to shut down a reactor** : fermer un réacteur **to release radioactivity** : libérer de la radioactivité **to downplay the extent (of)** : minimiser l'étendue (de) **to cover up / to hush up** : étouffer **to evacuate an area** : évacuer une zone **to warn the population** : avertir la population **contingency / emergency plans** : des plans d'urgence **a radioactive / an exclusion zone** : une zone radioactive / d'exclusion **to contaminate** : contaminer **a water table / an aquifer** : une nappe phréatique **to stop reproducing** : cesser de se reproduire **to develop cancer** : être victime d'un cancer **leukaemia** : la leucémie **a stillbirth** : un enfant mort-né **a miscarriage** : une fausse couche **the food chain** : la chaîne alimentaire **a shortening of the life span** : une diminution de la durée de vie

to emit / to give off radiation : émettre des radiations **the emission of radioactive particles** : l'émission de particules radioactives **radiation exposure** : l'irradiation **a dose of radiation** : une dose de radiation **a level of radiation** : une teneur en radioactivité **an acceptable / unacceptable level** : un niveau acceptable / inacceptable **a Geiger counter** : un compteur Geiger **radiation sickness / poisoning** : la maladie des rayons **to be exposed to a dose (of)** : être soumis à une dose (de) **prolonged exposure** : l'exposition prolongée **a millisievert (MSV) of radiation** : une dose infime de radiation **a roentgen** : un Roentgen / Röntgen **to decontaminate** : décontaminer

environmental benefits : les avantages pour l'environnement **to be pollution-free (a)** : être sans danger pour l'environnement **to pursue a nuclear program** : poursuivre un programme nucléaire **to develop nuclear power** : développer le nucléaire **burnup time** : le temps de combustion **a fuel cycle** : un cycle de combustion **irradiated fuel** : du combustible irradié **underground storage** : le stockage souterrain **to fall into the hands of terrorists** : tomber entre les mains de terroristes **to smuggle nuclear fuel out of a country** : faire sortir du combustible nucléaire illégalement d'un pays **a rogue country** : un État voyou

a nuclear accident : un accident nucléaire **to dispose of fuel / fuel disposal** : traiter le combustible / le traitement du combustible **to leak / leakage** : fuir, s'échapper / les fuites **a leak** : une fuite **low level waste** : des déchets faiblement irradiés

78-THE DIGITAL LIBRARY

the literary world	le monde littéraire
a printed book	un livre imprimé
a text novel / a hard copy	un roman papier / une copie papier
electronic publishing / ePublishing	la publication numérique
online publishing / web publishing	la publication en ligne
an electronic book	un livre électronique
an e-book / ebook / eBook	un e-book
an e-reader / an e-book device	une liseuse
an e-book publisher	un éditeur de livres électroniques
a vook / a blook	un vidéo-livre / un blouquin, blook
a digital library	une bibliothèque numérique
a virtual library	une bibliothèque virtuelle
a digital edition	une édition numérique
a digital format	un format numérique
a digi-novel	un roman numérique
portability	la transportabilité
to be easy to carry around	être facilement transportable
readability	la facilité de lecture
to digitize	numériser
born-digital	accessible en numérique
optical character recognition (OCR)	la reconnaissance optique de caractères (ROC)
OCR software	des logiciels de ROC
intelligent character recognition (ICR)	la reconnaissance intelligente de caractères
digital image processing	le traitement numérique de l'image
to scan pages	scanner des pages
a hybrid library	une bibliothèque hybride
physical archives	des archives physiques
digital / online archives	des archives numériques
digital rights management (DRM)	la gestion des droits numériques
to be in the public domain	être dans le domaine public
to keep readers interested (in)	maintenir l'intérêt des lecteurs (pour)
to contain / to integrate videos	contenir / intégrer des vidéos
to augment books with video segments	agrémenter les livres de bandes vidéo
a video-enhanced format	un format enrichi par la vidéo
to be accessible by computer	être accessible par ordinateur
open access (OA)	en accès ouvert
toll access / subscription access	l'accès payant
to change reading habits	modifier les habitudes de lecture
the loss of sustained reading	la fin de la lecture continue
to violate copyrights	violer les droits d'auteur

the digital library. round the clock availability / access : la disponibilité / l'accès permanent(e) **multiple access :** l'accès multiple **unlimited storage space :** un espace de stockage illimité **enhanced legibility :** l'amélioration de la lecture **digital preservation :** l'archivage numérique **an obsolescent technology :** une technologie vieillissante **an aging and obsolete digital format :** un format vieillissant et obsolète **the ever-changing nature of computer technologies :** la nature en perpétuelle évolution des technologies informatiques **to be in danger of becoming extinct :** être menacé de disparition **physical deterioration :** la détérioration physique

FOR ebooks. to be available free of charge : être disponible gratuitement **to display text on a screen :** afficher du texte sur un écran **to store on a device :** stocker sur un dispositif **to require / to fill little space / room :** nécessiter / occuper peu d'espace **an encyclopedia on CD / DVD :** une encyclopédie sur CD / DVD **to search text automatically :** rechercher automatiquement dans le texte **to be printed for less than the price of a traditional book :** être imprimé à coût moindre que le prix d'un livre traditionnel **to contain several books :** contenir plusieurs livres **mobile availability of e-books :** la disponibilité universelle des livres électroniques **to adjust font size :** régler la taille des caractères **to allow animated images or multimedia clips to be embedded :** permettre l'incrustation d'images ou de clips **to allow for greater fidelity in colour reproduction :** permettre une reproduction plus fidèle des couleurs **to be readable in low light or even total darkness :** être lisible dans la pénombre ou le noir **to go out of print :** être épuisé **print on demand :** l'impression à la demande **to be offered indefinitely :** ne jamais être épuisé **to self-publish an e-book :** publier un e-book à compte d'auteur **to consume ink / paper :** consommer de l'encre / du papier **to be widely distributed :** être largement distribué **a copyright holder :** le détenteur des droits d'auteur

AGAINST ebooks. to require an electronic device / additional software : nécessiter un dispositif électronique / des logiciels supplémentaires **to require electrical power :** avoir besoin d'électricité **to exhaust the battery :** vider la batterie **to be fragile / susceptible to physical damage :** être fragile / être susceptible de s'abîmer **to malfunction :** tomber en panne **to be likely to be stolen / lost / broken beyond repair :** être susceptible d'être dérobé / perdu / définitivement endommagé **to be difficult to read in bright sunlight :** être difficile à lire en plein soleil **the danger of piracy / hacking :** le danger de piraterie informatique **to lack the tactility and aesthetics of book-bindings :** ne pas disposer du toucher et de l'esthétique d'une reliure **low screen resolution :** une faible résolution d'image **to make reselling or lending out an e-book complicated :** compliquer la revente ou le prêt **the hazard of changing technologies and less durable electronic storage media :** le risque de technologies évolutives et de médias de stockage moins durables **to represent an environmental hazard / to be non-biodegradable :** représenter un danger pour l'environnement / être non bio-dégradable **eye strain :** la fatigue visuelle

unauthorized copying : le copillage **to seek permission (from publishers / authors) :** demander la permission (aux éditeurs / auteurs) **violation of copyright standards :** la violation des normes de reproduction **to fail to comply with copyright protection regulations :** ne pas se plier aux lois sur la protection du droit d'auteur

79-EARTH IN THE BALANCE

the society of affluence / abundance	la société d'abondance
the by-products of civilization	les conséquences de la civilisation
a throw away society	une société de gaspillage
profligacy (ni) / profligate (a)	le gaspillage / gaspilleur
affluence (ni)	l'abondance
extravagance (ni)	la prodigalité, le gaspillage
extravagant (a)	prodigue, gaspilleur
to throw [threw / thrown] (sth) away	jeter (qch)
public awareness	la prise de conscience
to heighten awareness	accroître la prise de conscience
an awareness-building campaign	une campagne de sensibilisation
a health hazard	un danger pour la santé
to save the Earth	sauver la planète
to protect the environment	protéger l'environnement
ecological balance	l'équilibre écologique
ozone depletion	la diminution de la couche d'ozone
climate change	les changements climatiques
toxic waste disposal	l'élimination des déchets toxiques
the rain forest destruction	la destruction de la forêt amazonienne
population explosion	l'explosion démographique
a conservationist	un protecteur de l'environnement
an ecomovement	un mouvement écologique
alternative energy	des énergies alternatives
an alternative energy source	une autre source d'énergie
renewable energy sources (RES)	des sources d'énergie renouvelables
to conserve energy	conserver l'énergie
fuel efficient (a)	économe en carburant
energy efficient (a)	économe en énergie
insulation (ni)	l'isolation
to sort (out) / sorting	trier / le tri
biodegradable / non degradable (a)	biodégradable / non dégradable
household waste (ni)	les déchets domestiques
bottle redemption (ni)	la récupération du verre
a collection point / a bottle bank	un point verre
to collect (used glass)	ramasser (le verre usagé)
to return bottles	rapporter les bouteilles
a deposit / a return	une consigne
to recycle / recycling	recycler / le recyclage
a recycling station	un point recyclage
recyclable (a)	recyclable
to process / to reprocess	traiter / retraiter

cumulative impacts : les impacts cumulés **to be detrimental (to)** : être nuisible (à) **to have adverse effects (on)** : avoir des effets défavorables (sur) **to do harm (to)** : causer du tort (à) **harmful, unsafe / harmless, safe (a)** : nuisible, dangereux / sans danger, inoffensif **to strain the eco-system** : mettre l'écosystème à rude épreuve **toxicity (ni)** : la toxicité **toxic / non toxic (a)** : toxique / non toxique **noxious / innocuous (a)** : délétère, nocif / inoffensif **deadly / lethal / fatal (a)** : mortel **a carcinogen** : un produit cancérigène **carcinogenic (a)** : cancérigène **cancer-causing (a)** : oncogène **cancer-related** : lié au cancer

to stir public opinion : attiser l'opinion publique **to act responsibly (towards)** : agir de façon responsable (envers) **to deal with pressing problems** : traiter de problèmes urgents **to assess the (health) risks** : mesurer les risques (pour la santé) **to be at stake** : être en jeu **the stakes are high** : les enjeux sont grands **to call for a moratorium** : demander un moratoire **to convey a message / to get a message across / to drive home a message (to)** : faire passer un message (à) **to take action (against)** : prendre des mesures (contre), empêcher **to threaten / a threat** : menacer / une menace **to jeopardize / to endanger** : mettre en danger **in jeopardy** : en danger

an action plan : un plan d'action **to be respectful of the environment** : respecter la nature **to conserve / to preserve nature** : défendre, respecter, sauvegarder la nature **to save natural riches** : sauver les richesses naturelles **to highlight the dangers** : souligner les dangers **to press for** : réclamer

an earth watch program : un programme de surveillance de la planète **to crack down on polluters** : réprimer les pollueurs **an offending industry** : une industrie en infraction **to levy [levied] a fine** : infliger une amende **a carbon tax** : une taxe sur l'oxyde de carbone **a car tax** : une taxe sur les automobiles **a road-user charge** : une taxe sur l'utilisation des routes **a water charge** : une taxe sur l'eau **to raise petrol duty** : augmenter les taxes sur l'essence **to collect a pollution fee** : taxer les pollueurs **the polluter-pay principle** : le principe du pollueur payeur **the precautionary principle** : le principe de précaution

80-SUSTAINABLE DEVELOPMENT

sustainable development	le développement durable
sustainable management	la gestion durable
sustainable transportation	le transport durable
sustainable architecture	l'architecture durable
to sustain	faire durer, maintenir, soutenir
sustainable (a)	durable, pérenne
environmentally sound practices	des pratiques écologiques saines
growth management	la gestion de la croissance
economic growth	la croissance économique
the limits of growth	les limites de la croissance
to contain / to limit economic development	contenir / limiter le développement économique
to preserve the environment	sauvegarder l'environnement
deep ecology	l'écologie profonde
to satisfy / to meet sb's basic needs	satisfaire les besoins fondamentaux de qn
to meet the needs of the present	satisfaire les besoins présents
to compromise the needs of future generations	compromettre les besoins des générations à venir
a carrying capacity (of natural systems)	une capacité porteuse / de charge / limite (des systèmes naturels)
the population size (of)	la taille de la population (de)
depletion of resources	l'épuisement des ressources
to adopt an alternative lifestyle	adopter un mode de vie différent
an environmental ethics	une éthique environnementale
an alternative source of energy	une nouvelle source d'énergie
a clean technology	une technologie propre
environmental friendly (a)	sans danger pour l'environnement
to follow an environmentally sustainable path	suivre la voie du développement durable
a set of standards / principles / guidelines	un ensemble de normes / principes / directives
environmentally-friendly / eco-friendly	sans danger pour l'environnement
environmentally-minded / eco-minded	conscient des dangers pour l'environnement
ecoefficiency	l'écoefficience
the green revolution	la révolution verte
to go green / to buy, to shop green	se convertir à l'écologie / acheter vert
green consumerism	le consumérisme écologique
a green product	un produit écologique
ethical consumerism (ni)	le consumérisme éthique
a consumer boycott	un boycottage des consommateurs
green activism (ni)	le militantisme écologique

to adopt best practices : adopter de meilleures pratiques **a stakeholder** : une partie prenante **to stop environmental degradation** : freiner la dégradation de l'environnement **to build compact cities / short distance cities** : construire des villes compactes **a sustainable / green building** : un bâtiment écologique **an energy efficient building** : un bâtiment économe en énergie **a low energy / zero energy house** : une maison basse consommation / zéro énergie **to stop urban sprawl** : mettre un frein à la périurbanisation **solar water heating** : le chauffage de l'eau par énergie solaire **to reduce waste of energy** : réduire les gaspillages d'énergie **to conserve the countryside** : préserver les paysages **to support public transport** : soutenir les transports en commun **waste minimization** : la réduction des déchets

an environmental condition indicator (ECI) : un indicateur de condition environnementale **environmental performance evaluation (EPE)** : l'évaluation de la performance environnementale (EPE) **an environmental management audit system (EMAS)** : un système d'audit de gestion environnementale **the human development index (HDI)** : l'indicateur de développement humain (IDH) **ozone destroying potential (ODP)** : le potentiel de destruction d'ozone (PDO)

a Green party : un parti écologique **the Greens** : les Verts **green activism** : le militantisme vert **green power** : le pouvoir des écologistes **an ecologist / an environmentalist** : un écologiste **a green activist** : un militant vert **an ecoraider** : un destructeur de la nature **an eco-warrior** : un défenseur de la nature **a green lobby** : un groupe de pression écologique

to boycott / a boycott : boycotter / un boycott **to lobby / lobbying** : faire pression / le lobbying **to denounce** : dénoncer **to be involved (in)** : être impliqué (dans) **to campaign (against)** : faire campagne (contre) **to expose / to reveal** : dénoncer, révéler **to fight (against)** : se battre (contre) **to sue** : poursuivre en justice **to engage in environmentally sound practices** : se livrer à des pratiques écologiques saines **a set of measures / actions and tools** : une panoplie de mesures **to promote de-growth** : promouvoir la décroissance **zero growth** : la croissance zéro

the Environmental Protection Agency (EPA) (US) : l'Agence pour la protection de l'environnement **an environmental law** : une loi sur l'environnement **an environmental audit / an eco-audit** : un audit de l'environnement **environmentally sound management** : la gestion écologiquement saine **green accountancy / accounting** : la comptabilité environnementale **a green tax / an environmental tax** : une écotaxe **environmental law** : le droit de l'environnement **to comply with environmental standards** : respecter les normes anti-pollution **to adhere to a treaty** : adhérer à un traité **to sign a convention** : signer une convention **governance versus market** : la gouvernance contre le marché

81-FAIR TRADE

an emerging country	un pays émergent
a developing country	un pays en voie de développement
the West / the western countries	l'Occident / les pays occidentaux
fair trade / solidarity trade	le commerce équitable / solidaire
fair competition	la concurrence loyale
a market-based approach	une approche du marché
a fair trade organisation / an alternative trading organization	une organisation de commerce équitable
fair trade products	les produits issus du commerce équitable
a fair trade producer	un producteur équitable
fair trade food	les aliments issus du commerce équitable
fair trade clothes	les vêtements issus du commerce équitable
handicrafts	l'artisanat
fairly traded commodities	les denrées issues du commerce équitable
to commercialize fair trade goods	commercialiser des biens issus du commerce équitable
a fair trade advocate / proponent	un partisan du commerce équitable
the response to fair trade	les réactions au commerce équitable
to be backed up by consumers	recevoir le soutien des consommateurs
an awareness raising campaign	une campagne de sensibilisation
to raise the awareness of the movement	accroître la sensibilisation du mouvement
fair trade certification	la certification commerce équitable
to comply with fair trade specifications	répondre aux normes du commerce équitable
a labeling system	un système de labellisation
labeled products	les produits labellisés
to go mainstream	se populariser
to promote sustainability	promouvoir la durabilité
to contribute to sustainable development	contribuer au développement durable
to promote fair trade	encourager le commerce équitable
unfair trade rules	les règles commerciales déloyales
an economically disadvantaged producer	un producteur défavorisé
to offer better trading conditions	offrir de meilleures conditions commerciales
to pay a guaranteed price	verser un prix minimum garanti
to pay a premium above market rates	payer au-dessus des prix du marché
to bypass agribusiness concerns	court-circuiter les entreprises agroalimentaires
to eliminate / to cut out the middlemen	supprimer les intermédiaires

agricultural goods : les denrées agricoles **a fair trade produce :** un produit (agricole) issu du commerce équitable **a supplier :** un fournisseur **bananas :** les bananes **coffee :** le café **a coffee grower :** un planteur de café **chocolate :** le chocolat **cocoa :** le cacao **sugar :** le sucre **honey :** le miel **cotton :** le coton **wine :** le vin **fresh fruit :** les fruits frais **dried fruits :** les fruits séchés **fruit juices :** les jus de fruit **flowers :** les fleurs **rice :** le riz **spices :** les épices **nuts :** les noix **quinoa :** le quinoa

a marginalized producer : un producteur à l'écart des circuits commerciaux **to support small producers :** soutenir les petits producteurs **to provide market access to otherwise marginalized producers :** fournir un accès au marché à des producteurs qui autrement resteraient marginalisés **to move towards economic self-sufficiency and stability :** aller vers l'autonomie et la stabilité économiques **to become a stakeholder in one's organization :** devenir partie prenante dans son association **to play a wider role in international trade :** jouer un rôle plus grand dans le commerce international **to seek greater equity in international trade :** rechercher une plus grande justice dans le commerce international **to increase certified sales :** accroître les ventes certifiées **to track the origin of the goods :** tracer l'origine des produits **to meet fair trade standards :** répondre aux normes du commerce équitable

to appeal to people's sense of economic justice : faire appel au sens de la justice des gens **ethical purchasing :** les achats éthiques **ethical consumerism / moral purchasing / ethical sourcing / ethical shopping / green consumerism :** le consumérisme éthique **an ethical brand :** une marque éthique **to challenge the existing system :** défier le système en place **to establish fair trade relations with the developing world :** établir des relations équitables avec les pays en voie de développement **to create a fairer world :** créer un monde plus équitable **to benefit from fair trade :** bénéficier du commerce équitable **to benefit the producer :** bénéficier au producteur **to earn a decent wage :** toucher un salaire décent **to eke out a living :** tirer le diable par la queue **a farmer's livelihood :** le gagne-pain d'un fermier **to be at the mercy of fluctuating crop prices :** être à la merci des aléas des cours des récoltes **the ups and downs of the world market :** les vicissitudes du marché mondial **to provide higher wages :** offrir des salaires supérieurs **to help producers develop knowledge / skills / resources :** aider les producteurs à acquérir des connaissances / des compétences / des ressources **to expand distribution :** élargir la distribution **a distributionn channel :** un canal de distribution **to be sold into / to break through into the mainstream :** se populariser **to improve one's life :** améliorer son existence **a win-win situation :** une situation gagnant-gagnant **a passing (consumer) fad :** une lubie passagère (de consommateur)

to exploit farmers : exploiter les fermiers **to stop the shameless exploitation of third world farmers :** mettre un terme à l'exploitation éhontée des fermiers du Tiers monde **to be excluded from the mainstream trading channels :** être exclu des circuits principaux de commerce **a ruthless competition :** une concurrence acharnée **to drive a farmer out of business :** mettre un exploitant sur la paille **to save a farmer from bankruptcy :** sauver un fermier de la faillite **to feed one's family :** nourrir sa famille

82-CLIMATE CHANGE

a climate system	un système climatique
climate change	le changement climatique
global warming	le réchauffement planétaire
climate extremes	les dérèglements climatiques
an increase in average temperatures	une augmentation des températures moyennes
to heat up the earth	réchauffer la terre
to retain / to trap heat	retenir la chaleur (prisonnière)
an urban heat island	un îlot de chaleur urbain
to keep [kept] excess heat (from)	empêcher l'excès de chaleur (de)
to release greenhouse gases	rejeter des GES dans l'atmosphère
to threaten the earth's climate	menacer le climat de la terre
to alter weather patterns	modifier les tendances climatiques
to perturb the climate	perturber le climat
to produce / to bring [brought] about climatic changes	provoquer des changements climatiques
to drive up temperatures	élever les températures
the Kyoto Protocol	le Protocole de Kyoto
the Copenhagen Summit	le Sommet de Copenhague
Intergovernmental Panel on Climate Change (IPCC)	Groupe d'experts intergouvernemental sur l'évolution du climat (GIEC)
a climate treaty	un traité sur le climat
climate legislation	la législation sur le climat
climate-friendly technologies	des technologies non agressives pour le climat
emissions trading	la bourse du carbone
tailpipe emissions	les émissions de CO_2
smokestack emissions	les rejets de fumée des usines
the buildup of carbon dioxide	l'accumulation de CO_2
carbon equivalent (CE)	l'équivalent carbone
a carbon sink	un puits de carbone
an emitter of carbon dioxide	un émetteur de dioxyde de carbone
a carbon offset / a carbon credit	une compensation carbone
to curb greenhouse gases / emissions	réduire les gaz à effet de serre
to capture carbon dioxide	capturer le CO_2
a cap on GHG	une limite aux émissions de gaz à effet de serre
a search for non-polluting energy sources	une recherche de sources énergétiques non polluantes
to face grim prospects	faire face à des perspectives peu réjouissantes

climate-warming gases : des gaz contribuant au réchauffement climatique **greenhouse gases (GHG) / emissions** : les gaz à effet de serre (GES) **carbon dioxide (CO_2)** : le CO_2, le dioxyde de carbone **chlorofluorocarbons (CFCs)** : les chlorofluorocarbures **hydrofluorocarbons (HCFCs)** : les hydrochlorofluorocarbures **methane (CH4)** : le méthane **ozone (O3)** : l'ozone **nitrous oxide (N2O)** : l'hémioxyde d'azote **perflurinated hydrocarbons (PFHs)** : les hydrocarbures perfluorés (HPF)

the melting of polar ice caps : la fonte des calottes glaciaires polaires **melting permafrost** : la fonte du pergélisol **Arctic shrinkage** : la diminution de l'Arctique **sea ice loss** : la diminution de la banquise **the Antarctic ice sheet** : l'inlandsis de l'Antarctique **the opening of the Northwest Passage** : l'ouverture du passage du Nord-ouest **ozone depletion** : la diminution de l'ozone

drought : la sécheresse **a heat wave** : une vague de chaleur **dog days** : la canicule **desertification** : la désertification **forest fires** : les feux de forêt **to flood / flooding** : inonder / les inondations **coastal flooding** : les inondations côtières **a coastal town / area** : une ville / région côtière **to raise the sea level** : élever le niveau de la mer **low lying islands / areas** : les îles / régions de basse altitude **expansion of the seas** : la dilatation des mers **to cause the oceans to rise (by)** : provoquer l'élévation du niveau des océans (de) **shoreline erosion** : l'érosion des rivages **a levee / a dike** : une digue **a bulwark** : un brise-lames **to shore up a city** : consolider les défenses d'une ville **intensification of tropical storms / tropical cyclone activity** : l'intensification des orages tropicaux **water scarcity** : la pénurie d'eau **glacier retreat** : le recul des glaciers **spread of disease** : la propagation de maladies **species extinction risk** : le risque d'extinction des espèces **agricultural yields** : les rendements agricoles **ocean acidification** : l'acidification des océans **global dimming** : l'assombrissement global, l'obscurcissement planétaire **acid rain** : les pluies acides

mitigation of global warming : l'atténuation du réchauffement planétaire **geoengineering** : la géo-ingénierie **to reverse global warming** : inverser le réchauffement planétaire **to manipulate the Earth's climate** : manipuler le climat de la Terre **to counteract the effects of global warming from greenhouse gas emissions** : contrer les effets du réchauffement planétaire dû aux émissions de gaz à effet de serre **carbon sequestration** : la séquestration du dioxyde de carbone **long-term storage of carbon dioxide** : le stockage à long terme du CO_2 **cool roof technology** : la technologie des toits froids **solar radiation management (SRM)** : la gestion des radiations solaires **cloud seeding** : l'ensemencement des nuages

83-ENDANGERED SPECIES

a species	une espèce
wildlife	la faune et la flore
the fauna	la faune
(big) game	le (gros) gibier
an ecosystem	un écosystème
an ecotype	un écotype
a natural / critical habitat	un milieu naturel / menacé
to be home to	abriter
big game hunting	la chasse au gros gibier
the ivory trade	le commerce de l'ivoire
seal hunting / sealing	la chasse aux phoques
fur / pelt	la fourrure / la peau
sealskin	la peau de phoque
a horn / a tusk	une corne / une défense
a tiger skin	une peau de tigre
tortoise shell	de la carapace de tortue
poaching / a poacher	la braconnage / un braconnier
a gamekeeper / a game warden	un garde-chasse
game laws	la législation sur la chasse
a game licence (UK) / a shooting licence (US)	un permis de chasse
wildlife smuggling	la contrebande d'animaux sauvages
a seal pup	un bébé phoque
an extinct / endangered species	une espèce disparue / menacée
a vanishing / disappearing species	une espèce en voie de disparition
a protected species	une espèce protégée
to be on the verge / on the brink of extinction	être sur le point de disparaître
to be threatened with extinction	être menacé d'extinction
to be on the list of endangered species	être sur la liste des espèces menacées
to be driven to extinction	être amené à disparaître
to become extinct	disparaître
to exterminate	exterminer
to stave off extinction	éviter la disparition
to kill off a species	exterminer une espèce
to wipe out a species	anéantir une espèce
to dwindle	diminuer en nombre
to shrink [shrank / shrunk]	se réduire, diminuer
a national park	un parc naturel
a wildlife reservation / preserve	une réserve naturelle
a game reserve / a game park / a nature reserve	une réserve d'animaux sauvages
a bird sanctuary	une réserve d'oiseaux

a bison (UK) / buffalo (US) : un bison **a California condor** : un condor de Californie **a cheetah** : un guépard **an elephant cow / a female elephant** : un éléphant femelle **a firefox** : un panda rouge **a giraffe** : une girafe **a hippopotamus / a hippo (abrév.)** : un hippopotame **an Iberian lynx** : un lynx d'Espagne / un lynx ibérique **a koala bear** : un koala **a mink** : un vison **a panda** : un panda **a polar bear** : un ours polaire **a rhinoceros / a rhino (abrév.)** : un rhinocéros / rhinos (pl.) **a sea otter** : une loutre de mer **a sea turtle** : une tortue de mer **a loggerhead sea turtle** : une tortue caouanne **a Bengal tiger** : un tigre du Bengale **a Siberian tiger** : un tigre de Sibérie **a wolf [pl. wolves]** : un loup **a zebra** : un zèbre **a baboon** : un babouin **a chimpanzee / a chimp** : un chimpanzé **a gorilla** : un gorille

destruction of habitat : la destruction du milieu **a threat to biodiversity** : une menace pour la biodiversité **to be at risk (of disappearing)** : être menacé (de disparition) **to encroach on wildlife habitats** : empiéter les habitants naturels **widespread introduction of exotic species by humans** : l'introduction généralisée d'espèces exotiques par l'homme **an invasive species** : une espèce invasive

in the wild : en liberté **to be in captivity** : être en captivité **to ensnare / a snare** : prendre au piège / un piège **to trap / a trap** : piéger / un piège, un collet **to hunt for ivory / hides, pelt / meat / horn** : chasser pour l'ivoire / la peau / la viande / la corne **medicinal properties** : les propriétés médicales **to use in tourist attractions** : utiliser pour amuser les foules **to keep wild animals as pets** : avoir des animaux sauvages comme animaux de compagnie

(wild) animal trafficking / trafficking in wild animals : le trafic d'animaux sauvages **a trafficker** : un trafiquant **to smuggle in / out** : faire entrer / sortir clandestinement **a smuggler** : un contrebandier **to evade customs agents** : déjouer les douaniers **to prevent animal smuggling** : empêcher le trafic d'animaux **a supplier of animal species** : un fournisseur d'espèces animales **to sell illegally** : vendre illégalement **to curb wildlife trafficking** : diminuer le trafic d'animaux sauvages **the caging of rare birds** : la mise en cage d'oiseaux rares **to generate profits** : dégager des bénéfices **to falsify / to forge a certificate** : falsifier un certificat

a biodiversity hotspot : un point noir de la biodiversité **mass agriculture** : l'agriculture de masse **slash and burn agriculture** : l'agriculture sur brûlis **deforestation** : le déboisement **overgrazing** : le surpâturage **the melting of sea ice** : la fonte des mers glaciaires **urban development** : le développement des villes **pesticide use** : l'usage des pesticides **soil contamination** : la contamination des sols **an infectious disease** : une maladie contagieuse

conservation biology : la conservation de la biologie **a conservation biologist** : un biologiste de la conservation **natural resource management** : la gestion des ressources naturelles **to preserve endangered species** : protéger les espèces menacées **captive breeding** : l'élevage conservatoire **to save species from going extinct** : empêcher les espèces de disparaître **to stabilize the population of the species** : stabiliser la population des espèces **to help a species stave off extinction** : aider une espèce à ne pas mourir **to accelerate the extinction of a species** : accélérer la disparition d'une espèce

84-IF BEES WERE TO DISAPPEAR

a honey bee / a honeybee	une abeille à miel
a species of bees	une espèce d'abeille
beekeeping / apiculture	l'apiculture
a beekeeper / an apiarist	un apiculteur
to keep [kept] bees	élever des abeilles
a honey bee	une abeille
a queen bee	une reine des abeilles
to lay [laid] eggs	pondre des œufs
a drone	un faux bourdon, une abeille mâle
a worker	une ouvrière
a bumblebee / a bumble-bee	un bourdon
a honeybee colony	une colonie d'abeilles
the mating season	la saison des amours
a beehive	une ruche
a bee dress	une combinaison d'apiculteur
a swarm of bees / to swarm	un essaim d'abeilles / essaimer
honey (ni) / the honey industry	le miel / l'industrie du miel
a honeycomb	un rayon de miel
to produce honey	donner du miel
beeswax (ni)	la cire d'abeille
to gather pollen (from)	butiner
to sting [stung] / a sting, a stinger	piquer / un dard
a bee sting	une piqûre d'abeille
to hum, to buzz / hum, buzz	bourdonner / le bourdonnement
to smoke out	enfumer
pollen (ni) / pollination	le pollen / la pollinisation
to pollinate	féconder (avec du pollen)
to feed [fed] on pollen	se nourrir de pollen
nectar	le nectar
colony collapse disorder (CCD) / honey bee depopulation syndrome (HBDS)	le syndrome d'effondrement des colonies d'abeilles
to die off / to dwindle	mourir / diminuer
a biotic factor	un facteur biotique
an insecticide / a pesticide	un insecticide / un pesticide
to treat seeds	traiter les graines
to experience a decline	connaître un déclin
to be attributed (to)	être mis sur le compte (de)
to be poisoned	être empoisonné
a spray program	un programme d'épandage
toxic chemicals	des produits chimiques toxiques
cell phone / electronic radiation	les radiations électroniques / émises par les mobiles

honey bee disappearance : la disparition des abeilles **a combination of factors :** une combinaison de facteurs **a contributing factor :** un facteur aggravant **a leading cause of mortality :** une cause principale de mortalité **the gradual decline in the number of colonies maintained by beekeepers :** la diminution progressive du nombre des colonies entretenues par les apiculteurs **the rate of attrition :** le taux d'attrition **a healthy / dying colony :** une colonie en bonne santé / qui se meurt **a bee killer :** un tueur d'abeilles **to be vulnerable (to) :** être vulnérable (à) **to take a devastating toll on honey bee populations :** ravager les populations d'abeilles **the bee mortality rate :** le taux de mortalité des abeilles **to wipe out a colony :** détruire une colonie **to pin the blame (on) :** accuser **to run out of honey bees :** être à court d'abeilles **to deplete the number of bee colonies :** réduire le nombre des colonies d'abeilles **to monitor colony collapse :** surveiller la disparition des colonies **to combat the honeybee killer :** lutter contre le tueur d'abeilles

an environmental factor : un facteur environnemental **environmental change-related stresses :** les pressions dues aux changements dans l'environnement **failure of the immune system :** une panne du système immunitaire **to become disoriented / disorientation :** perdre le sens de l'orientation / la désorientation **urbanization :** l'urbanisation **a contagious disease :** une maladie infectieuse **to go out of business :** se retirer des affaires

pest control : la désinsectisation **pesticide use :** l'utilisation des pesticides **a chemical :** un produit chimique **to be toxic to bees :** être toxique pour les abeilles **toxicity :** la toxicité **a pathogen :** un pathogène **a bee-keeping pest :** un parasite des abeilles **a parasitic mite :** un acarien parasite **the varroa mite / destructor :** le varroa **the small hive beetle :** le petit coléoptère des ruches (*aethina tumida*) **to destroy a hive :** détruire une ruche **to ruin honey stores :** ruiner les stocks de miel **to do much damage (to) / to wreak havoc (on) :** infliger de gros dégâts (à) / ravager **to withstand (ø) / to develop resistance (to pesticides / treatment) :** résister à / devenir résistant (aux pesticides / au traitement) **to ban an insecticide :** interdire un insecticide

a crop species : une culture **to grow :** faire pousser, cultiver **to move / to truck colonies (around a country to pollinate crops) :** déplacer des colonies (en camion) (dans un pays, pour la pollinisation des cultures) **almonds :** les amandes **peaches :** les pêches **soybeans :** le soja **apples :** les pommes **pears :** les poires **cherries :** les cerises **raspberries :** les framboises **blackberries :** les mûres **cranberries :** les canneberges **watermelons :** les pastèques **cantaloupes :** les melons **cucumbers :** les concombres **strawberries :** les fraises **pumpkins :** les potirons

an extinct / an endangered / a vanishing / a disappearing species : une espèce disparue / menacée / en voie de disparition **to be on the verge of extinction :** être sur le point de disparaître **to be threatened with extinction :** être menacé d'extinction **to be driven to extinction :** être amené à disparaître **to become extinct :** disparaître **to kill off / to wipe out a species :** exterminer une espèce

85-NATURAL DISASTERS

an act of God	une catastrophe naturelle
a quirk of nature	un caprice de la nature
a freak of nature	une bizarrerie de la nature
a man-made catastrophe / disaster	une catastrophe humaine
a heat wave	une vague de chaleur
dog days	la canicule
a cold spell	une vague de froid
floods / flooding	les inondations
to flood / a flood	inonder / une inondation
a volcano [pl. volcanoes]	un volcan
dormant ÷ extinct (a)	en inactivité / éteint
a volcanic eruption	une éruption volcanique
an earthquake / a quake	un tremblement de terre, un séisme
an earth tremor	une secousse sismique
to measure / to register 8.0 (on)	mesurer 8 (sur)
the Richter scale	l'échelle de Richter
an aftershock	une réplique
a landslide	un glissement de terrain
an avalanche	une avalanche
a tsunami	un tsunami
a sea wave / a tidal wave	un raz de marée
a monster / giant / rogue wave	une vague géante
a storm / a hurricane	une tempête / un ouragan
a hurricane-prone state	un État à risque cyclonique
a tornado (pl. tornadoes) / a twister (US)	une tornade
a wildfire / a wildland fire	un feu de forêt / de broussailles
a blaze	un sinistre, un incendie
to set on fire / to set ablaze	incendier
hunger / famine / starvation	la faim / la famine
to rescue / a rescuer	sauver / un sauveteur
rescue work (ni)	le travail des sauveteurs
to relieve / relief (workers)	secourir / les secours
emergency aid (ni)	l'aide d'urgence
the wreckage / the rubble	les décombres
to retrieve / to recover bodies	récupérer / retrouver des corps
a victim / a casualty / a fatality	une victime
the death toll	le bilan des victimes
a disaster area, zone / an afflicted area	une zone sinistrée
a stricken area	une région dévastée
to be declared a disaster area	être déclaré zone sinistrée
to knock out electric power	couper l'électricité
to evacuate / to displace people	évacuer / reloger la population

a flash flood : une crue subite **coastal flooding :** les inondations côtières **a flood zone / area :** une zone inondable **a flood plain :** un lit majeur **to be flood-prone :** être sujet à des inondations **flood damage :** les dégâts dus aux inondations / provoqués par les crues **flood forecasting :** la prévision des crues **to issue a flood warning :** lancer une alerte aux inondations **floodproofing :** la protection contre les crues **to be wracked by floods :** être la proie des inondations **to crest one's banks :** atteindre la cote d'alerte **to overflow / to burst one's banks / to spill (across) one's banks :** sortir de son lit **to be in spate / to be in full flood :** être en crue **to swell [swelled / swollen] :** gonfler, grossir **a swollen river :** un fleuve gonflé par les eaux **to wash away :** emporter (par les flots) **a landslip :** une coulée de boue

a dike / a dyke : une digue **a levee (US) / an embankment :** une levée / une digue **to leak / a leak :** fuir / une fuite **to sandbag / a sandbag :** fortifier / un sac de sable **to breach (a levee) (one's banks) :** céder **to recede / to ebb / to subside :** se retirer / refluer **flood containment / control :** la maîtrise des crues **a dam / a weir :** un barrage **to dam a river :** construire un barrage sur un fleuve **the Corps of Engineers (US) :** le Génie civil

a tectonic plate : une plaque tectonique **the earth's crust :** l'écorce terrestre **to come alive / to reawaken :** se réveiller **a crater :** un cratère **a lava flow :** un flot de lave **ash :** la cendre **pyroplastic / pyroclastic flows :** les nuées incandescentes **fumes :** les émanations **a magma reservoir :** une chambre magmatique **molten :** fondu, en fusion **debris flow :** la lave torrentielle **a plume :** un panache **tephra / pyroclastic materials :** les projections pyroclastiques

an arson fire : un incendie criminel **a fire hazard :** un risque d'incendie **a lighter :** un briquet **a match / a matchbox :** une allumette / une boîte d'allumettes **a tinderbox :** une poudrière **fire season :** la saison des incendies **a high-fire zone :** une zone à haut risque d'incendie **a lookout tower :** une tour de guet **to start a fire :** déclencher un incendie **to touch off / to ignite :** (se) déclencher **to light [lit] a fire :** allumer un feu **to break out :** se déclarer **to blaze / to rage :** faire rage **to burn / to scorch :** brûler **to catch [caught] fire :** prendre feu **to fan [fanned] / to fuel a fire :** attiser les flammes

to consume : consumer **to go up in flames :** s'embraser **to battle the flames / a fire :** combattre les flammes / un incendie **to burn out of control :** brûler sans pouvoir être maîtrisé **to suppress / to put down a fire / to quench a fire / to put a fire out :** éteindre un incendie **to bring under control / to have a fire under control / to contain a fire :** maîtriser un incendie **an aerial tanker / air tanker :** un Canadair **a plane drop :** un largage d'eau **a fire hose :** une lance à incendie **a fire hydrant / a fire-plug :** une bouche d'incendie

the aftermath : les conséquences **the fallout :** les retombées **to flee [fled] one's home :** fuir sa maison / son domicile **to own up to one's mistakes :** faire son mea culpa **to pass the buck :** se défiler de ses responsabilités **to cause lasting economic damage :** avoir des répercussions économiques durables **to wreak havoc (on) :** causer des dégâts (à) **to escape damage :** être épargné **an insurance policy :** une police d'assurance **to cover the costs :** couvrir les frais

86-THE GREEN CAR

an environmentally-friendly auto	une éco-voiture
a zero emission vehicle	un véhicule zéro émission
to be harmful to the environment	être nuisible pour l'environnement
sustainable transport	le transport durable
a low energy vehicle	un véhicule économe en carburant
a flexible fuel / flex fuel vehicle	un véhicule multi-carburants
fuel-thirsty (a)	gourmand en carburant
a gas guzzler	une voiture gourmande en carburant
automobile fuel needs	les besoins en carburant des autos
a conventional vehicle	un véhicule traditionnel
to cut fuel consumption	réduire la consommation de carburant
fuel efficiency	les économies de carburant
to run (on)	marcher (à)
ethanol (ni)	l'éthanol, l'alcool éthylique
biofuel (ni)	le biocarburant
biodiesel (ni)	le biodiesel, le diester
methanol-powered	alimenté par le méthanol
a lean burn engine	un moteur économique
exhaust emissions / exhaust gases	les gaz d'échappement
emission control	le contrôle de l'échappement
to reduce the emissions of fumes	réduire les émanations de gaz
a hybrid-electric (vehicle) / a hybrid	une voiture hybride
a (hydrogen) fuel cell	une pile à combustible (PAC)
a hydrogen fuel cell vehicle	un véhicule à l'hydrogène
a fuel-cell powered car	une voiture alimentée à l'électricité
a hydrogen-powered vehicle	un véhicule alimenté par hydrogène
a refuelling station	une station de chargement
to be powered (by)	être alimenté (par)
to plug in	se brancher
a plug-in electric vehicle	un véhicule électrique
battery driven	qui fonctionne sur batterie
a maims	une prise (électrique)
to recharge	(se) recharger
automotive waste	les déchets automobiles
a spare part / a replacement part	une pièce de rechange
engine displacement	un échange standard (de moteur)
a disassembly plant	une usine de démontage
to disassemble cars	démonter les voitures
to classify waste	trier les déchets
to separate out / to sort out the materials	trier les matériaux
vehicle recycling	le recyclage des véhicules

to improve the average fuel economy (of) : améliorer les économies moyennes d'énergie (de) **fuel saving devices** : des dispositifs d'économies d'énergie **fuel economy-boosting technologies** : des technologies pour encourager les économies de carburant **to design the exterior of the vehicle to reduce aerodynamic drag** : redessiner la carrosserie pour atténuer la traînée aérodynamique **to automatically shut off engine when a vehicle is stopped** : couper automatiquement le moteur à l'arrêt du véhicule **regenerative / dynamic braking** : le freinage régénératif / dynamique **lean burn** : le mélange pauvre

to recondition parts : remettre en état les pièces **to reclaim the acid (from batteries)** : récupérer l'acide (des batteries) **to reprocess brake fluid** : retraiter le liquide de frein **PVC sealants** : les résines glycérophtaliques

to use lightweight materials : utiliser des matériaux légers **to search for new materials** : chercher de nouveaux matériaux **to reduce vehicle weight** : réduire le poids d'un véhicule **carbon brakes** : des freins en carbone **titanium fasteners** : la boulonnerie en titane **composite material** : le matériau composite **an aluminum / fiberglass / carbon fiber car** : une voiture en aluminium / en fibres de verre / fibres de carbone **an environmental grant / a cash for clunkers program / voucher / a scrapping bonus** : une prime à la casse **a subsidy to trade in a car** : une subvention à l'achat d'un véhicule neuf **to raise fuel taxes** : augmenter les prix à la pompe **a carbon tax** : une taxe carbone

eco-driving : la conduite écologique **hypermiling** : la conduite à l'économie **a hypermiler** : un conducteur économe **to hypermile** : rouler à l'économie **to maximize fuel economy** : optimiser les économies de carburant **to stretch one's gas mileage** : faire durer un plein **fuel economy-maximizing behaviors** : des conduites destinées à maximiser les économies d'énergie **to lower one's gas consumption** : abaisser sa consommation d'essence **to increase one's gas mileage** : améliorer sa consommation d'essence **to save on gas** : économiser le carburant **proper tire pressure / inflated tires / tire balance** : une pression correcte des pneus / un bon équilibrage des roues **to remove unnecessary accessories (roof racks / spoilers)** : supprimer les accessoires inutiles (galeries / becquets) **an engine tune-up** : une révision moteur **to follow the scheduled maintenance of the engine** : suivre le calendrier des révisions moteur **to check fluid levels** : vérifier les niveaux **to avoid needless idling** : éviter de laisser tourner le moteur à l'arrêt inutilement **to use one's air conditioning sparingly** : utiliser la climatisation avec parcimonie **to adopt fuel-efficient driving habits** : adopter des habitudes de conduite économes **congestion pricing** : le péage modulé **to coast (in neutral)** : avancer en roue libre (au point mort) **octane rating** : le degré d'octane **to use high-octane fuels** : utiliser des carburants à forte teneur en octane **on board diagnostics (OBD)** : des diagnostics embarqués **to provide information on the rate of fuel consumption / the vehicle speed** : fournir des informations sur le taux de consommation d'essence / la vitesse du véhicule **to calculate the real-time fuel economy** : calculer les économies de carburant en temps réel **to leave one's vehicle at home** : laisser son véhicule au garage

87-DEFORESTATION

the rain forest	la forêt amazonienne
the tropical rain forest	la forêt tropicale humide
old growth / primeval / primary / ancient / virgin / frontier forest / ancient woodland (UK)	la forêt primaire
the Amazon / Amazonia	l'Amazone
Brazil / Brazilian	le Brésil / brésilien
the lungs of the planet	les poumons de la planète
a virgin forest	une forêt vierge
to clear land (for) / clearing	défricher la terre (pour) / le défrichage
a landgrabber	un spéculateur foncier
a deforested region	une région déboisée
deforested land (ni)	la terre déboisée
to raze / to level a forest	raser une forêt
to fell / to hew / to cut down	abattre (un arbre)
to chop [chopped] / to cut up	débiter
the felling of trees / woodcutting	l'abattage des arbres
to axe / an axe, an ax (US)	couper à la hache / une hache
a chainsaw	une scie électrique
to yield wood / to harvest wood	fournir du bois / récolter le bois
to log [logged]	tronçonner, débiter
a logging company	une société d'exploitation de bois
timber / lumber	le bois de charpente
a woodcutter / a logger / a lumberjack	un bûcheron
a lumber mill / a saw mill	une scierie
the pulp (and paper) industry	l'industrie de la pâte à papier
the forestry / paper industry	l'industrie forestière / papetière
slash and burn agriculture	la culture sur brûlis
to plunder / to loot the forest	piller, saccager la forêt
to tap the forest's wealth	exploiter les richesses forestières
an indigenous people	un peuple indigène
an extinct tribe / a rubber tapper	une tribu disparue / un seringuero
a habitat	un habitat, un biotope
to preserve biodiversity	préserver la biodiversité
an ecosystem	un écosystème
a carbon sink	un puits de CO_2
carbon sequestering	la séquestration de CO_2
reforestation / re-timbering / afforestation	le reboisement
to regrow / regrowth	repousser / la repousse
a tree-saving scheme	un plan de sauvetage des arbres
to keep the loggers out	interdire les bûcherons

woodlands : les surfaces boisées **a wooded area** : une région boisée **the high forest** : la futaie **a coniferous / needleleaf forest** : une forêt de conifères **a broadleaf forest** : une forêt de feuillus **a mangrove** : un palétuvier **the underwood / the undergrowth** : le sous-bois **a timber forest** : une futaie **a thicket** : un fourré **a grove** : un bosquet **a glade** : une clairière **brushwood** : les broussailles **a bush** : un buisson **a clump of trees** : un bouquet d'arbres **a shrub** : un arbrisseau **firewood** : le bois de chauffage **luxurious / overgrown** : luxuriant

a tree species : une essence d'arbre **a beech** : un hêtre **a birch** : un bouleau **a cedar** : un cèdre **a (sweet) chestnut-tree** : un châtaignier **an elm** : un orme **a fir** : un sapin **a horse chestnut tree** : un marronnier (d'Inde) **a maple** : un érable **an oak** : un chêne **a pine tree** : un pin **a plane tree** : un platane **a poplar** : un peuplier **a redwood tree / a sequoia** : un séquoia **a spruce** : un épicéa **a walnut** : un noyer **a weeping willow** : un saule pleureur **ebony** : l'ébène **mahogany** : l'acajou **rosewood** : le palissandre **a rubber tree** : un hévéa **a coconut tree** : un cocotier **a palm tree** : un palmier

a tree trunk : un tronc d'arbre **growth rings** : les anneaux de croissance **a root** : une racine **bark** : l'écorce **a leaf [leaves]** : une feuille **foliage** : le feuillage **a canopy** : une voûte **a branch / a bough** : une branche **a limb** : une grosse branche **a twig** : une brindille, un rameau **a stump** : une souche **a log** : une bûche **lying logs** : les rémanents de coupe **a graft / a scion** : un greffon **sap** : la sève **resin** : la gemme

to save / to preserve the forest : sauver / préserver la forêt **forest management** : la gestion sylvicole **sustainable forestry** : la sylviculture durable **to plant trees** : planter des arbres **to stop felling trees** : cesser d'abattre des arbres **to keep forests standing** : garder les forêts intactes **to protect the forest dwellers** : protéger les habitants de la forêt **to be home to plant and animal species** : abriter des espèces végétales et animales **to prevent soil erosion** : empêcher l'érosion des sols **photosynthesis** : la photosynthèse **to curtail oil exploration** : limiter les forages pétroliers **to curb mineral exploitation** : réduire l'exploitation des minéraux **to encroach upon the forest** : empiéter sur la forêt **to make way for farmland / ranchland** : laisser la place à des terres arables / des terres d'élevage **to make money from timber** : gagner de l'argent en exploitant le bois

to remove carbon from the atmosphere : débarrasser l'atmosphère du CO_2 **to absorb / to sop [sopped] up carbon dioxide from the atmosphere / the air** : absorber le CO_2 de l'atmosphère **to be absorbed in wood / leaves / soil** : être absorbé par le bois / les feuilles / le sol **to store carbon** : stocker le carbone **to soak excess CO_2** : absorber l'excès de CO_2 **to affect climate change** : affecter le changement climatique **to release carbon dioxide into the atmosphere** : rejeter du CO_2 dans l'atmosphère **carbon reducing policy** : une politique de réduction de CO_2 **a carbon offset** : une compensation de CO_2

88-THE WATER ISSUE

to endure a drought	subir une sécheresse
to be plagued by drought	être frappé de sécheresse
a drought-plagued / -stricken country / a drought-beleaguered country	un pays frappé par la sécheresse
to suffer from / to be in the throes of drought	souffrir de sécheresse
thirst / to be thirsty	la soif / avoir soif
a scorching sun	un soleil brûlant
to dry up	s'assécher
a dry spell	une période de sécheresse
to shrink [shrank / shrunk] a river	assécher une rivière
to run [ran / run] dry	s'assécher, se tarir
a lack of rain	un manque de pluie
water scarcity / (a) water shortage	la (une) pénurie d'eau
to be in short supply	venir à manquer
spotty precipitation	la rareté des précipitations
an underground aquifer	une nappe phréatique
water use	l'utilisation de l'eau
water consumption	la consommation d'eau
to deplete groundwater	épuiser les réserves d'eau souterraines
to parch / to bake land	dessécher / brûler la terre
barren land	la terre stérile / inculte
soil erosion / topsoil	l'érosion des sols / la couche arable
a dust cloud	un nuage de poussière
a dust devil / a dust storm	un tourbillon de poussière
a dust bowl	un désert de poussière
to exhaust water supplies	épuiser les réserves en eau
the depletion of water supply	l'épuisement des réserves en eau
to curtail water use	réduire sa consommation d'eau
to conserve water	économiser l'eau
to bring [brought] water in (from)	amener l'eau (depuis)
to harvest rainwater	recueillir l'eau de pluie
a tanker truck	un camion citerne
to dig [dug] a well / to drill a water hole	forer / creuser un puits
to draw [drew / drawn] water from a well	tirer de l'eau d'un puits
a dam	un barrage
a water treatment facility	une usine de retraitement des eaux
a desalination plant	une usine de désalinisation
a water system	un réseau hydrographique / un réseau d'alimentation en eau
water sharing	le partage de l'eau
a water war	une guerre de l'eau

a spring : une source · **a brook** : un ruisseau · **a stream** : un cours d'eau · **a riverbed** : le lit d'une rivière · **a marsh** : un marécage · **wetlands** : les zones humides · **a well / a water hole** : un puits · **a man made lake** : un lac artificiel · **a reservoir** : un lac de barrage · **a flood** : une inondation · **to flood** : inonder · **the monsoon season** : la saison des moussons · **sodden** : trempé / détrempé

water quality : la qualité de l'eau · **brackish water** : les eaux saumâtres · **foul water** : l'eau souillée · **drinking / potable water** : l'eau potable · **fresh water / freshwater / soft water** : l'eau douce · **sea water** : l'eau de mer · **salt water** : l'eau salée · **running water** : l'eau courante · **rain water** : l'eau de pluie · **tap water** : l'eau du robinet · **bottled water** : l'eau en bouteille · **spring water** : l'eau de source · **a drop of water** : une goutte d'eau · **a trickle of water** : un filet d'eau · **a jerry can of water** : un bidon d'eau

undrinkable water : l'eau imbuvable · **pathogenic micro-organisms** : des micro-organismes pathogènes · **suspended solids (SS)** : les matières en suspension (MS) · **to percolate / to seep (into)** : s'infiltrer (dans) · **runoff** : le ruissellement · **salinity** : la salinité · **saltwater intrusion** : l'invasion d'eaux salées · **sediments** : les sédiments · **silt** : le limon, la vase · **siltation** : l'ensablement, l'envasement · **sludge** : la boue · **to filter** : filtrer · **a filter** : un filtre

desertification : la désertification · **a desert** : un désert · **parched land (ni)** : la terre desséchée · **to eat up the land** : recouvrir les terres · **to gnaw away at** : grignoter · **to encroach (upon)** : empiéter (sur) · **to erode** : éroder · **to blow [blew / blown] land away** : emporter la terre · **to whip up the soil** : soulever la terre · **to become [became / become] / to turn into a desert** : (se) transformer en désert · **to wither** : flétrir · **scorched land** : la terre brûlée · **to ruin crops** : ruiner les cultures · **to stunt growth** : déformer / retarder la croissance · **bone-dry** : sec comme de l'amadou

scant water resources : de maigres ressources en eau · **water supplies** : l'approvisionnement en eau · **to exhaust one's supplies** : épuiser ses réserves · **the depletion of water supply** : l'épuisement des réserves en eau · **spotty precipitation** : la rareté des précipitations · **to run low / to dwindle** : s'amenuiser · **to restrict water use** : restreindre la consommation d'eau · **to deplete groundwater** : épuiser les réserves d'eau souterraines · **to steal water** : voler de l'eau · **to waste water** : gaspiller l'eau

an impending, a looming crisis / catastrophe : une crise / une catastrophe imminente · **a dire situation** : une situation critique · **to take drastic action** : prendre des mesures radicales · **to manage water** : gérer l'eau · **to curb one's water consumption / to curtail water use** : réduire sa consommation en eau · **to turn the water off** : couper l'eau · **to conserve water** : économiser l'eau · **a water meter** : un compteur d'eau · **water rates** : le tarif de l'eau (au mètre cube) · **water rights** : les droits d'exploitation en eau · **to bring [brought] water in (from)** : importer l'eau (de / depuis) · **to satisfy the demand** : satisfaire la demande

89-FAMINE

world hunger / world famine	la faim dans le monde
the hungry / hungry people	les affamés
a hunger crisis / a food crisis	une crise alimentaire
to go hungry	se passer de nourriture
to be hungry	avoir faim
to die of hunger / from hunger	mourir de faim
to be hunger-stricken	être victime de la faim
to have hunger pangs	avoir des tiraillements d'estomac
hunger pangs	les affres de la faim
a raging hunger	une fringale
malnutrition (ni) / undernourishment	la malnutrition
underfed / undernourished / mal nourished / ill-fed (a)	sous-alimenté
a crop failure	une maigre récolte
staple food	les aliments de base
to starve / starvation	être affamé / la famine
to be weak with hunger	être affaibli par la famine
to starve to death / to die of starvation	mourir de faim
to run out of / to be short of / to lack food	être à court de nourriture
a food shortage / a food scarcity	une pénurie de nourriture
a famine-stricken / ridden country	un pays frappé par la famine
the scope of a famine	l'ampleur d'une famine
severe, widespread / rampant famine	une famine étendue / endémique
a famine of biblical proportions	une famine apocalyptique
to be facing famine	être confronté à la famine
to feed one's family	nourrir sa famille
nutritional deficiencies	les carences alimentaires
a vitamin C deficiency	une carence en vitamines C
to be underweight	avoir un poids insuffisant
wasted / gaunt (a)	décharné
to relieve / to satisfy hunger	soulager la faim
to struggle for food	lutter pour se nourrir
to scavenge for food	faire les poubelles pour se nourrir
to alleviate world hunger	soulager la faim dans le monde
humanitarian aid	l'aide humanitaire
food relief / famine relief / food aid	l'aide alimentaire
emergency food aid	l'aide alimentaire d'urgence
to ship food / a food shipment	expédier / un envoi de nourriture
a food bank / a food pantry	une banque alimentaire
to distribute food	distribuer de la nourriture
to ration food	rationner la nourriture

the Horn of Africa : la Corne de l'Afrique **Somalia** : la Somalie **Sahel** : le Sahel **Ireland** : l'Irlande **Ethiopia** : l'Ethiopie **Mauritania** : la Mauritanie **North Korea** : la Corée du Nord **Erytrea** : l'Erytrée **Sudan** : le Soudan **Darfur** : le Darfour **Zambia** : la Zambie

to be hit by famine : être frappé par la famine **to be on a starvation diet / to be living at starvation level / to be fed a starvation diet** : être dangereusement sous-alimenté **to hover on the brink of starvation / famine** : être au bord de la famine **to teeter on the verge of starvation** : être à deux doigts de la famine **to live at the brink of starvation** : vivre au bord de la famine **to be threatened with starvation** : être menacé par la famine **to be in the throes of famine** : être en proie à la famine **to be famine-plagued** : être touché par la famine **to be the prey of famine** : être la proie de la famine **to suffer famine** : souffrir de la famine

a hollow face : un visage creusé **a skeletal figure** : une silhouette squelettique **hollow-cheeked** : aux joues creusées **hollow-eyed** : aux yeux caves **sickly looking** : à l'air malingre **bones are showing through** : avoir la peau sur les os **thin / slim** : mince **emaciated** : émacié **skinny** : maigre **spindly** : grêle **bony / scrawny** : efflanqué, décharné **scraggy** : famélique **to waste away** : dépérir **a swollen belly** : un ventre ballonné **to be stunted** : être rabougri, chétif **stunted growth / stunting** : les retards de croissance

food security : la sécurité alimentaire **to maintain food security** : assurer la sécurité alimentaire **the availability of food** : la nourriture disponible **food production** : la production alimentaire **subsidized fertilizers / seeds** : des engrais / graines subventionné(e)s **to grow food crops** : faire des cultures vivrières **to increase food harvests** : augmenter les récoltes **to hoard food** : amasser de la nourriture **a food riot** : une émeute de la faim **a food glut** : une surabondance de nourriture **a food stockpile** : un stock de nourriture **a food exporter** : un exportateur d'aliments **corn production** : la production de céréales **a non-governmental organization (an NGO)** : une organisation non gouvernementale (ONG) **a relief agency** : une organisation humanitaire **to deliver help to the hungry** : apporter de l'aide aux affamés **a food assistance program** : un programme d'aide alimentaire **the outcome of a famine** : le résultat d'une famine **to raise money for famine relief** : collecter des fonds pour soulager la famine **sustainable agriculture** : l'agriculture durable **subsistence agriculture / farming** : l'agriculture de subsistance **agricultural yields** : les rendements agricoles **to fight hunger** : lutter contre la faim **to end chronic hunger / malnutrition** : mettre un terme à la faim chronique / à la malnutrition **to achieve food security** : parvenir à la sécurité alimentaire **a Green Revolution** : une Révolution verte **famine prevention** : la prévention des famines

90-FOOD CRISIS

a food crisis / shock	une crise / un choc alimentaire
to feed one's population	nourrir sa population
food supply	les réserves de nourriture
food resources	les ressources alimentaires
the food trade	le commerce de l'alimentaire
to produce food	produire de la nourriture
a spike in food prices	une augmentation du prix des denrées alimentaires
a Green revolution	unc rcvolution verte
a land rush	une ruée sur la terre
to hoard / hoarding	thésauriser / la thésaurisation
global population growth	la croissance démographique mondiale
water scarcity	la raréfaction de l'eau
agricultural output	la production agricole
to develop a high-yielding strain	mettre au point une souche à haut rendement
farmland	les terres agricoles
land overuse	la surexploitation des sols
underused land	la terre sous-utilisée
a surplus producing country	un pays en surplus de production
an import-dependent nation	un pays dépendant des importations
food self-sufficiency	l'autonomie alimentaire
to assure food security	garantir la sécurité alimentaire
to depend on emergency food aid	dépendre de l'aide alimentaire d'urgence
to go hungry / to starve	avoir faim / être affamé
malnourished / ill-nourished / underfed	sous-alimenté
a famished continent	un continent affamé
nutritional deficiencies	les déficiences nutritionnelles
soil depletion	l'épuisement des sols
soil erosion / topsoil erosion	l'érosion des sols / de la couche arable
staple food (ni)	la nourriture de base
food relief (ni)	l'aide alimentaire
land reform	la réforme agraire
arable land	la terre arable
to raise crop yields	augmenter les rendements des cultures
a food riot	une émeute de la faim
to forage in trash	fouiller dans les détritus
to save people from famine	sauver les gens de la famine

agricultural development : le développement agricole • **food productivity :** la productivité alimentaire • **to meet the appetites of a growing population :** satisfaire l'appétit d'une population en expansion • **to increase the supply of food :** accroître les fournitures alimentaires • **to find new fields :** trouver de nouveaux champs • **to expand the size of harvests :** augmenter la taille des récoltes • **to boost the productivity of underused land :** stimuler la productivité des terres sous-utilisées • **to suffer from chronic food shortages :** être victime de pénuries alimentaires chroniques • **to face the threat of a famine :** faire face à la menace d'une famine • **to face the specter of mass starvation :** faire face au spectre d'une famine massive • **to turn arable land into desert :** transformer les terres arables en désert • **to feed overseas markets :** nourrir les marchés étrangers • **to scramble for land :** se précipiter pour acquérir des terres • **to lease 100,000 acres (to) :** louer 100 000 ares (à) • **humanity's capacity to feed itself :** la capacité de l'humanité à se nourrir • **land under cultivation :** les terres cultivées

virgin land : la terre vierge • **dormant land / unused land :** la terre non exploitée • **fallow land :** la terre en jachère, le guéret • **to clear new land :** défricher de nouvelles terres • **to grow wheat / barley / rice / corn / sugar cane :** faire pousser du blé / de l'orge / du riz / du maïs / de la canne à sucre • **a harvest :** une récolte • **to grow crops :** faire pousser des cultures • **grain stocks :** les réserves de céréales • **to irrigate land :** irriguer la terre

to fuel a popular uprising : alimenter un soulèvement populaire • **a collectivization policy :** une politique de collectivisation • **to seize land :** s'emparer de terres • **a land grab :** une ruée sur les terres • **private ownership of land :** la propriété privée de la terre • **to topple / to overthrow the government :** renverser le gouvernement • **land acquisition :** l'acquisition de terres • **large-scale agribusiness :** l'agro-business à grande échelle

genetically modified (GM) foods / "Frankenstein Foods" : les aliments modifiés génétiquement / les aliments transgéniques • **transgenic crops :** des cultures transgéniques • **a transgenic plant :** une plante transgénique • **genetic engineering :** le génie génétique • **genetically-enhanced seeds :** des graines améliorées génétiquement • **improved seeds and fertilizer :** des graines / des engrais amélioré(e)s • **crop yields :** les rendements des cultures • **selective breeding :** la culture sélective • **herbicide-resistant (a) :** résistant aux herbicides • **virus-resistant (a) :** résistant aux virus • **drought-tolerant (a) :** tolérant à la sécheresse

to combat hunger : combattre la faim • **to relieve world hunger :** soulager la faim dans le monde • **to stave off world hunger :** éviter la famine mondiale • **to eradicate world hunger :** éliminer la faim dans le monde • **consumer fears :** les craintes des consommateurs • **the health effects / impact :** les conséquences pour la santé • **a food scare :** un épouvantail alimentaire

91-WASTE

a throw away society	une société de gaspillage
profligacy (ni) / profligate (a)	le gaspillage / qui dépense sans compter
affluence (ni) / affluent (a)	l'abondance / riche
the society of affluence / of abundance	la société d'abondance
to waste	gaspiller
to throw [threw / thrown] (sth) away	jeter (qch)
to throw out	jeter, mettre au rebut
to dispose of / to get rid (of)	se débarrasser (de)
disposal	l'enlèvement
to discard	mettre au rebut
to produce waste	produire des déchets
to generate rubbish	produire des déchets
rubbish / junk / garbage / trash (US)	les ordures, les détritus, les déchets
junk (ni)	les vieilleries, des ferrailles
refuse (ni)	les détritus, les ordures
litter (ni)	les détritus, les vieux papiers, les ordures
garden rubbish	les déchets de jardin
household rubbish	les ordures ménagères
a pile / heap of rubbish / a rubbish tip	un tas d'ordures
a trashcan / a dustbin / a garbage can / a litter bin (UK)	une poubelle
a recycling bin	une poubelle de tri sélectif
to take the trash out	sortir les poubelles
to collect the rubbish / trash / garbage	ramasser les ordures
a litter bug (fam.)	un pollueur
littered (with) / strewn (with)	jonché (de)
a dump / a tip / a skip	une décharge
a landfill	une décharge aménagée
sewage	les eaux usées, les eaux d'égout
a sewage treatment plant	une usine de retraitement des eaux usées
to recycle (waste) / recycling	recycler (les déchets) / le recyclage
to treat waste / to process waste	traiter les déchets
to sort / to separate out waste	trier les déchets
waste management	la gestion des déchets
waste disposal	l'élimination des déchets
waste minimization / reduction	la réduction des déchets
to store / to reduce, to curb waste	stocker / réduire les gaspillages
an incineration plant	une usine d'incinération
a garbage-collection fee	une taxe sur les ordures ménagères
to recover / recovery	récupérer / la récupération
to minimize waste	réduire les déchets au minimum

household / domestic waste : les ordures ménagères **food waste** : les déchets alimentaires **human waste** : les déchets humains **organic waste** : les déchets organiques **municipal waste** : les déchets urbains **toxic waste** : les déchets toxiques **plastic waste** : les déchets en plastique **demolition waste** : les gravats **farm waste** : les déchets agricoles **industrial waste** : les déchets industriels **chemical waste** : les déchets chimiques **radioactive waste** : les déchets radioactifs **hazardous / harmful / poisonous waste** : les déchets dangereux **solid waste** : les déchets solides **liquid waste** : les eaux usées **hospital waste** : les déchets hospitaliers **electronic waste / e-waste** : les déchets électroniques, les cyberdéchets **an obsolete computer** : un ordinateur usagé

town refuse : les résidus urbains **bulky refuse** : les objets encombrants **a fly dump** : une décharge sauvage **a sewage farm (UK) / a sewage works** : un champ d'épandage **a garbage heap** : un tas d'ordures **a junkyard** : un dépotoir **a scrapyard** : un dépôt de ferraille **a scrap dealer** : un ferrailleur **a drop-off recycling center** : une déchèterie **a dustcart (UK) / a garbage truck (US) / a dust lorry** : une benne à ordures **a dustman (UK) / a garbage collector (US) / a binman / a refuse technician / a trash collector (US)** : un éboueur

to dump : décharger **to discharge** : rejeter **to pour into** : se déverser **to spill** : déverser **to dump** : décharger, déverser **to litter / to tip** : déposer des ordures **to leach (into) / to run off (into)** : s'infiltrer (dans) **to leak (into)** : fuir (dans) (pour un liquide) **to befoul** : souiller

burnables : les produits combustibles **non burnables** : les produits non combustibles **disposables** : les emballages jetables **durables** : les produits lourds **harmfuls** : les produits nuisibles **biodegradable (materials)** : (matériaux) biodégradables **faeces / fecal matter** : les déchets fécaux **non degradable** : non dégradable **biodestructible** : biodestructible

raw sewage : les eaux usées non traitées **sewer sludge** : les eaux de vidange **a sewer worker** : un égoutier **sewerage** : le réseau d'assainissement **a septic system / tank** : une fosse septique **a cesspool / an earth closet** : une fosse d'aisances **chlorination** : la javellisation **source water** : l'eau de source **raw water** : l'eau non traitée **finished water** : l'eau traitée

waste collection : le ramassage des déchets **waste burial** : l'enfouissement des déchets **waste incineration / energy from waste (EfW)** : l'incinération des déchets **incinerator ash** : les cendres d'incinération **pyrolysis** : la pyrolyse **waste treatment** : le traitement des déchets **to ban ocean dumping** : interdire les décharges en mer **to ban the export of waste** : interdire les exportations de déchets **not-in-my-backyard policy (NIMBY)** : le syndrome du partout-sauf-chez-moi (rejet des décharges) **to cut waste generation** : limiter la production de déchets **a reusable item** : un article réutilisable **a used item** : un article d'occasion **a biodegradable rubbish bag** : un sac poubelle biodégradable **a plastic shopping bag** : un sac en plastique **recyclable packaging** : des emballages recyclables **a deposit (on)** : une consigne (sur) **bottle redemption** : la récupération du verre **to return bottles** : rapporter les bouteilles

92-THE RISE OF CHINA

the People's Republic of China (PRC)	la République populaire de Chine
mainland China	la Chine communiste
Taiwan / the Republic of China (ROC)	Taiwan / la République de Chine
Taiwanese	Taiwanais
Chinese / a Chinese	chinois / un Chinois
Chinese civilization	la civilisation chinoise
Confucius / Confucianism	Confucius / le Confucianisme
the Confucian tradition	la tradition confucéenne
the Chinese Communist Party	le Parti communiste chinois
Tiananmen Square	la Place Tienanmen
the Cultural Revolution	la Révolution culturelle
the Great Leap Forward	le Grand bond en avant
Mao Zedong	Mao Tsé-toung / -Tung / Mao Zedong
Chairman Mao	le Président Mao
the Great Helmsman	le Grand timonier
Maoism / Maoist (a)	le Maoïsme / Maoïste
the Maoist / Mao era	l'ère Mao
the cult of personality	le culte de la personnalité
the Little Red Book	le Petit livre rouge
a Chinese dynasty	une dynastie chinoise
the Silk Road	la Route de la Soie
the Great Wall of China	la Grande Muraille de Chine
Beijing (formerly Peking) / Shanghai	Pékin / Shanghai
the Forbidden City	la Cité interdite
the Yellow River	le Fleuve jaune
the renminbi	le renminbi
the Chinese economy	l'économie chinoise
an emerging market	un marché émergent
a socialist market economy	une économie de marché socialiste
economic hegemony	l'hégémonie économique
economic ascent	l'ascension économique
collectivisation of agriculture	la collectivisation de l'agriculture
growing financial muscle	une puissance financière croissante
a rising power	une puissance émergente
the growth of labor productivity	la croissance de la productivité du travail
rapid urbanization	l'urbanisation rapide
a workaholic ethos	un èthos du travail
military might	la puissance militaire
cultural influence	l'influence culturelle
intellectual drawing power	la puissance d'attraction intellectuelle
a one-child policy	une politique de l'enfant unique

the world's fastest-growing economy : l'économie qui croît le plus vite au monde **China's economic clout** : la puissance économique de la Chine **the four Asian tigers** : les quatre tigres asiatiques **a struggle for supremacy** : la lutte pour la suprématie **an agrarian society** : une société agraire **a special economic zone (SEZ)** : une zone économique spéciale (ZES) **a major world power** : une puissance mondiale **the growth rate** : le taux de croissance **economic output** : la production économique **to overtake the US in per capita wealth** : dépasser les États-Unis en terme de richesse par tête d'habitant **to dwarf (a country)** : éclipser (un pays) **increasing domestic consumption** : une consommation domestique en augmentation **to displace American power in Asia** : supplanter la puissance américaine en Asie

an open democracy : une démocratie ouverte **a dictatorship** : une dictature **nationalism** : le nationalisme **a dogma** : un dogme **the Communist ideology** : l'idéologie communiste **an authoritarian power / system** : un pouvoir / système autoritaire **the Red Guards** : les Gardes rouges **to quash** : réprimer **the quashing of the Tiananmen Square protests** : la répression des manifestations de la Place Tienanmen **a student protest** : un mouvement étudiant **to lock up activists** : enfermer les militants **to jail political opponents** : emprisonner les opposants politiques **a one-party rule** : la règle du parti unique **purgings** : les purges **to silence criticism of government** : étouffer toute critique du gouvernement **re-education through labor** : la ré-éducation par le travail **capital punishment** : la peine de mort **censorship** : la censure **a pro-Tibet protest** : une manifestation en faveur du Tibet **an ethnic group** : un groupe ethnique **suppression of independence / secessionist movements** : la répression de mouvements d'indépendance / sécessionnistes **the Uighurs** : les Ouïghours **a human rights record** : un bilan en matière de droits de l'homme **human rights violations** : les violations des droits de l'homme **corruption** : la corruption

the modernization of the mainland Chinese economy : la modernisation de l'économie chinoise **market-oriented reforms** : des réformes libérales **to reform the economy** : réformer l'économie **relaxation of controls** : l'assouplissement des contrôles **to lift millions of people out of poverty** : tirer des millions de gens de la pauvreté **to improve the standard of living** : améliorer le niveau de vie **to close / to narrow the economic gap between China and the industrialized nations** : combler le fossé économique entre la Chine et les pays industrialisés **an open door policy** : une politique de la porte ouverte **to allow international trade / foreign direct investment** : permettre le commerce international / l'investissement étranger direct **wealth disparity** : la disparité des richesses

ancestor worship : l'adoration des ancêtres **filial piety** : la piété filiale **Taoism** : le Taoïsme **love / respect for one's parents / ancestors** : l'amour / le respect de ses parents / ses ancêtres **to light incense / candles** : faire brûler de l'encens / allumer des bougies **a shrine** : un temple **Chinese calligraphy** : la calligraphie chinoise **Chinese characters** : les caractères chinois

Achevé d'imprimer en septembre 2019
sur les presses de la Nouvelle Imprimerie Laballery
58500 Clamecy
Dépôt légal : mars 2014
N° d'impression : N103239

Imprimé en France

La **N**ouvelle **I**mprimerie **L**aballery est titulaire de la marque Imprim'Vert®